经管文库·经济类
前沿·学术·经典

本书为 2021 年云南省教育厅和
南省少数民族经济高质量发展战
2022J0793）阶段性成果。

STUDY ON THE HIGH QUALITY DEVELOPMENT OF CHARACTERISTIC
ADVANTAGE ECONOMY DIGITIZATION IN YUNNAN PROVINCE UNDER
THE STRATEGY OF RURAL REVITALIZATION

乡村振兴战略下云南省特色优势经济数字化高质量发展研究

李剑 宋逸 著

ECONOMICS

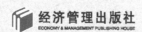

经济管理出版社
ECONOMY & MANAGEMENT PUBLISHING HOUSE

图书在版编目（CIP）数据

乡村振兴战略下云南省特色优势经济数字化高质量发展研究 / 李剑，宋逸著 . -- 北京：经济管理出版社，2024.2（2025.3重印）.

ISBN 978-7-5096-9619-4

Ⅰ. ①乡…　Ⅱ. ①李…②宋…　Ⅲ.①区域经济发展 – 研究 – 云南　Ⅳ .① F127.74

中国国家版本馆 CIP 数据核字（2024）第 042195 号

组稿编辑：杨国强
责任编辑：王　洋
责任印制：黄章平
责任校对：蔡晓臻

出版发行：经济管理出版社
　　　　　（北京市海淀区北蜂窝 8 号中雅大厦 A 座 11 层　100038）
网　　址：www.E-mp.com.cn
电　　话：（010）51915602
印　　刷：北京厚诚则铭印刷科技有限公司
经　　销：新华书店
开　　本：710mm×1000mm/16
印　　张：15.25
字　　数：242 千字
版　　次：2024 年 2 月第 1 版　2025 年 3 月第 2 次印刷
书　　号：ISBN 978-7-5096-9619-4
定　　价：98.00 元

前　言

　　我国在全面建成小康社会、实现第一个百年奋斗目标后，乘势而上开启了全面建设社会主义现代化国家新征程、向第二个百年奋斗目标进军的阶段。截至 2021 年，我国国内生产总值增长到 114 万亿元，经济总量占世界经济的比重达 18.5%，稳居世界第二位；人均 GDP 增加到 8.1 万元。党的二十大指出，"我们坚持精准扶贫、尽锐出战，打赢了人类历史上规模最大的脱贫攻坚战，全国 832 个贫困县全面摘帽，近 1 亿农村贫困人口实现脱贫，960 多万贫困人口实现易地搬迁，历史性地解决了绝对贫困问题，为全球减贫事业作出了重大贡献"。在实现阶段性的伟大胜利后，我国已经转向高质量发展阶段。在这个发展阶段，我国发展环境面临深刻的复杂变化，尽管仍处于重要战略机遇期，但机遇和挑战都产生了新的变化。虽然在制度、治理效能、物质基础、发展韧性等多方面具有优势和条件，但我国发展不平衡不充分问题仍然显著，创新能力还不适应高质量发展要求，农业基础还不稳固，城乡区域发展和收入分配差距较大。在准确把握我国社会主要矛盾变化带来的新特征、新要求后，党的十九届五中全会明确了"十四五"时期经济社会发展指导思想，明确提出要以推动高质量发展为主题，加快建设现代化经济体系，加快构建以国内大循环为主体、国内国际双循环相互促进的新发展格局。其中，在加快发展现代产业体系方面，党的十九届五中全会明确提出要坚持把发展经济着力点放在实体经济上，要推进产业基础高级化、产业链现代化，提高经济质量效益和核心竞争力。党的二十大深刻阐释了中国式现代化的内涵，进一步对加快构建新发展格局和着力推动高质量发展作出谋划，其框架包括构建高水平社会主义市场经济体制、建设现代化产业体系、全面推进乡村振兴、促进区域协调发展和推进高水平对外开放。

发展特色优势经济是加快构建新发展格局和着力推动高质量发展的内在要求。在加快构建新发展格局和着力推动高质量发展阶段，实体经济发展与产业解构体系优化升级是重要内容。根据核心竞争力理论，产业的特色化与优势化是提升产业竞争力的重要表现。尤其是在我国发展还存在不平衡不充分的情况下，区域特色优势经济的发展是提升区域经济竞争力和实现高质量发展的重要途径和基本模式。区域经济的可持续发展，关键在于选择适合区域特色经济发展的战略模式。

首先，发展特色优势经济是实现高质量发展的必然要求。高质量发展是党的第十九次全国代表大会首次提出的新表述，是党中央在我国进入新时代时期提出的新发展要求，是新发展阶段国民经济和社会发展提出的基本指导方针。高质量发展是习近平新时代中国特色社会主义经济思想的重要内容。从国外的平衡增长理论、非平衡增长理论到内生增长理论，都蕴含着经济发展质量的重要论述。高质量发展就是体现新发展理念的发展，高质量发展是以新发展理念为指导，质量为价值取向、核心目标的发展。其内涵是能够很好地满足人民日益增长的美好生活需要的发展，是体现新发展理念的发展，是创新成为第一动力、协调成为内生特点，绿色成为普遍形态、开放成为必由之路、共享成为根本目的的发展。从产业发展的层面看，产业高质量发展更加重视产业发展的全要素生产效率和经济、社会综合效益，而不是只注重产业发展的规模和增长速度，其目的在于促进产业高端化、提升竞争力和产业结构优化升级。从这个角度上说，特色优势产业的培育和发展正是高质量发展的内在要求。产业特色化和优势化，可以充分发挥区域特色资源禀赋的优势，变资源优势为经济优势，通过特色化优化资源配置效率，通过特色化提升产业影响力和竞争力。特色优势产业具有可持续发展的动力基因，其长足发展有利于产业结构的优化和产业体系的构建，有利于区域经济竞争力的提升，有利于彰显国民经济的健康发展。

其次，发展特色优势经济是乡村振兴战略的内在要求。乡村兴则国家兴，乡村衰则国家衰。党的十九大提出实施乡村振兴战略，是以习近平同志为核的党中央着眼党和国家事业全局，深刻把握现代化建设规律和城乡关系变化特征，顺应亿万农民对美好生活的向往，对"三农"工作作出的重大决策部署。实施乡村振兴战略，是解决新时代我国社会主要矛盾、实现"两个一百年"奋斗目标和中华民族伟大复兴中国梦的必然要求。我国人民日益增长的美好生活需要和不平衡不充分的发展间的矛盾在乡村最为突出，我国仍处于并将长期处于社会主义初级阶段的特征很大程度上表现在乡村。毋庸置疑，乡村振兴战略是基于新时代我国基本国情同经济社会发展的阶段性特征制定的重要国家方案。① 实施乡村振兴战略是建设现代化经济体系的重要基础。农业是国民经济的基础，农村经济是现代化经济体系的重要组成部分。乡村振兴，产业兴旺是重点。对于乡村产业振兴而言，特色优势产业的发展具有特殊的重要意义。广大乡村地区属于发展较为不充分的区域，在资源禀赋、要素聚集与流动、发展基础和发展环境等方面都面临着较大的差距和短板。中国式现代化是人口规模巨大的现代化，是全体人民共同富裕的现代化，而乡村地区的发展是最为艰巨的。农业农村能否实现现代化关乎整个中国的现代化。相较于城镇，乡村经济的发展只能走特色化和优势化的差异发展战略，这也是乡村振兴战略中对乡村产业振兴基本思路的规划。《乡村振兴战略规划（2018-2022 年）》中明确提出要壮大特色优势产业，以各地资源禀赋和独特的历史文化为基础，有序开发优势特色资源，做大做强优势特色产业。创建特色鲜明、优势集聚、市场竞争力强的特色农产品优势区，支持特色农产品优势区建设标准化生产基地、加工基地、仓储物流基地，完善科技支撑体系、品牌与市场营销体系、质量控制体系，建立利益联结紧密的建设运行机制，形成特色农业产业集群。按照与国际标准接轨的目标，支持建立生产精细化管理与产品品质控制体系，采用国际通行的良好农业规范，塑造现代顶级农产品品牌。实施产业兴村强县行动，培育农业产业强镇，打造"一乡一业""一村一品"的发展格局。2020 年 1 月，《中共中央 国务院关于抓好"三农"领域重点工作确保如期实现全面小康的意见》提出发展富民乡村产业，支持各地立足资源优势打造各具特色的农业全产业链，形成有竞争力的产业集群，推动农村产业融合发展。2021 年 1 月，《中共中央 国务院关于全面推进乡村振兴加快农业农村现代化的意见》提出"构建现代乡村

---

① 陈锡文.从农村改革四十年看乡村振兴战略的提出［J］.行政管理改革，2018（4）：4-10.

产业体系",加快发展乡村产业。另外,在培育新产业、新业态方面,《乡村振兴战略规划(2018–2022年)》明确提出,要深入实施电子商务进农村综合示范,建设具有广泛性的农村电子商务发展基础设施,加快建立健全适应农产品电商发展的标准体系。研发绿色智能农产品供应链核心技术,加快培育农业现代供应链主体。加强农商互联,密切产销衔接,发展农超、农社、农企、农校等产销对接的新型流通业态。实施休闲农业和乡村旅游精品工程,发展乡村共享经济等新业态,推动科技、人文等元素融入农业。乡村特色优势经济的发展,有利于充分挖掘乡村地区的特色资源,变特色资源优势为竞争优势,从而在特定领域形成要素集聚高地,吸引资金、政策和人才的集聚,延伸产业链,通过产业特色化和体系化,带动乡村整体发展,实现乡村产业振兴和农民就业增收,最终实现农业农村现代化。此外,《乡村振兴战略规划(2018–2022年)》明确提出要分类推进乡村振兴,要顺应村庄发展规律和演变趋势,根据不同村庄的发展现状、区位条件、资源禀赋等,按照集聚提升、融入城镇、特色保护、搬迁撤并的思路,分类推进乡村振兴,不搞一刀切。历史文化名村、传统村落、少数民族特色村寨、特色景观旅游名村等自然历史文化特色资源丰富的村庄,是彰显和传承中华优秀传统文化的重要载体。统筹保护、利用与发展的关系,努力保持村庄的完整性、真实性和延续性。切实保护村庄的传统选址、格局、风貌以及自然和田园景观等整体空间形态与环境,全面保护文物古迹、历史建筑、传统民居等传统建筑。尊重原住居民生活形态和传统习惯,加快改善村庄基础设施和公共环境,合理利用村庄特色资源,发展乡村旅游和特色产业,形成特色资源保护与村庄发展的良性互促机制。从某个角度上说,特色是乡村产业发展的生命线和根基。正是基于对特色产业发展重要性的考量,为落实中央一号文件和《国务院关于促进乡村产业振兴的指导意见》精神,农业农村部组织开展了"一村一品"示范村镇和全国特色产业十亿元镇亿元村认定工作。"一村一品"指在一定区域范围内,以村为基本单位,按照国内外市场需求,充分发挥本地资源优势,通过大力推进规模化、标准化、品牌化和市场化建设,使一个村(或几个村)拥有一个(或几个)市场潜力大、区域特色明显、附加值高的主导产品和产业。其目的是通过形成一村一产业、一村一特色,有效推进乡村经济高质量发展。发展"一村一品"是推动乡村产业集聚化、标准化、规模化、品牌化发展的重要途径，是提高农产品附加值、拓宽农民增收渠道的重要举措。此外，中共中央、国务院在《关于做好 2022 年全面推进乡村振兴重点工作的意见》中多次提出对发展乡村特色经济的意见。特色化、优势化是乡村产业振兴的有效路径，甚至是乡村经济发展的基本模式。

　　本书以乡村振兴战略为背景，以数字经济为依托，以云南特色优势经济为研究对象，着力探讨其实现数字化高质量发展问题。本书共分为两篇：上篇为理论研究篇，包括四个章节；下篇为产业发展篇，包括七个章节。

目　录

下篇 产业发展篇

绪　论

一、研究背景

作为地处我国西南边陲的重要多民族省区，云南在我国建设社会主义现代化国家和实现中华民族伟大复兴的进程中，承担着重要历史使命。习近平总书记高度重视云南发展，心系边疆各族人民。近几年来，曾两次亲临云南考察指导，为云南发展擘画蓝图、指引方向。提出"一个跨越""三个定位""五个着力"重要要求，概括云南在全国发展大局中的"四个突出特点"，强调四个方面重点工作，要求云南主动服务和融入国家发展战略，努力在建设我国民族团结进步示范区、生态文明建设排头兵、面向南亚东南亚辐射中心上不断取得新进展，谱写好中国梦的云南篇章。

云南自"十三五"以来全力落实"三个定位"、打好三大攻坚战，推动全省经济社会发展实现历史性突破，如期打赢脱贫攻坚战、与全国同步全面建成小康社会，顺利开启全面建设社会主义现代化新征程。2017年以来，云南经济实力整体跃升、发展质量大幅提升。截至2022年，经济总量从2017年的1.64万亿元增加至2.9万亿元左右，年均增长6.4%、高于全国1.2个百分点。"两型三化"现代产业体系加快构建，"三张牌"发展势头强劲，区域创新能力全国排名从第24位提升至第19位。脱贫攻坚全面胜利、人民生活更加幸福。933万农村贫困人口全部脱贫，8502个贫困村全部出列，88个贫困县全部摘帽，贫困地区人均可支配收入从2016年的7847元增加到2020年的11740元，150万人实现"挪穷窝""斩穷根"，历史性地解决了困扰云南千百年的区域性整体贫困和绝对贫困问题。云南坚持把发展作为解决民族地区各种问题的总钥匙，政策、资金和项目向民族、边境地区倾斜，民族自治地方生产总值年均增长 8.4%，高于全省平均水平。11 个"直过民族"和人口较少民族整族脱贫，实现了第二次"一步跨千年"。

但云南仍是后发展和欠发达地区，发展不平衡不充分问题突出，支撑高质量发展的基础还不牢固。其在经济高质量发展上的问题主要表现在：制造业产业层次偏低，农业产业化、市场化水平不高，战略性新兴产业发展滞后，科技创新能力不强，现代产业体系尚不健全；民营经济发展不充分，县域经济、园区经济不强；城镇化水平不高，城市服务功能不强；市场化程度不高，面向南亚东南亚辐射中心作用需要强化，营商环境需要大力改善；城乡差距、城乡居民收入差距较大，实现共同富裕还有很长的一段路要走。"十四五"时期，是推动云南高质量发展、为全面建设社会主义现代化打基础的关键五年。云南省第十一次党代会明确提出要加快发展现代产业体系，推进产业强省建设，把发展经济的着力点放在产业培育、产业招商引资和营商环境建设上，把转方式调结构放到更加重要的位置上，促进传统产业转型升级、新兴产业蓬勃发展、未来产业加快布局。实施农业现代化三年行动，发展高品质、高附加值、高集约度、高科技农业，全面提高高原特色农业质量效益和竞争力。聚焦茶叶、花卉、蔬菜、水果、坚果、咖啡、中药材、肉牛、生猪等特色产业，建设"一县一业"示范县、"一村一品"专业村和乡村振兴示范园等农业现代化示范区。大力引进农业龙头企业，培育农民专业合作社、家庭农场，培养新型农民，加强地理标志农产品培育保护，加强农产品质量安全追溯体系建设，打造标志性特色农产品全产业链，培育一批全国乃至全球知名的特色农产品品牌。

为落实云南省第十一次党代会精神，壮大实体经济规模，促进产业结构优化升级，提升产业发展质量、效益和竞争力，加快推动产业强省建设，云南出台了《云南省产业强省三年行动（2022-2024 年）》，进一步明确了指导思想、基本原则和总体目标，并规划了重点发展的十二个特色优势产业。其中，高原特色现代农业、生物医药产业、文旅康养产业等都是云南独具特色和优势的产业形态。在全面建设社会主义现代化国家和高质量发展的新征程中，发展特色优势经济是实现云南产业强省的必然选择。云南立足资源禀赋，因地制宜积极发展多样性经济，在"特"字上做文章，把资源优势转化为发展胜势，加快特色农业强省建设。2022 年，全省第一产业增加值 4012.18 亿元，占 GDP 的 14.26%，茶叶、花卉、坚果、咖啡、中药材、烟草、天然橡胶等特色产业种植规模和产量稳居全国第一位，蔬菜、肉牛、生猪、蔗糖等产业规模居全国前列；全产业链产值突破 1200 亿元的产业有 8 个，"土特产"已成为推动云南经济发展的重要支撑。在中国式现代化新征程上，云南特色优势经济正被寄予厚望。中国式现代化是人与自然和谐共生的现代化，云南生态和资源等优势明显，立足相关优势，做好特色优势经济大文章，不仅能促进云南经济高质量发展，也能为我国现代化建设树立好绿色发展样板。

二、研究意义

本书以云南为研究视域，以乡村振兴战略为背景，以乡村特色优势经济为研究对象，着重探究云南乡村特色优势经济高质量发展的理论依据、发展现状、存在问题以及发展路径等内容。本书研究有显著的学术价值和实践价值。

（一）学术价值

一是丰富高质量发展的逻辑内涵。本书从微观层面尤其是乡村特色优势产业发展层面进一步丰富高质量发展的逻辑内涵、评价指标体系建构、特色发展模式建构等理论探究，实现从一般到特殊、抽象到具体的理论延伸。

二是以乡村产业振兴为视域，将新型数据要素与传统要素（土地、劳动力、资本、管理）有机融合，从现代信息技术与信息传播视角创新界定数据要素与传统要素的生产属性，进一步丰富了全要素生产率（TFP）和全要素融合理论研究，拓展要素优化配置理论研究向纵深延伸，真正实现乡村产业数字化。

三是在全要素视域下重新审视云南乡村特色优势产业发展的比较优势与要素禀赋结构，以云南乡村产业振兴为研究对象推进相关经济学理论研究与实践相结合。

（二）实践价值

一是精准把脉，突破云南乡村产业振兴的瓶颈问题。以高质量发展为指导，通过科学的质量评价体系建构，精准诊断与有效突破云南乡村特色优势产业发展的瓶颈问题。通过数字要素与传统生产要素有机融合，有效实现农业、农村与农民的融合发展，为云南乡村地区脱贫攻坚成果巩固与乡村振兴有效衔接提出切实可行的有效路径。

二是重构要素禀赋，加快特色农业现代化。立足云南乡村地区生产要素存量与要素聚集能力的实际，着力攻克全面脱贫攻坚后乡村产业振兴中存在的瓶颈与藩篱，基于全要素融合视域下的全新比较优势和要素禀赋，提出乡村产业高质量振兴路径机制，实现乡村经济全面可持续与高效率发展。

三是促进云南乡村产业数字化转型升级。在全要素融合理论视角下，将数字要素作为云南乡村产业振兴的战略性内生要素，通过内在性优化云南乡村产业振兴的要素结构，以数据要素提升传统要素质量，提升乡村产业全要素生产率和产业转型升级，实现乡村传统产业彻底改造与全面提升，促进向数字化高质量发展模式转变等。

三、国内外文献研究综述

新中国成立尤其是改革开放以来，国内对西部民族地区经济发展战略问题提出了很多卓有价值的理论思想，有一些理论成果甚至被国家采纳并付诸实践。其中比较具有代表性的有：梯度战略与反梯度战略、两步战略、超越战略、加速发展战略等。其中，加速发展战略是民族地区经济发展的重要依循。进入21世纪，国家做出重大战略决策，提出西部大开发战略，促进西部地区繁荣发展。十八大以来，党中央坚持实践创新、理论创新，十八届五中全会提出创新、协调、绿色、开放、共享的新发展理念。党的十九届五中全会针对我国新发展阶段特点，提出高质量发展理念，成为新阶段国民经济基本指导思想。与本书相关的研究主要包括乡村特色产业研究、民族地区乡村振兴研究以及高质量发展研究等方面。

（一）乡村特色产业研究方面

乡村特色产业研究在扶贫问题和农业农村问题研究中占据重要地位，是学界广大学者非常关注的研究领域，尤其是在国家提出乡村振兴战略后，对其综合效应和发展思路方面的研究更加丰富。因为特色产业的外延较为广泛，学界在探讨特色产业的概念和内涵时，从不角度进行了阐述。尽管目前还没有形成较为统一的定义，但在诸多成果中都明确了特色产业的一些基本构成要素，如资源、区位、技术、市场等。① 此外，学界对特色产业的研究更加倾向于关注区域性特色产业发展案例。② 部分研究者还较为关注西部民族地区相关内容的探讨，尤其是较为关注特色农业发展问题。学界对特色产业或特色经济的研究还表现在特色产业发展的类型、模式以及发展路径等方面。③ 特色产业是乡村振兴战略的内在要求，学者较为关注两者之间的关系研究。发展特色产业是乡村产业兴旺的必然要求和适宜路径，将政策、禀赋、文化、环境等因素整合利用，从而产生资源、区位与传统相结合的优势面。④ 既要统筹与分类贫困治理、文化传承及生态保护等作用相匹配，⑤ 也应注重强化在参与动力、风险防范、政策保障及乡村建设等方面的机制培育。⑥ 章爱先、朱启臻（2019）认为，在乡村产业振兴与发展进程中，依托特殊的区域优势与资源条件培育壮大发展特色产业，因其可以将相关自然或人文因素资源优势加以转化为可供经济发展的资源应用潜力而备受关注，具有放大乡村价值的作用。⑦ 就农业生产而言，特色产业本身有优化产业结构、开拓市场满足需求的实效。实施乡村振兴战略，为特色产业发展赋予新的前景和价值意义，促使其跃升为实现乡村产业振兴的重要抓手与实践载体。总体来说，学界对特色产业的探讨聚焦于特色产业的定义、不同地理空间特色产业发展的异同、具象化的特色产品描述以及一些既有发展模式研究与实施对策

---

① 戴宾，杨建.特色产业的内涵及其特征［J］.农村经济，2003（8）：1-3.

② 丁忠兵.青藏高原特色产业发展探析［J］.青海社会科学，2009（1）：63-66.

③ 代兴利等.乡村振兴背景下乡村产业发展路径研究［J］.安徽农学通报，2023，29（17）：170-174.

④ 朱启臻.乡村振兴背景下的乡村产业——产业兴旺的一种社会学解释［J］.中国农业大学学报（社会科学版），2018，35（3）：89-95.

⑤ 姚荣锦.西部地区发展特色优势产业的战略选择［J］.理论导刊，2014（7）：74-76.

⑥ 何龙斌.脱贫地区从产业扶贫到产业兴旺：现实难点与实现机制［J］.青海社会科学，2020（4）：67-72.

⑦ 章爱先，朱启臻.基于乡村价值的乡村振兴思考［J］.行政管理改革，2019（12）：52-59.

路径研究等内容，积累了数量可观的研究成果。[①] 但是，既有相关研究对特色产业发展现状与对策的关注较多，在特色产业发展与乡村产业振兴关系方面的成果较少，关注特色产业发展效应对乡村、农民的影响较少，尤其是对特色产业发展的综合性社会效益研究较少。

（二）民族地区乡村振兴研究方面

由于民族地区乡村发展在中国式现代化和中华民族伟大复兴中具有特殊的重要性，因此民族地区乡村振兴研究在学界具有突出的地位。一方面，民族地区乡村发展一般都具有普遍性的难点和制约性因素；另一方面，民族地区乡村经济发展也具有特殊性，如空间区位上的特殊性、地理环境上的相对边缘性、民族群体的多样性和民族文化的丰富性、民族地区经济发展水平的相对滞后性等。[②] 因此，在乡村振兴战略背景下，民族地区乡村特色优势经济的发展，不但关系着国家乡村振兴战略阶段性任务的完成，更关乎着民族地区的社会稳定、高质量发展和国家的安全问题。在民族地区乡村产业发展的具体研究上，研究者的视角呈现出多样化的特征。得益于民族地区优美的自然环境和独特的民族文化，乡村旅游业非常受研究者的关注。随着乡村旅游业的发展，诸如体育、康养、民宿、生态等衍生旅游经济形态顺势成长。在旅游业外，将乡村特色产业与产业融合、产业振兴相衔接一并受到关注。有些学者提出借助一些针对性策略如产业化水平提升、产业链扩展与发掘特色产业等，乡村产业实力提升显著，但同时也存在很多难题。[③] 综上，结合新发展阶段国家相关各类战略布局，植根于我国民族地区乡村发展实际，学界对乡村特色优势经济进行了多方位调查和研究，研究成果分布广泛，为民族地区乡村经济发展提供了有力的智力支持。

① 李智勇．西北多民族村庄高原夏菜特色产业发展效应研究［D］．兰州大学博士学位论文，2023．

② 刘华芹．民族地区乡村振兴研究现状与展望——基于 CSSCI 文献的分析［J］．湖北民族大学学报（哲学社会科学版），2021，39（3）：88-100．

③ 高元武．武陵山区农村产业融合发展的现实困境与提升路径——基于恩施土家族苗族自治州走马镇的调查［J］．湖北民族大学学报（哲学社会科学版），2020，38（3）：46-55．

（三）高质量发展研究方面

高质量发展是我国现阶段尤其是在党的十九届五中全会中突出提出的新概念。国外学界对经济高质量发展研究文献较少，对经济高质量发展没有直接性研究文献，但一些思想理论具有启发意义。国内对高质量发展的研究虽然时间不长，但研究力度却较为显著。

一是高质量发展内涵方面。郑新立（2017）认为，高质量发展应是集约型增长。杨伟民（2017）基于新矛盾和新发展理念，认为高质量发展是满足人们美好生活需要的发展，是一切社会经济生活过程的发展[①]。林兆木（2018）从多个层面解读了其内涵[②]。任保平（2018）认为，高质量发展是数量和质量的有机统一体[③]。

二是高质量发展特征方面。学界认为高质量发展的特征主要体现在产业结构优化、创新驱动性、消费拉动率、包容性、普惠性、供给体系优化等多方面（冯俏彬，2018；任保平，2018）。

三是高质量发展评价指标方面。学界内观点多样，一般多倾向于绿色发展指标体系、劳动生产率、全要素生产率、GDP等指标体系，任保平、李禹墨（2018）认为，其应基于宏、中、微观三大视域建构，应从有效性、协调性、创新性等六个指标上进行评价[④]。

四是高质量发展问题方面。很多学者也对我国实现高质量发展的挑战和问题进行了专门研究（张利华、任保平、余斌、张军扩、焦国栋、逄锦聚等）。

五是高质量发展途径方面。学者从产业升级、制造业升级、新兴产业培育、质量服务产业发展、供给侧结构性改革等多个方面进行了探索。学界已经从乡村地区既有要素和外界要素间的集聚与融合角度开始探索乡村振兴的创新路径，尤其是通过城乡之间的要素流动与融合机制来探索乡村地区经济

---

① 杨伟民.经济发展思路浮现［J］.西部大开发，2017（10）：15-16.

② 林兆木.我国经济高质量发展的内涵和要义［J］.西部大开发，2018（Z1）：111-113.

③ 任保平.我国高质量发展的目标要求和重点［J］.红旗文稿，2018（24）：21-23.

④ 任保平，李禹墨.新时代背景下高质量发展新动能的培育［J］.黑龙江社会科学，2018（4）：31-36.

高效发展与经济振兴。但是，既有研究还是将学术视野集中于"三农"传统要素，即土地、资本、劳动力和技术等，并没有将乡村所禀赋的文化等优势要素纳入研究，忽略对乡村地区要素禀赋的综合分析，忽视乡村地区在要素流动与集聚中的先天性不足，忽视文化、数字等要素在乡村振兴中的经济属性与生产率贡献。

上篇
理论研究篇

第一章

特色优势经济概述

特色优势经济作为经济发展中的特殊形态，是随着区域经济、产业经济不断发展演化而出现的一种经济表现形式。这种经济现象的呈现，引起了学界的广泛关注。关于特色优势经济的研究，理论探讨较少，应用研究较多。通过相关研究的梳理可知，"特色产业"和"特色经济"已经成为近十年学术界的高频词汇之一，但至今还没有形成统一的认识，还存在概念混淆不清的情况。因此，对特色优势经济的研究，有必要从其概念、内涵、外延和特征等方面进行厘定，厘清特色优势经济理论框架，这样才能更好地指导特色优势经济的发展实践。

第一节　核心与相关概念厘定

发展特色优势经济已经成为我国各级区域发展非常关注的内容，特色农产品、特色资源、特色产业、优势产业已经成为各地经济发展的重要依托。学界目前尚未形成对特色优势经济的统一认识，其相关研究成果中较多地体现为"特色产业""特色经济""优势产业"或"特色优势产业"等名称。尽管称谓不同，但这些词汇间却存在着较为紧密的内在联系，其内涵与外延存在着较多共同的交集。

一、特色经济与优势经济的定义

作为本书的核心关键词，"特色优势经济"是一个复合型词汇，是"特色经济"和"优势经济"的结合，其内涵有"特色"和"优势"两个关键点，共同形成了对经济类型形态的修饰和框定。特色经济和优势经济尽管其内涵所指存在差别，但从产业竞争的角度看两者间却存在着非常紧密的逻辑关系。要厘清"特色优势经济"的内涵和外延，首先需要对"特色经济"和"优势经济"的内涵分别进行厘定，其次通过梳理两者之间的关系，明确"特色"与"优势"的内在机理和逻辑，最后才能对特色优势经济内涵进行整体准确把握。

（一）特色经济的定义

关于特色经济的界定，尽管很多地区都制定了特色经济发展规划，但并没有真正体现特色经济的内涵，有的仅是在经济规划的基础上加上"特色"二字而已。关于特色经济的定义，学界对其的界定存在诸多差异。王一鸣认为，特色经济指一个区域在经济发展中，利用比较优势，通过市场竞争而形成的具有鲜明产业特色及企业、产品特色的经济结构。[①] 苏昌培认为：特色经济是市场经济的优质部分，是以特定的地域空间为载体，以特色要素为基础，以特色产品为核心，以特色产业为依托，在经济结构、组织、体制和运行上带有新特点，能使资源、科技和市场要素相互联系、相互吸引，使优势要素得到放大和扩张，并进而使区域体现为本身的区域特色的经济。[②] 张丽君、李澜认为，所谓特色经济（也称特色优势经济），指在一定的区域范围内，依据本区域现有的经济、社会、文化状况、资源禀赋和生产力水平，最大限度地扩张经济总量，使结构合理且主导产业优势突出，经济效益显著，能确保可持续发展的、具有鲜明区域特点的经济发展模式。[③] 王芳认为，特色经济是一个经济体系，在这个体系里，特色经济的各个组成部分相互联系、相互促进，缺一不可。这个体系一旦形成，能够带动区域经济向着高质、优化的方向发展。[④] 由此可见，学界在理论层面对特色经济的定义可谓众说纷纭，尚无权威定论。特色是事物之间相互区别的特质，是一个对比之后的概念。特色经济仅是相比较而言，是一个动态的概念，不存在绝对意义上的"特色"经济。在现实的经济发展过程中，由于不同地区资源要素的结

① 王一鸣. 对西部地区发展特色经济的几点认识 [J]. 西部发展评论，2001（1）：35.

② 苏昌培主编. 特色论 [M]. 北京：社会科学文献出版社，1993.

③ 张丽君，李澜. 西部开发与特色经济规划 [M]. 沈阳：东北财经大学出版社，2002.

④ 王芳. 特色经济内涵解析 [J]. 甘肃社会科学，2004（2）：127–129.

构及其配置方式存在差异，一个地区的经济状态总是区别于另一个地区的经济状态，其经济结构总是存在差异，但不能就此认定自然形成的差异经济状态就是特色经济，实际上，许多具有不同于其他地区的经济状态并没有表现出不同于其他地区的经济优势。因此，特色经济包含着比简单的自然差异更复杂的结构和内涵。

特色是一个事物或一种事物显著区别于其他事物的风格和形式，是由事物赖以产生和发展的特定的、具体的环境因素所决定的，是其所属事物表现出的独有的色彩、风格等。本书认为，所谓特色经济，指在一定的区域范围内，依据本区域现有的经济、社会、文化状况、资源禀赋和生产力水平，最大限度地扩展经济总量，使结构合理且主导产业优势突出，经济效益显著，能确保可持续发展的、具有鲜明区域特点的经济形态和模式。

（二）优势经济的定义

与特色产业的定义类似，优势经济的定义更加凸显对比性。优势经济的概念界定，建立在经济优势的基础上。经济优势，是一个全局性和综合性的概念，优势是相比较而存在的。

经济优势源于绝对优势理论和比较优势理论，指一个国家、地区或企业充分利用其资源、技术或经营等方面的有利地位发展生产而取得较高的经济效益。经济优势一般由历史的、社会的、自然的原因形成，在相互比较、相互竞争中呈现出来的。自然因素包括资源状况、地理位置、区位条件等；历史因素包括业已形成的技术、生产、流通、经营条件等。例如，有的地区有自然资源的优势，有的地区有发展农业的优势，有的地区有劳动力优势等。经济优势是在市场经济中能够转化为超出一般最大化经济效益的势能，优势包括三个特征：高水平的经济基础、厚重而优良的规模积累以及巨大的发展潜力。这三点必须在市场运行中实现超常的经济效益才是经济优势。经济优势可以使得某一经济部门或某一物质产品在一个地区、一个国家甚至于国际范围内的经济活动中处于强有力的竞争地位，在竞争中能够以最小的劳动（物化劳动、活劳动）消耗，取得最大的物质成果，提供最多的剩余产品，获得最优的经济盈利。当然，这里所说的最小、最大、最多和最优，都是有条件的、相对的。在经济技术迅速发展的条件下，在相互竞争中，经济优势是逐渐变化的，因此，应正确认识经济优势，发挥优势，并不断开拓新的优势。

依托各种经济优势而形成的各种经济业态可称为优势经济。因此，优势经济可以定义为：一个国家或地区、企业充分利用相对具有比较优势的资源、资本、劳动力、技术等因素而发展的具有相对竞争力和较高经济效益的各种经济活动的总和。优势经济的势能源于区域优势，包括区域竞争优势和区域比较优势，两者的有机结合决定了区域优势经济的形成和发展，也决定了区域经济竞争力尤其是核心竞争力的提高。

（三）特色经济与优势经济的内在关系

从特色经济和优势经济的概念内涵可以看出，两者既有区别，更有联系。

首先，特色经济与优势经济存在相互依托、相辅相成的内在关系。一方面，特色经济一定是具有相对竞争优势的经济业态。"特色"一词的内涵既具有内在的"唯一性"，也具有外在的"优势性"特征。特色经济的形成，一般均基于某地区所具有的特殊的资源禀赋，依托于这些与其他地区相比极具特色的资源而形成的特色产业就具有相对竞争优势。另一方面，优势经济的主要经济形态是特色经济。优势经济的形成是多方面因素的综合结果，但特色是其中非常重要的因素。尤其是在同质化竞争日趋严重的当今时代下，基于特色资源发展特色经济是提升地区经济竞争力优势的主要路径。从某个角度来说，特色才是最大的比较竞争优势。

其次，特色经济与优势经济也存在差别。尽管特色是形成竞争优势的重要方面，但特色经济真正发展成为优势经济还需要长时期的培育和发展，必须在生产、经营、技术、工艺、销售、物流等多个环节加强投入和提升。因此可以说，特色经济是极具潜在竞争优势的经济形态，但并不意味着只要具有特色就一定能够形成优势经济。优势经济的形成除特色因素外，还包括技术创新、劳动力素质、商业经营模式、服务、资本投资效率、生产成本等其他因素，所以，优势经济的概念范围明显要大于特色经济。

二、特色优势经济的概念与内涵

相对于单从特色角度和优势角度界定特色经济和优势经济的逻辑不同，

特色优势经济是一个综合性概念，是特色经济与优势经济的交叉综合。因此，特色优势经济一般指那些在当地既具有资源、环境、气候、人力、生产、技术和市场等方面的特色优势，又具备带动地方经济发展的潜力、能够富民兴邦的经济形态。因此可以这样定义特色优势产业：在一个国家或区域范围内，以独特且具有比较优势的资源为基础，以独特的生产技术、生产工艺、生产工具、生产流程和管理组织方式为支撑，制造或提供特色优势产品与特色优势服务的部门或行业。特色优势产业的核心是具有地方特色及竞争优势的产品与服务，其形成的基础是区域内独具特色的资源，其形成和发展的重要条件是区域所持有的生产技术、生产工艺、生产工具、生产流程和管理组织方式。

特色优势经济综合了特色经济与优势经济的优点，同时兼具特色性与优势性，即建立在特色资源禀赋的基础上，其产品或服务首先要体现与众不同的特色性、差异性，但也必须兼顾市场竞争的优势性。对于任何一个地区来说，充分发挥区域优势，大力发展特色优势产业，是加快地区经济发展和提升产业竞争力的重要途径。

三、特色优势经济与特色优势产业的区别

当前学界和实践中，对特色优势产业的相关研究和表述较多，对特色优势经济的描述较少。本书所提到的特色优势经济，与特色优势产业有着紧密的关系，但在概念外延上两者存在着一定的差别。

特色优势产业属于产业经济学范畴的概念，是依托特色优势资源开展生产经营活动并向市场提供能够满足同样需求的同类产品的所有同类企业的集合，专指某个特别的产业类型。特色优势经济是在一定的区域范围内，依据本区域现有的经济、社会、文化状况、资源禀赋和生产力水平，最大限度地扩张经济总量，使结构合理且主导产业优势突出，经济效益显著，能够可持续发展的、具有鲜明区域特点的经济发展模式。从特色优势经济的成长看，其发展是以一定规模的特色优势产品和特色优势产业为基础的，离开了特色优势产品和特色优势产业的规模化、市场化发展，特色优势经济发展将成为无本之木、无源之水。因此，特色优势产业是特色优势经济发展形成的前提

和基础，特色优势经济是特色优势产业规模化发展的必然结果。

特色优势经济的内涵更侧重于一个地区所形成的一种特殊的经济发展模式，而特色优势产业是一个具体的产业类型概念。可以说，特色优势产业是特色优势经济概念的主要内核，特色优势产业可以称为狭义的特色优势经济。鉴于两者之间的关系，本书所研究的特色优势经济，主要指各种类型的特色优势产业。

第二节　特色优势经济的特征与价值

随着人们收入水平的不断提高，需求结构发生深层次变化，由数量追求逐渐演变为对产品质量、特色以及其他附加值的追求，这是特色优势经济出现的根本原因。而区域或国家间的竞争加剧是导致特色优势经济出现并不断发展的直接原因，也是品牌化建设的基本前提。

一、特色优势经济的特征

相较于其他经济形态，特色优势经济具有特定地域性、竞争优势性、规模效益性等特点，是极具发展活力和发展潜力的经济形态。

（一）特定地域性

特色优势经济应该是在一定的经济区域范围内，依据特定的资源禀赋、文化制度、发展水平和产业结构，以及其在区域、全国甚至是在全球范围内的职能分工而确定，显示出强烈的地域性特点，从而体现出一定的比较优势。[1] 特色优势产业的地域性指其总是依附于一定的空间地域。地域性是特色优势经济的空间特征。一方面，特色优势资源是特色优势经济形成的基础。资源的地域专属性导致并强化了区域经济活动的专业分工与地域分工，促进了有别于其他区域的生产部门的形成。离开了特定的地域，特色优势经济就失去了赖以存在的基础。另一方面，独特的生产技术、生产工艺、生产工具、生产流程和管理组织方式是特色优势经济形成和发展的重要支撑。这

---

① 刘冬梅等.区域特色产业和科技资源空间布局研究［M］.北京：科学技术文献出版社，2013.

些往往植根于当地的自然地理条件、悠久的历史传统和社会文化习俗。离开了特定的地域，这些支撑因素往往难以传承和推广。因此，特色优势经济总是依附于特定的空间地域，离开了一定的区域，其将因失去存在的基础和条件而不复存在。①

（二）竞争优势性

特色优势经济具有显著的地区比较优势和竞争优势。优势性是特色优势经济的经济特征。由于特色优势经济以区域特有的资源、独特的生产技术和组织管理方式为基础和条件，其制造或提供的产品和服务与同类产品和服务相比具有显著的品质差异或具有不可替代性，能够满足人们的特殊需求，因而特色产业具有市场独占性和竞争性。一个产业的特色越是突出，其市场独占性和竞争性越强。特色产业从小到大、由弱转强，发展成为具有明显比较优势和竞争优势的独特产业集群，形成梯次搭配、错位竞争态势，进而可能发展成为地区优势产业和支柱产业，形成地区特色优势经济。

（三）规模效益性

特色优势经济要形成经济特色和优势，必须有一定的规模，因此应该具有资源储量大、生产能力强、主导产品市场占有率大等规模经济比较优势；特色优势经济的发展，同时取决于市场规模的大小。特色优势经济应以实现较高的经济效益目标来体现特色优势竞争力。产业效益体现了两个方面的内容：产业成本效益较高，明显的比较成本优势使特色产业专属于某地区；产业关联效益较高，这是特色优势经济拉动性的标志。

此外，特色优势经济还具有可持续性特征，而在体现特色和优势的同时，不能以资源、环境的浪费和破坏作为产业发展的代价，不能以牺牲长远利益来促进眼前的发展。同时，特色优势经济应该是建立在以满足市场需求或者潜在需求的基础上而确定的，强大的和不断增长的市场需求会给产业带来不断升级和规模扩大的动力。

---

① 全国科技管理干部培训新闻记者丛书编委会．县市科技创新管理［M］．上海：上海科学技术出版社，2009．

二、特色优势经济的价值

随着同质化竞争的愈演愈烈，为了提升产业发展的效益，依托各地不同的资源禀赋和条件优势，各种形态的特色优势经济不断涌现，呈现百花齐放的景象。特色优势经济具有显著的特点，对区域经济发展具有显著的促进意义。

一是形成区域经济体系的重要支柱，推动区域经济整体发展，促进区域经济竞争力提升。特色优势经济是凭借区域中最强、最突出的特色优势而产生的，具有较好的发展前景和较强的生命力，易于打造产品和区域品牌，而品牌效应能吸引更多的客商，增强内外投资力度，从而使区域整体得到发展。并且，特色优势经济的壮大发展会形成自我积累机制，即产业规模越大，优势越强，越能增强外部规模经济。

二是特色优势经济营造了农村中小企业的成长空间。农村特色优势经济能够发展其巨大的优势作用，所依赖的载体绝大部分是中小企业。农村地域往往没有大型企业支撑带动本地经济发展，却拥有众多中小企业，为特色优势经济的发展提供了平台。一方面，中小企业资金少、规模小，对外部服务的依赖高。地方特色优势产业形成后，由于企业的集聚效应，共有的基础和服务设施使企业的外部成本大大降低，中小企业可集中力量实现其内部专业化，减少对资金或其他资源的需求。另一方面，特色优势经济形成规模后，便于中小企业迅速掌握市场信息和需求，弥补了传统中小企业消息闭塞的缺点。可见，特色优势经济的发展促进了农村地域中小企业的发展，成为形成区域竞争优势的推动力。[1]

三是特色优势经济有利于吸收农村富余劳动力，推动农村城镇化进程。农村特色优势经济发展到一定阶段后，产品和劳动力开始大量地向城镇集结，企业在加工和贸易方面不断拓展空间。在县城或农村小城镇，吸收农村富余劳动力的门槛较低，生存成本不高，再加上中小企业所需劳动力较多，

---

① 《全国科技管理干部培训阅读丛书》编委会. 县市科技创新管理［M］. 上海：上海科学技术出版社，2009.

就业岗位容量大，不仅可以吸纳本地的富余劳动力，还可吸引其他地区的富余劳动力，从而不断提高非农产业人口比重，扩大城市规模，最终提高本地的城镇化水平。可以说，特色产业的发展加快了农村城镇化的步伐。

第三节　特色优势经济的类型

特色优势经济的范围十分广泛，只要是在某个区域内基于一定的特色优势资源、地理位置、技术工艺或文化习俗等形成的经济形态都可以是特色优势经济的类型。本书重点探究乡村振兴战略下特色优势经济的发展，因此结合乡村经济的特点，着重列举特色农业、特色乡村旅游业、特色文化产业、绿色食品产业等经济业态。

一、特色农业

在乡村振兴战略背景下，特色农业是农村地区特色优势经济最为重要的构成部分，是乡村经济的主要形式。从概念和内涵角度而言，特色农业指具有独特的资源条件、明显的区域特征、特殊的产品品质和特定的消费市场的农业产业，即指一个地区以其特有的自然、经济条件和生物资源，为繁荣市场、增加收益而从事具有地方特色农产品生产的产业，是充分利用一定区域内独特的优势资源，开发和生产出品质优价值高、市场竞争力强的农产品及其加工品，具有绿色或无公害特点的特殊农业类型。[①] 特色农业以特、优、名、精和新为基本特点，不仅产品特色鲜明，而且有独特的种植、养殖、加工技术，具有鲜明的区域性，能立足于一个地区，乃至国内外。特色农业与传统农业的主要区别在于它不以满足人们的基本生活需要为目的，而以满足人们日益增长的对农产品多样化的需求为目的，所以在发展过程中，强调以市场为导向，以效益为中心，强调资源的异质化和产品的优质、高值（价值）化；强调布局上的区域性和供给上的特殊性。

特色农业的基本特征：一是生产的地域性特征。一定的区域范围是特色

---

① 郭京福，毛海军.民族地区特色产业论［M］.北京：民族出版社，2006.

农业存在的载体。由于纬度差异和地表形状的复杂变化，地球上各区域的水、热、光条件不同，而且，因地理位置与经济社会发展水平的差异，不同的区域农业资源有其独特的类型和组合方式。发展特色农业要突出和充分利用各地自然条件的差异性、区域性，以及独特的气候水土和物种等。二是产品的优质性特征。产品优质性、特色农业生产区域性的结果是目标——营利性的条件。只有能够满足消费者对高品质或特殊品质农产品的需求时，才能使产品有市场、有效益。这是特色农业存在和发展的决定性因素之一。因为特色农产品品质好，市场需求量大，竞争力强，形成区域性规模化生产后，收益显著。三是开放性特征。特色农业以区域优势为基础，客观上形成了一定程度的专业化生产，区域间必须加强横向经济联系和技术合作，利用国内外两种资源，面向两个市场。

特色农业是一个大农业概念，范围十分广泛，涵盖农、林、牧、渔等行业，具体类型有特色种植业、特色养殖业、特色渔业、特色经济林业、特色畜牧业、特色加工业等。

二、特色乡村旅游业

乡村旅游作为休闲活动的一种形式，是人类社会，特别是城市生活发展到一定阶段的产物，即长期生活在都市的居民，当生活水平发展到已经能够满足生存需要并不断提高自己生活质量的前提下，对都市内的环境产生"逃避"，而对都市外围的乡村生态环境产生的一种向往与追求。因此，乡村旅游不是传统上的旅游活动，如观光旅游、商务旅游、探亲旅游等，而是都市居民以休闲、放松、体验、教育为目的，以淳朴、自然、生态为核心，以乡村生活、乡村文化、乡村美景为对象的一种典型休闲旅游形态。因此，乡村旅游是需求取向驱动下形成的一种休闲活动方式。①

乡村旅游指以乡村地区为活动场所，利用乡村独特的自然环境、田园景观、生产经营形态、民俗文化风情、农耕文化、农舍村落等资源，为城市游客提供观光、休闲、体验、健身、娱乐、购物、度假的一种新的旅游

---

① 沈和江.区域乡村旅游发展表现形态研究 [M].徐州：中国矿业大学出版社，2009.

经营活动。乡村旅游既包括乡村观光农业旅游，又包括乡村民俗文化风情旅游，还包括乡村休闲度假旅游和乡村自然生态旅游，是具有区域性和综合性的新型旅游业。从依托的旅游资源类别看，乡村旅游可以分为观光农业旅游、民俗文化旅游、村镇观光旅游、休闲度假旅游和自然生态旅游等。

特色是旅游产品的生命力所在，乡村旅游产品也是如此，失去特色的乡村旅游将因失去对游客的吸引力而被挤出竞争激烈的乡村旅游市场。乡村旅游的特色化包含两个层面：一方面是具体乡村旅游景区的特色化；另一方面是具体农家接待产品的特色化。乡村旅游景区的特色化指每个乡村旅游景区根据自身的文脉和地脉特点提炼自身的乡村旅游主题，设计差异化的乡村旅游产品，体现自身特色，做到与周边不同。农家接待产品的特色化指具体景区内部每个乡村旅游接待户的设计特色和提供的产品应有所不同，价格定位有所不同，不是同质化的千篇一律。

我国乡村旅游经过30多年的发展，以空间依托型和资源依托型两大类型进行细分。传统的乡村旅游可以分为以下四种基本类型：

一是景区依托类食宿型农家客栈。景区依托类食宿型农家客栈旅游位于著名景区周边，为旅游者提供简单的食宿服务和当地特产，如湖南张家界景区周边的农家客栈、四川九寨沟景区周边的农家客栈等。

二是城市近郊廊道依托型特色美食。城市近郊廊道依托型特色美食旅游一般在城市近郊，依托便利的交通或者河流湿地，只提供美食餐饮服务，设施简单，如郑州南郊郑密公路旁的乡村客栈、郑州北郊黄河大堤两侧的渔家乐等。

三是城市郊区一产依托型农业观光休闲。城市郊区一产依托型农业观光休闲指在城市郊区以提供学习农业知识、体验农耕文化和参与农事劳动的农业园区。

四是资源依托型乡村田园观光休闲。资源依托型乡村田园观光休闲旅游指以优美的乡村田园风光吸引游客前来旅游的乡村旅游，如广西富川县秀水村的乡村旅游、云南罗平县以油菜花海吸引旅游者的乡村旅游等。

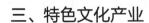

三、特色文化产业

随着我国文化产业发展实践的不断延伸，社会居民对精神消费需求发生了由无到有、由有到精、由精到特的内在规律性转化，文化产业的特色化、独特化、个性化已经成为必然趋势。自2014年文化部、财政部颁发《关于推动特色文化产业发展的指导意见》后，不但各地区对特色文化产业发展进行了积极的探索，学界也掀起了对特色文化产业内在发展规律进行理论研究的热潮。文化产业的迅速发展，使其价值内涵和溢出效应在社会各个领域得到显现和认可。文化产业本身是对文化资源的一种开发方式，肩负着中华民族优秀传统文化的保护和传承的重任，在促进国民经济增长和提升国家文化软实力方面作用显著。但在我国文化产业发展实践中，由于缺乏对文化产业发展规律的前瞻性认识，各地在对本地文化资源进行产业化开发过程中存在着粗放型、盲目性和破坏性开发现象，不但造成了文化资源的浪费与破坏，还造成各地文化产业千篇一律、特色缺失的现象，文化产业的发展效率低和竞争力不强的局面。文化产业发展模式呈现出低端化、粗放化等诸多问题。国家出台发展特色文化产业的指导意见，是针对文化产业发展中存在问题而提出的指导性规划。

特色文化产业是文化产业在发展中逐渐形成的一种特殊形态和趋向，是相对于一般性文化产业而言的，已经成为国家文化发展战略中的重要内容。从学术视角看，特色文化产业是一个极具中国本土化特征的概念，其概念界定重点着眼于"特色"这个关键词。科学阐释清楚文化产业特色的来源、表现形式，是准确把握特色文化产业概念的关键。根据本书对文化产业的界定，特色文化产业是指以一定类型的本土化、稀缺性的特色文化资源为核心生产要素，借助创意劳动转化和现代传播手段，通过市场机制向社会公众提供在文化内涵、精神内容、外在样式、工艺类型、审美情趣、价值用途等方面与一般性文化产品存在较大区别的特色文化产品，以满足其日益增长的个性化、差异化精神文化消费需求，不但具有显著比较优势和不可复制模仿性，且具有一定的市场影响力和广阔发展前景的特殊产业形态的集合。特色文化产业离不开深厚的中华民族传统文化沃土，其深深扎根于优秀传统文化，是一种极具群众基础和民间特色的产业形态，是凸显中华民族文化自信的直接表现。

特色文化产业是在区域性和民族性两方面具有显著差异性、独有性、不可复制性等独特市场定位的文化产业形态。按照国家《关于推动特色文化产业发展的指导意见》中对特色文化产业发展的重点布局，其主要包括工艺品、演艺戏剧、文化旅游、特色节庆、特色展览等行业。[①] 可见，特色文化产业并没有唯一不变的分类标准，也没有完全框定在国家对文化产业的分类统计体系内，只要是基于本土特色文化资源的产业形态都可以是特色文化产业。本书坚持广义的特色文化产业分类原则，以国家对文化产业的分类标准为依据，只要是依托本地特色文化资源而进行产业化开发且具有鲜明特点的文化产业都属于特色文化产业，具体包括具有鲜明区域性和民族性特征的影视动漫、新闻出版、会展节庆、创意博览、文化旅游业、戏剧演艺、工艺美术、休闲农业、服装餐饮、建筑园林、民族体育以及其他系列行业。

发展特色文化产业是传承和弘扬中华民族优秀传统文化、增强民族文化自信，建设具有中国特色社会主义文化强国的重要前提。发展特色文化产业对内可以丰富广大人民群众的精神生活，弘扬社会主义核心价值观，促进社会主义精神文明建设，对外可以塑造鲜明生动的国际形象，提升中国文化软实力。总体来说，加快发展特色文化产业具有多方面价值：一是可以有效挖掘中华民族优秀传统文化的价值，在保护中得到有效开发；二是有利于实现文化资源优势向经济优势转化，培育地方经济新增长点；三是有效促进就业和改善民生；四是有利于转变经济发展模式，形成以"文化创意"为动力的特色化发展路径；五是有利于推进乡村振兴战略实施，推进乡村文化、产业、生态等振兴；六是有利于增强和凝聚力，加强民族团结。

发展特色文化产业是新时代优化我国经济结构和转变经济发展方式的重要路径。特色文化产业植根于中华民族深厚的文化沃土，集文化遗产保护、中华优秀传统文化传承、弘扬社会主义核心价值观、促进产业发展和文化惠民于一体，在乡村振兴战略下又是促进乡村经济发展的重要途径。特色文化

---

① 文化部、财政部：《关于推动特色文化产业发展的指导意见》（文产发〔2014〕28号）。

产业具有公益性特征，是对各民族优秀传统文化的进一步弘扬，有利于公共文化服务建设与产业化开发相结合，形成区域和民族特色文化经济，切实推进乡村振兴。发展特色文化产业对深入挖掘中华优秀传统文化的时代价值、培育和弘扬社会主义核心价值观、推动区域经济社会发展和社会和谐、加快经济转型升级和新型城镇化建设具有重要意义[①]。

四、绿色食品产业

绿色食品产业是从普通食品再生产的各个环节中转化生成和发展起来的，既保留了食品产业的一般属性，又具有新的特殊属性。其特殊属性主要表现在：具有特殊的产品技术标准、特殊的生产工艺条件、特定的商品流通渠道、统一的产品标志和专门的组织管理系统。

根据绿色食品再生产的要求，绿色食品产业的基本内涵可以概括为：由绿色食品的农产品生产、加工企业、绿色食品的营销企业及其经专门认定的产前、产后专业化配套企业，以及其他绿色食品专业部门所组成的经济综合体。在这个综合体内，各个组成部分间存在特定的经济技术联系和相互依存关系，由此构成统一的产业结构体系。

绿色食品产业的外延，其涵盖的范围包括绿色食品农业（其中包括种植业、畜牧业、水产业等），绿色食品加工业；绿色食品专用生产资料制造业（其中包括肥料、农药、兽药、渔药、饲料及其添加剂、食品添加剂等生产企业）；绿色食品商业（其中包括绿色食品专业批发市场、专业批发和零售企业）；绿色食品科技部门（其中包括科技开发、科技推广和科技教育机构）；技术监督部门（其中包括环境监测和产品质量监测部门）；绿色食品管理部门（其中包括标准制定、质量认证、标志管理、综合服务等部门）；绿色食品社会团体等。

绿色食品产业的微观组织的基本特点：一是经济活动专业化。应是专业或主要进行绿色食品生产经营活动的经济实体，以及专业或主要从事绿色食品管理及服务活动的机构。除此以外的绿色食品相关经济部门，只是绿色食

---

① 文化部、财政部：《关于推动特色文化产业发展的指导意见》（文产发〔2014〕28号）。

品的关联产业，其经济活动不属于绿色食品产业行为，因而不纳入绿色食品产业体系。二是经过专门认定。这既是绿色食品标志专有权的排他性所决定的，也是保持绿色食品特性的内在需要。所谓经专门认定指企业生产的绿色食品及其专用生产资料产品，以及专门从事绿色食品营销的商业企业，必须通过认证；其他有关专业机构须经审核批准或授权委托。未经专门认定的产品和单位，不具有公认的绿色食品真实性，因而不被认为具有绿色食品产业属性。三是具有统一标志。统一的标志是绿色食品产业属性的外在表征。其主要表现形式为：绿色食品产品包装上使用绿色食品统一标志；绿色食品专用生产资料产品包装上标注规定的文字；绿色食品专营商店设有统一标志；有关专业机构冠以"绿色食品"字样的名称。①

由于绿色食品出自良好的生态环境，并实行"从田间到餐桌"全程质量控制，所以，它是食品中的精品，具有"安全和营养"的双重质量保证，又具有"环境与经济"的双重效益。由于绿色食品的生产能较好地协调经济发展与环境保护以及食品安全与人体健康之间的关系，因而普遍受到各国的重视，其总的发展势头平稳上升，而且需求大于供给。我国是人口大国，市场需求潜力巨大，随着社会的发展和人们生活水平的提高，绿色食品逐步从一种潜在需求，转变成人们的现实选择，最终走进千家万户。另外，不少发达国家（如德国、日本等）对绿色食品的需求量远超过本国的生产能力，表明绿色食品也有着较为广阔的国际市场。

---

① 米志鹃，马贵民.绿色食品生产管理［M］.北京：中国环境科学出版社，2012.

第二章

特色优势经济相关理论

有关特色优势经济发展的研究并不是一个新课题，国内外理论界的相关研究成果十分丰富，相关理论如区域分工理论、比较优势理论、产业集群理论等研究为特色优势经济研究奠定了坚实的理论基础支撑。但是，国内外既有研究中对特色优势经济的专门研究较少，既有研究以特色产业相关研究为主，内容主要涉及具体产业实践发展研究，系统性的理论研究较少。根据特色优势经济的理论关联性，本书主要从产业区域与分工、比较优势与竞争优势、产业集群等方面对相关理论进行梳理阐述。

第一节　产业分工与产业区位理论

分工理论与产业区位理论是揭示特色优势经济形成与发展规律的理论基础。其中，分工理论阐释了特色优势经济形成的原因，而产业区位理论主要解决产业优化布局问题。

一、马克思主义的社会分工理论

马克思在《资本论》中指出："同一个生产部门，根据其原料的不同，根据同一种原料可能具有的不同形式，而分成不同的有的是崭新的工场手工业。"并且，"把一定生产部门固定在国家一定地区的地域分工，由于利用各种特点的工场手工业生产的出现，获得了新的推动力"，[①] 机器工业的出现，

[①] 中共中央马克思、恩格斯、列宁、斯大林著作编译局.资本论（上）[M].北京：人民出版社，1975.

使社会分工和商品经济有了高度的发展，社会化和专业化生产获得了空前的发展，社会生产部门也就越来越多样化。机器生产同工场手工业相比使社会分工获得无比广阔的发展。这里，马克思强调了"地域分工"的重要意义。列宁对于社会分工理论的发展也做了一定的研究。他指出："社会分工是商品经济的基础。加工工业与采掘工业分离开来，它们各自再分为一些细小的部门，各个部门生产商品形成的特种产品，并同其他一切生产部门进行交换"①，其基本观点：一是社会分工的基本特征是专业化生产的出现，即"各个地区专门生产某种产品，有时是某一类产品甚至是产品的某一部分"②。二是社会分工是不同的地区、不同国家普遍存在的现象，"地域的分工并不是我国工业的特点，而是工场手工业的特点；小手工业没有造成这样广大的地区，而工厂却破坏了这种地区的闭塞性，促使作坊和大批工人迁移到别的地方"③。

二、产业区位理论

产业区位理论起源于19世纪二三十年代，其主要内容是寻找各个产业部门经济活动的最佳地点，即研究各种经济活动布局在什么地方最好。当前的产业区位理论研究和实践应用已经突破了在一个地区和一个国家进行选择的局限，而是放眼全球进行产业布局。

（一）农业区位论

运用区域经济学的理论，追溯特色优势经济布局和发展较早的论述要属德国经济学家冯·杜能的农业区位论，又称杜能农业区位论。杜能提出了以中心城市为原点的"六层农业圈层"布局理论：第一圈层为自由农作圈，主要生产鲜菜、牛奶；第二圈层为林业圈，主要生产木材；第三圈层为轮作圈，主要生产谷物；第四圈层为谷草农作圈，主要生产谷物、农作物、畜产品；第五圈层为三圃农作圈，主要生产谷物、畜产品，以畜牧业为主；第六圈层是荒野。杜能以城市为中心，从区位地租出发，得出了农产品种类围

---

① 中共中央马克思、恩格斯、列宁、斯大林著作编译局.列宁选集（第1卷）[M].北京：人民出版社，1972.

②③ 中共中央马克思、恩格斯、列宁、斯大林著作编译局.列宁选集（第3卷）[M].北京：人民出版社，1972.

绕城市呈环带状分布的理论化模式，奠定了两个区位论，日后距离衰减法则和空间相互作用原理中的重要规律。杜能是较早以空间区位的理论去研究和思考农业和乡村发展问题的经济学家，其距离及运费决定乡村产业布局的理论及在假设条件下的圈层布局在当时和今天的乡村经济及乡村特色产业发展中，仍然具有一定现实指导意义。但今天，决定农产品利润的主要因素随着物流运输业的发达和科学技术的不断创新，已经越来越取决于农产品质量的提升，距离和运费不再是最主要的决定性因素。特别是在全球经济一体化过程中，孤立国本身就是一个不切实际的假设。全球化的环境中，中心与外围只是相对的概念，关键还是地区和地区间产品的竞争力问题。

（二）工业区位论

1909 年，德国经济学家阿尔弗雷德·韦伯在其《论工业区位》中创立了工业区位理论。工业区位论是研究工业企业空间位置选择规律的理论。韦伯认为，任何理想的区位都应是生产费用最小、节约费用最大的地点。以此为出发点，韦伯运用区位因子分析法，研究了德国著名的鲁尔工业区，得出区位因子决定工业区位的结论。韦伯将区位因子分成一般区位因子和特殊区位因子。一般区位因子指运费、劳动费、集聚和分散，特殊区位因子则指水质、湿度等，如湿度对纺织工业，水质、易腐性对食品工业的影响。同时，他按照作用性质将区位因子划分为区域因子和集聚因子。前者如原料、燃料、劳动力、地租、厂房设备、固定资产费用；后者指相关工业（产业链企业）、设施的有效利用。另外，按照属性分为自然技术因子和社会文化因子。在这些因子中，运费、劳动力费用和集聚因子是三大主导因子。韦伯最先将抽象的演绎方法运用于工业区位的研究中，运用"区位因子"进行工业区位研究，把研究重点放在运费、劳动力和集聚三大主导因子上，形成了完整的工业区位理论体系。其重要的理论贡献之一是，费用最小点是区位最佳点区位选择原则，对工业以外的产业区位选择有重要的指导意义。

第二节　比较优势与竞争优势理论

对特色优势经济研究支撑最为直接的理论依据是以比较优势为基础的地域分工理论。特色优势经济的出现和发展是比较优势理论、要素禀赋论、竞争优势理论的有力佐证和体现。

一、绝对优势理论

绝对优势理论由英国古典经济学家亚当·斯密于 1776 年在《国民财富的性质和原因的研究》中提出的。他认为，每个国家都有导致生产成本绝对低下的、绝对有利的、适宜于某些特定产品的生产条件，如果每个国家都按其绝对有利的生产条件进行专业化生产，然后彼此进行交换，将使各国和地区的资源、劳动力和资本得到正确的分配和有效的利用，从而提高各国和地区劳动生产率，降低成本，增加国民财富。① 斯密将不同国家和地区的同种产品的成本进行直接比较，认为在某种产品上所花成本绝对地低于他国或地区的就称之为具有"绝对优势"。只要有这种绝对成本优势，就应该发展这种产品的专业生产，并出口换回自己在生产上不占绝对优势的产品，贸易双方都从交易中获益。这就是斯密的绝对优势理论。按照绝对优势理论，参与贸易的国家和地区都拥有一个处于绝对优势的生产部门，一个没有任何绝对优势产品的国家和地区就不能从贸易中获利，然而现实并非如此。绝对优势理论显然存在明显不足。

二、比较优势理论

比较优势理论由英国古典经济学家大卫·李嘉图根据绝对优势理论于 1817 年在《政治经济学及赋税原理》中提出。比较成本指将本国不同产品成本的比率与外国同类产品的成本比率进行比较，即不同国家的产品成本比率

---

① ［英］亚当·斯密.国民财富的性质和原因的研究（上）［M］.郭大力，王亚南译.北京：商务印书馆，2011.

或机会成本的比较。只要成本比率在各国存在差异，各国就能够生产各自的比较优势产品，也就是相对成本较低的产品，并在国家间进行交换，通过贸易增进利益。任何国家即使在生产上没有绝对优势，由于它同其他国家在生产上的相对成本不同，均可以利用其相对有利的生产条件，更加专门生产其相对成本较低、具有比较优势的商品以换取自己所需要的生产中相对成本较高的商品，通过相互贸易使各国资源得到最有效的利用，并使贸易双方获得比较利益。① 比较优势理论的基本思想是每个国家或地区都要对自己的优势和劣势进行比较分析，做到两优相权取其重、两劣相权取其轻，利用相对成本优势，发展区际贸易，以便在现有的自然、技术和经济条件下更有效、更节约地分配劳动和利用资源，形成合理的、最有利于本地区的生产要素配置和生产力布局，以最小的劳动消耗取得最大的经济效果。该理论对西方的外贸理论产生了很大的影响，长期被西方经济学家推崇，被看作支配贸易的永恒定律。但他的模型假设过于简单，假设劳动是唯一的生产要素，产生比较优势的唯一原因是各地区的劳动生产率差异，这不符合实际。

三、要素禀赋理论

要素禀赋理论最早是由两位瑞典经济学家赫克歇尔和俄林提出的，后经萨缪尔森等不断加以完善。其主要内容包括 H-O 理论、要素价格均等化理论以及要素积累对国际贸易影响等。要素禀赋指一个地区所拥有的两种生产要素的相对比例，与其拥有生产要素的绝对数量无关。要素密集度指生产某种产品所投入的两种生产要素的比例。H-O 理论解释了比较优势理论中比较成本差异的来源，认为各国国内商品价格比例或比较成本的不同，是由于各国之间生产要素禀赋的不同和生产各种商品使用的各种生产要素的密集度不同。一国应生产并出口密集使用其本国供给相对丰裕且价廉的生产要素的商品，进口并消费密集使用其本国供给相对不足且昂贵的生产要素的商品，以获得比较利益。如果一个国家或地区劳动资源相对丰裕，该国或地区的比较优势在于劳动密集型产业。如果这个国家或地区遵循比较优势，就应该发展

---

① ［英］大卫·李嘉图.政治经济学及赋税原理［M］.郭大力，王亚南译.南京：译林出版社，2014.

劳动密集型为主的产业，生产过程中使用较多的廉价劳动力，减少使用昂贵的资本，其产品相对来说成本比较低，因而具有竞争力，利润可以作为资本积累的量越大。反之，如果资本相对丰富而劳动力相对稀缺，具有比较优势的产业就是资本密集型产业，则应该发展资本密集型为主的产业，增强该国和地区的竞争力。

四、竞争优势理论

20 世纪 80 年代，美国哈佛大学迈克尔·波特教授提出了竞争优势理论。这是一个超越了比较优势理论、拥有丰富内涵的崭新范畴。波特指出，一国特定产业的竞争优势主要取决于要素状况，需求状况，企业战略、结构与竞争，相关与支持性产业四个要素。他认为，从宏观上看，一个国家的竞争优势来源于四个基本因素和两个辅助因素。钻石体系是由上述四个基本因素构成，它们相互依赖，决定国家竞争优势。它内部每个因素的变化都会强化或改变其他因素的表现。它们的表现和变化直接影响国家竞争地位的变化。另外两个辅助因素是机遇和政府行为。在钻石理论体系内，生产要素、国内需求、相关产业支持和企业战略、结构与竞争对手各为钻石体系的一端，它们既相互依赖，又相互支撑，共同塑造了集聚地区的竞争力。[①]波特的国家竞争优势理论弥补了其他国际贸易理论的不足，较好地解释了美国、日本、德国和英国等发达国家国际竞争力来源，以及二战以来的世界贸易格局的形成原因。一个地区的区域竞争优势就是区域内企业、行业的竞争优势，竞争优势的强弱取决于各市场主体的综合竞争能力。参与竞争的企业行业综合竞争力是区域竞争力，产业竞争力是决定区域综合竞争力的核心因素，即区域竞争力取决于这个区域是否拥有一批有较强竞争力的优势主导产业。而企业的核心竞争力决定着优势主导产业的形成，微观层次的企业竞争优势最终决定了优势主导产业。企业的竞争优势，又由企业的组织结构、劳动效率、产出规模、质量、信誉、品牌、新产品开发以及营销技术和管理等基础和前提条

---

① ［美］迈克尔·波特.国家竞争优势［M］.李明轩，邱如美译.北京：华夏出版社，2002.

件所决定，是这些有利的构成因素共同作用形成的有机整体。①

五、差异化战略

差异化战略，又称差别化战略、特色优势战略、别具一格战略，是企业为了使产品或服务形成差异以有别于竞争对手而突出一种或数种特征，借此胜过竞争对手的一种战略，其核心是取得某种对顾客有价值的独特性。实现差异化的方式多种多样，在设计或品牌形象、技术特点、外观特点、客户服务、经销网络等多个方面均可展示独特性，如产品质量差异化、产品可靠性差异化、产品销售差异化、产品创新差异化、产品品牌差异化。差异化战略通常在全产业范围中形成具有独特性的产品或服务。实施差异化战略的企业力求广泛重视顾客的需求，在该行业内独树一帜。它选择许多用户重视的一种或多种特质，并赋予其独特的地位以满足顾客的要求。它既可以是先发制人的战略，也可以是后发制人的战略。差异化战略是提供与众不同的产品和服务，满足顾客特殊的需求，其中，产品和服务的独特性至关重要。企业要成功地实施差异化战略，应以顾客的需求为核心，在价格、产品、服务、形象等方面进行需求组合，在差异化和成本间求得平衡。差异化不一定会带来竞争优势，尤其是当标准化产品可以充分满足用户需求，或竞争者有可能迅速模仿时。最好设置防止竞争者迅速模仿的障碍，以保证产品具有长久的独特性。成功的差异化意味着更大的产品灵活性、更大的兼容性、更低的成本、更高水平的服务、更大的方便性或更多的特性。

第三节　产业集群与产业布局理论

产业集群和集聚理论、产业布局理论是特色优势产业高质量发展的重要理论依据。其中，产业集群理论重点阐释产业间的内在关系；产业布局理论重点阐释产业结构问题。随着产业经济的发展，相关理论研究成果逐渐系统完善。

---

① 杨利民.中国扎兰屯特色产业发展研究［D］.中央民族大学博士学位论文，2013.

一、产业集聚三要素理论

亚当·斯密在《国富论》中已经发现了产业集群现象，并最早提出"集群"概念。但较早对产业集群现象进行系统研究的是阿尔弗雷德·马歇尔。马歇尔认为，生产和销售同类产品的企业或存在产业关联的上下游企业集中在特定的区域，这些企业在对劳动力、研发机构和原材料的使用需求上的相近性，会使该地区形成专业化程度更高的供给，从而提高供给质量，收获到比处于分散状态下更高的使用效率，这种高效率会更进一步促成更多的企业有积极性地主动集中在这一区域，进而形成产业集群。马歇尔提出了"外部经济"和"产业区"的概念。[①]他认为，外部经济和产业区的形成有赖于三个因素：一是劳动力市场共享。集聚可以吸引更多的有专业技术能力的高素质劳动者，"雇主们往往可以找到他们所需要的具有优良的专门技能的工人的地方去，同时，寻找职业的人自然到有许多雇主需要他们具有的技能的地方去"[②]。二是中间产品投入。产业集聚可以促进与该类行业接近的中小配套企业的投入和生产，众多使用中间投入品的企业集中在一起，进一步使辅助性工业能够使用更加专业化、高技术的机械设备，以低成本、高效率、高收益地供应众多需求者，进而促进这些附属产业的成长。三是知识和信息流动。空间和距离上的接近性，使企业间的技术创新、新产品研发、成功的管理经验难以保密，使得这些领先的经验和做法能够在更短的时间、更广泛的企业间推广使用，从而促进生产力的发展。马歇尔的"三要素"学说，集中而清晰地阐明了产业集聚运行的内在机制。

二、产业布局指向原理

产业布局主要揭示产业分布的影响因素和产业结构问题。影响产业布局的因素很多，但各类因素对不同的产业部门有不同的影响。主要因素在特定部门的布局中起着突出的作用，各类产业部门都有向能满足其主要要求的地

---

① 张殿宫.吉林省乡村特色产业发展研究［D］.吉林大学博士学位论文，2010.

② ［英］马歇尔.经济学原理［M］.朱志泰，陈良壁译.北京：商务印书馆，1994.

区接近或靠近的倾向。这种倾向即为布局指向。

一是自然条件指向。农业部门对自然条件有较强的依赖性,受自然条件的制约强烈,因而农业生产总是指向农业自然条件最有利的地区,总在自然条件最优越、商品率最高的地区得到发展。

二是原料地指向。一些消耗原料多或原料不宜远距离、长时间运输的,制成品重量远小于原料重量的产业部门,多分布在原料地附近,同时能够大大节约运费。

三是能源地指向。高耗能的产业部门应布局在能源丰富的地区,这类产业主要是大耗能、大耗电部门。

四是劳动力指向。劳动密集型产业应布局在劳动力资源丰富且价格低廉的地区。

五是高科技指向。电子计算机、生物工程、航天工业、新材料等高科技产业,要求劳动力素质较高,科研成果丰富,科研氛围浓厚,这些产业多在科研单位、高校聚集区周围布局。

六是交通枢纽指向。交通枢纽指向可细分为铁路指向、海港指向、河港指向、空港指向、综合运输枢纽指向等。为减少运费,降低生产成本,许多产业部门均有交通枢纽指向,世界各国、各地区有许多产业分布在各种交通运输枢纽附近。

七是消费市场指向。即产业部门应布局在消费市场上,如某些难运产品、易腐食品等宜采用这种布局方式,还有某些区域市场消费量非常大的产业部门,即哪里需要就把市场建在哪里。

八是国家宏观政策指向。即某些产业部门只能布局在那些宏观政策允许或支持的地区,如环境污染严重的部门不能布局在环境质量要求较高的地区。一个产业部门的布局往往是在多种因素相互交错、相互影响下形成的,所以也会有多种指向性。随着科学技术的进步和周围经济条件的改变,产业布局的指向性会不断变化。[①]

---

① 陈爱东.构建西藏特色优势产业体系的财政支持研究[M].北京:光明日报出版社,2012.

三、增长极理论

增长极理论由法国经济学家佩鲁在 1950 年首次提出，该理论被认为是西方区域经济学中经济区域观念的基石，是不平衡发展论的依据之一。增长极理论认为：一个国家要实现平衡发展只是一种理想，在现实中是不可能的，经济增长通常从一个或数个"增长中心"逐渐向其他部门或地区传导。因此，应选择特定的地理空间作为增长极，以带动经济发展。佩鲁认为，如果把发生支配效应的经济空间看作力场，那么位于这个力场中推进性单元就可以描述为增长极。增长极是围绕推进性的主导工业部门而组织的有活力的高度联合的一组产业，它不仅能迅速增长，而且能通过乘数效应推动其他部门的增长。因此，增长并非出现在所有地方，而是以不同强度出现在一些增长点或增长极上，这些增长点或增长极通过不同的渠道向外扩散，对整个经济产生不同的最终影响。他借喻了磁场内部运动在磁极最强这一规律，称经济发展的区域极化为增长极。

首先，佩鲁提出了一个完全不同于地理空间的经济空间。他主张经济空间是以抽象的数字空间为基础，经济单位不存在于地理上的某一区位，而存在于产业间的数学关系中，表现为存在于经济元素间的经济关系。其次，佩鲁认为经济发展的主要动力是技术进步与创新。创新集中于那些规模较大、增长速度较快、与其他部门的相互关联效应较强的产业中，具有这些特征的产业佩鲁称其为推进型产业。推进型产业与被推进型产业通过经济联系建立起非竞争性联合体，通过后向、前向连锁效应带动区域的发展，最终实现区域发展的均衡。这种推进型产业有增长极的作用，它对其他产业（或地区）具有推进作用。最后，增长极理论的核心是推进型企业对被推进型企业的支配效应。支配指一个企业或城市、地区、国家在所处环境中的地位和作用。

除上述主要的理论基础外，还包括产业经济学的基本理论。因为特色优势经济既具有自己的特性，也具有产业的共性，所以，产业经济学的一些理论和方法也适用于特色优势经济的研究分析，如产业的演变规律、产业的选择与培育。

第三章

云南特色优势经济发展概况与评价

依托区位优势和资源优势发展特色优势经济是提升区域经济竞争力和实现高质量发展的重要路径。云南地处我国西南多民族边疆地区和高原山区，具有发展特色优势经济的天然优势。发展特色优势经济对于云南推进中国式现代化具有特殊的战略意义。特色优势经济高质量发展具有特殊的内在规律，必须坚持科学的路径机制，而对特色优势经济高质量发展进行客观评价分析是前提。特色优势经济高质量发展评价要坚持系统性的评价体系和科学性的评价方法，还要根据不同地区的发展模式进行因地制宜式评价。

第一节　云南特色优势经济发展
成效与主要做法

习近平总书记分别于 2015 年 1 月、2020 年 1 月考察云南并发表重要讲话，要求云南要"立足多样性资源这个独特基础，打好高原特色农业这张牌""加快推进农业供给侧结构性改革，做强高原特色农业"。2015 年以来，云南上下深入学习贯彻习近平总书记考察云南重要讲话精神，高位推动、强力推进，依托特色资源禀赋大力发展以高原特色农业为主的特色产业，特色优势经济质量效益和竞争力显著提升，为促进全省经济社会平稳健康发展、巩固拓展脱贫攻坚成果、推进实施乡村振兴战略提供了重要支撑。

一、云南特色优势经济高质量发展基础

在全球新一轮科技革命和产业变革加速演变的趋势下，在国家构建"大循环、双循环"新发展格局的背景下，云南特色优势经济发展具有多方面的

突出优势。

一是产业基础更加夯实。党的十八大以来，云南产业发展发生了翻天覆地的变化，服务业撑起全省经济总量的半壁江山，工业结构转变为烟草和能源两大支柱产业"双驱动"，绿色铝、硅光伏等先进制造业快速发展，新产业、新产品、新业态不断涌现，成为引领产业转型升级的标杆。基础设施建设实现由瓶颈制约向基本适应的根本性转变，实现县县通高等级公路，滇中引水工程全线开工，中缅油气管道建成运行，为云南产业发展提供了强有力的基础设施保障。

二是要素优势更加突出。云南矿产资源、生物资源、旅游资源丰富，是享誉国内外的"有色金属王国"，是全球生物多样性最丰富、最集中的地区之一，是世界知名旅游目的地。人力资源丰富，劳动年龄人口比重高于全国平均水平，高技能人才规模持续扩大。得天独厚的自然资源，以及富集的劳动力，为云南产业发展提供了强有力的要素保障。

三是区位优势更加凸显。云南是我国面向南亚东南亚和环印度洋地区开放的大通道和桥头堡，是"一带一路"建设、长江经济带发展两大国家发展战略的重要交汇点，大通道大物流建设步伐持续加快，推动各类要素在云南高效流动、交汇循环，将有力支撑云南加快形成以大通道带动大物流、大物流带动大贸易、大贸易带动大产业的发展格局。

四是生态优势更加明显。云南森林覆盖率位居全国第4，好山好水好空气造就了云南宜居宜业的良好环境。绿色已成为云南产业发展的鲜明底色和重要竞争力，世界10大水电站中有4个在云南，全省绿色能源装机占比达85%。国家"双碳"战略的深入推进，有利于充分彰显云南绿色低碳优势，助推云南绿色能源与绿色先进制造业深度融合，拓展云南产业绿色低碳发展空间。

五是发展环境更加优化。云南有着源远流长、兼容并蓄的厚重历史，自强不息、和合共生的文化基因，热情好客、重商厚商的人文特征，民族团结进步、社会和谐稳定。大抓作风革命、效能革命，政府服务效率和水平加快提升，全国一流营商环境加快构建。高质量共建"一带一路"和长江经济带发展战略深入推进，以及国家对西部地区、边疆民族地区的大力支持，都为云南发展提供了强有力的政策保障。

在中国式现代化国家新征程上，云南特色优势经济发展被寄予厚望。云南立足于自身优势，做好特色农业、旅游业等特色优势经济大文章。中国式现代化是人与自然和谐共生的现代化，云南生态和资源等优势明显，立足相关优势，做好特色优势经济大文章，不仅能促进云南经济高质量发展，也能为我国现代化建设树立好绿色发展样板。

二、云南特色优势经济高质量发展概况

云南准确研判自身具备的优势地位、优势水平与竞争者情况，选择合理的产业化与市场化路径，大力发展能够代表云南特色、发挥云南优势的产业，大力发展符合国家"双碳"战略且能够起到富民兴边的产业，特色优势经济正在做大做强。在发展特色优势经济中，云南把市场主体培引作为重中之重，树牢市场化、法治化、国际化理念，以低碳化、集群化、数字化、高端化为方向，以重点园区为载体，以延链补链强链为重点，聚焦重点产业招大引强，着力做深做精做特做优，促进传统产业转型升级、新兴产业蓬勃发展、未来产业加快布局，努力在产业强省建设上取得突破性进展，把加快发展现代产业体系作为强省富民的根本抓手。经过多年发展，全省特色优势产业结构和区域布局更加优化，优势产业发展质量不断提升，支撑产业强省建设的作用持续增强。高原特色现代农业品牌影响力不断扩大，绿色能源与绿色先进制造业深度融合发展，绿色铝谷、光伏之都建设迈出坚实步伐，烟草、绿色能源、文旅康养、现代物流等产业转型升级步伐加快，发展优势持续巩固，先进制造、新材料、生物医药、数字经济、出口导向型产业等发展取得积极进展，发展基础不断夯实。

一方面，高原特色农业在特色优势经济中的核心主导地位日益增强。云南立足省情、农情，立足多样性资源这个独特基础，扛牢粮食安全政治责任，牢牢守住国家粮食安全底线，以绿色生态为引领，以农民增收为目标，聚焦"1+10+3"重点产业，加快农业产业化、规模化、标准化、品牌化建设，加快推动云南由特色农业大省向现代农业强省迈进。2018年以来，连续举办5届"10大名品""10强企业""20佳创新企业"

评选表彰活动，持续加强"云系""滇牌"农业品牌建设，"云咖""云茶""云花"等，成为代表云南高原特色现代农业的闪亮名片。随着各项利好政策持续加码和高位推动，云南高原特色农业迎来升级与蜕变。全省各级农业农村部门聚焦粮食、茶叶、花卉、蔬菜、水果、坚果、咖啡、中药材、牛羊、生猪、乡村旅游、烟草、蔗糖、天然橡胶"1+10+3"重点产业，做好"土特产"文章，推动乡村产业全链条升级，走出了一条从多到精、由大到强，向绿色发展要效益的高质量前行之路。2022年，全省农林牧渔业实现总产值6635.80亿元，同比增长5.5%。第一产业增加值4012.18亿元，占全省GDP的比重为14.26%。茶叶、鲜切花、坚果、咖啡、中药材、烟草、天然橡胶等特色产业种植规模和产量稳居全国第一位，蔬菜、水果、肉牛、生猪、蔗糖等产业规模居全国前列。全产业链产值突破1200亿元的产业有8个，分别是茶叶、花卉、蔬菜、水果、中药材、牛羊、生猪、烟草。今年前三季度，全省农林牧渔业总产值4162.82亿元，同比增长4.5%。全省特色经济作物产量稳定增长，成为农业经济一大亮点。

另一方面，立足"土""特"优势，特色优势产业布局持续优化，产业结构逐步升级。云南谋篇布局，因地制宜积极发展多样性特色优势经济，把乡村资源优势、生态优势、文化优势转化为产业优势，扎根"土"，体现"特"，形成"产"，努力做好乡村"土特产"这篇大文章，撑起了乡村振兴的"产业脊梁"。通过全面梳理全省各地具有独特生态环境、独特品质特征、特定生产方式和深厚历史人文底蕴的农产品资源，建立了地域特色农产品资源目录，持续强化全产业链扶持。同时，在乡土资源创新开发上下功夫，云南全省目前累计获准国家地理标志保护产品65个，注册地理标志证明商标347件，登记农产品地理标志86个，关联产业产值达128.59亿元，初步形成涵盖茶叶、花卉、蔬菜、水果、坚果、咖啡、中药材、牛羊及生猪等重点产业的地理标志保护创新工作格局。云南重点产业园区建设取得明显成效，服务产业发展的平台功能不断增强，优势产业向重点产业园区集聚趋势日渐明显，初步形成优势互补、产业联动、区域协同、错位发展、链条完备的发展格局。农产品加工产值与农业总产值之比明显提升，绿色能源与绿色先进制造业融合发展取得明显突破，新材料、生物医药等新兴产业快速发展，生活性服务业向高品质和多样化升级显著加快，生产性服务业对制造业高质量发展的支撑和引领作用更加突出。各类市场主体较快增长，龙头企业、"链主"企业规模不断扩大，新产品、新业态蓬勃发展，产品质量持续改善，市场占有率不断提高，企业品牌创新力、影响力不断提升，企业发展的经济效益、社会效益、生态效益明显提高。此外，云南数字农业取得积极进展，建成了云南农业农村大数据中心，建设数字农业示范基地 39 个、数字农业优秀应用平台 10 个，114 个县列入全国电商进农村综合示范县，数量位居全国第一。2022 年，农产品网络零售额 407 亿元，同比增长 13%。数字农业正在成为云南特色农业强省建设的新动能。云南初步形成了以高原特色农业为主导，绿色铝谷、光伏产业、先进制造业、绿色能源、烟草产业、新材料产业、生物医药产业、数字经济、文旅康养产业、现代物流业等齐头并进的特色优势经济体系。如表 3-1 所示。

表 3-1　云南特色优势经济产业布局与产业形态

特色优势经济类型	具体产业形态
特色高原农业	粮食、茶叶、花卉、蔬菜、水果、坚果、咖啡、中药材、牛羊、生猪、乡村旅游、烟草、蔗糖、天然橡胶等
绿色铝谷	高强度建筑铝型材、建筑模板系统、交通轻量化车体型材、铝合金轮毂、航空航天用铝材、包装用铝板带箔、光伏型材、新能源动力电池箔、铝制家具等行业
光伏产业	PERC 电池、TOPCon 电池、HJT 电池项目，完善铝浆、银浆等产业
先进制造业	磷化工、硅化工、装备制造业等
绿色能源	水力发电、风力发电、管道天然气、储能产业、数字电网、智慧电网等
烟草产业	烟草种植、高端特色优质烟叶开发、加工工艺、配方技术、包装设计等
新材料产业	贵金属新材料、新能源电池材料、锡基新材料、钛基新材料、光电子微电子材料、精细化工、液态金属、有机硅、橡胶等
生物医药产业	三七、白药、天麻等优势中药材、疫苗产业等

续表

特色优势经济类型	具体产业形态
文旅康养产业	全域旅游、乡村旅游、文化产业、健康产业、医疗康复产业等
现代物流业	跨境物流、冷链物流、城乡物流、智慧物流、航空物流等

三、云南特色优势经济高质量发展做法

云南特色优势经济之所以取得显著成效，离不开全省坚持科学的发展思路和精准的发展方略。在发展特色优势经济过程中，云南非常重视坚持农业农村优先发展，一体设计、一并推进农业现代化与农村现代化，推动特色优势产业全链条升级，走出了一条从多到精、由大到强、向绿色发展要效益的极具云南实践特色的特色经济高质量发展与农业现代化之路。

一是市场主导，政府服务。充分发挥市场在资源配置中的决定性作用，更好地发挥政府作用，着力提升服务效能，打造一流营商环境，推动招商引资制度化、规范化、法治化，为企业入滇投资兴业提供优质服务，提振企业发展信心，全面激发各类市场主体活力，不断推进更充分、更高质量就业。

二是发挥优势，融入全局。主动服务和融入国家发展战略及全国发展大局，充分发挥区位优势、资源优势，找准融入新发展格局的发力点和突破口，推动云南成为国内市场与南亚东南亚国际市场之间的战略纽带、"大循环、双循环"的重要支撑。

三是创新引领，人才支撑。坚持创新是第一动力，加快体制机制创新，增加制度供给，着力降低制度性交易成本；围绕产业链部署创新链，加快构建创新生态，着力突破一批产业发展关键核心技术，提升核心竞争力。坚持人才是第一资源，优化人才发展环境，加强多层次人才队伍建设。

四是绿色低碳，集约发展。坚定不移贯彻新发展理念，建立健全绿色低碳循环发展产业体系，大力推动传统产业加快转型升级，高起点培育壮大新兴产业，提高土地、水资源等利用效率，促进产业绿色低碳发展。

五是数字赋能，提质增效。以产业数字化、数字产业化为主线，推动大数据、云计算、物联网、人工智能、5G和区块链等数字技术广泛应用，促进

产业向数字化、智能化转型。

六是合理布局，集群发展。增强统筹利用国内国际两个市场、两种资源的能力，立足各州（市）资源、区位、产业特色，调整优化生产力空间布局，依托各类产业园区、开放平台，促进要素合理配置，产业集聚集约发展，形成功能布局合理、协调联动的发展格局。

第二节　云南特色优势经济高质量 发展评价体系构建

特色优势经济发展水平代表了一个国家或地区经济的现代化水平。科学合理的特色优势经济高质量发展评价指标体系，可以为评价、监测、预警以及调整特色优势经济高质量发展政策提供科学依据，对我国全面推进中国式现代化和实现中华民族伟大复兴具有积极的促进作用。

一、特色优势经济高质量发展的科学内涵

高质量发展是党的第十九次全国代表大会首次提出的新表述，是党中央在我国进入新时代时期后准确把脉社会发展问题而提出的新发展要求，对新发展阶段国民经济和社会发展提出的基本指导方针。高质量发展是习近平新时代中国特色社会主义经济思想的重要内容。高质量发展思想具有深厚的理论源泉，深深植根于国内外经济增长和经济发展相关理论之中。从国外的平衡增长理论、非平衡增长理论到内生增长理论，都蕴含着经济发展质量的重要论述。国内对高质量发展的研究较多，但观点不一，存在一定的学术论争。田秋生认为，高质量发展是一种新的发展战略，是以质量和效益为价值取向的发展。[1]彭五堂、余斌认为，经济高质量发展不仅要注重发展效率，还要关注发展质量。[2]林兆木认为，高质量发展包括产品质量、产出效率和

---

① 田秋生.高质量发展的理论内涵和实践要求［J］.山东大学学报（哲学社会科学版），2018（6）：1–8.

② 彭五堂，余斌.经济高质量发展问题的三级追问［J］.理论探索，2019（3）：14–20.

经济效益提升等方面。[①] 任保平、李培伟认为，高质量发展是数量和质量的有机统一体。[②] 在高质量发展特征方面，学界认为主要体现在产业结构优化、创新驱动性、消费拉动率、包容性、普惠性、供给体系优化等多方面。[③]

特色优势经济高质量发展是体现新发展理念的发展，高质量发展是以新发展理念为指导，质量为价值取向、核心目标的发展。高质量发展是基于我国社会深刻变化的主要矛盾，是新时代的要求，是我国发展阶段、发展环境、发展机遇所决定的。其内涵是能够很好地满足人民日益增长的美好生活需要的发展，是体现新发展理念的发展，是创新成为第一动力、协调成为内生特点，绿色成为普遍形态、开放成为必由之路、共享成为根本目的的发展。高质量发展的提出，表明当前中国经济正在由高速增长阶段转向高质量发展阶段。在这个阶段，增长速度已经不再是社会发展首要目标，增长质量才是首要目标。高质量发展更加注重经济结构的合理性，空间布局的科学性，城乡区域发展的融合性，人与自然的和谐性，经济体系的完备性；更加注重经济发展的整体性、全面性、联动性、协调性、均衡性。因此，高质量发展能使经济更加高效、稳定、持续地运行。

二、特色优势经济高质量发展评价原则

特色优势经济高质量发展评价体系涵盖多个方面，且涉及较多影响因素，各个因素间又相互作用，形成了一个复杂且密不可分的有机整体。建立特色优势经济高质量发展评价体系必须遵循一定的原则，以确保评价的客观、有效和科学。总体而言，构建特色优势经济高质量发展评价体系应遵循科学性、系统性、可操作性、动态性、区域特殊性原则。

（一）科学性原则

科学性原则要求科学合理地选取各个指标。具体而言，首先，这些指标

---

① 林兆木.经济高质量发展要义几重？[J].中国生态文明，2018（1）：86.

② 任保平，李培伟.数字经济培育我国经济高质量发展新动能的机制与路径[J].陕西师范大学学报（哲学社会科学版），2022，51（1）：121-132.

③ 冯俏彬.我国经济高质量发展的五大特征与五大途径[J].中国党政干部论坛，2018（1）：59-61.

必须能将特色优势经济高质量发展的状况客观真实地反映出来，或是客观真实地反映出特色优势经济高质量发展的某一特征或方面；其次，各个指标间应具有相应的联系，这些指标所构成的一套体系能够全面反映出特色优势经济高质量发展状况；最后，在选取指标时应避免指标数量过多，进而防止部分指标相互重叠，因而在能够客观真实反映高质量发展水平的前提下，力求指标体系科学、精简。

（二）系统性原则

在特色优势经济高质量发展指标体系的构建过程中，系统性原则指各个指标间应具有相应的逻辑关联关系；每一指标都能反映出特色优势经济高质量发展的某一特征或方面所具有的表现水平，且各个指标间既相互关联又相互独立。具体而言，若将特色优势经济高质量发展作为一个系统，则系统中包含了若干个相互独立且相互关联的子系统，全部的子系统共同组成了特色优势经济高质量发展的总系统。每个单元的表现水平将由一个指标反映，每个子系统中的全部指标组成了该子系统的体系，而所有子系统中的指标体系共同构成了总的指标体系，用以衡量特色优势经济高质量发展体系的整体状况。

（三）可操作性原则

在特色优势经济高质量发展指标体系的构建过程中，可操作性原则要求每个指标的选取都应实现可量化。一些指标虽然在理论层面上完美，但难以进行实践操作，如数据难以收集或缺乏可比性等。因而，在构建特色优势经济高质量发展指标体系时，应确保其可度量和可操作，即各个指标数据可收集、可定量处理，且具有可比性。

（四）动态性原则

动态性原则要求所选取的高质量发展的评价指标能够动态反映特色优势经济高质量发展状况。也就是说，各指标能够对不同时段的数据进行衡量，能够体现不同时段特色优势经济高质量发展的不同程度，即每一指标应具备一定的时间尺度。在实际操作阶段，动态性原则指能够通过收集到不同年份的数据，对不同年份的数据变化进行收集，便可以得到能够反映特色优势经济高质量发展水平的时间序列。

（五）区域特殊性原则

对特色优势经济高质量发展评价体系而言，既要真实反映出云南省特色优势经济的特征，又要将实现高质量发展这一要求体现出来。不同区域内的特色优势经济高质量发展评价，由于空间和时间的不统一所产生的差异性较大，地域性较为明显，这种差异对区域间的特色优势经济高质量发展评价上的不同具有较大程度的决定性。因此，在构建指标体系时应将反映这种区域特色的指标包含在内。在特色优势经济高质量发展评价中坚持区域性原则，可以确保即使处于相同层次的指标体系中，特色优势经济高质量发展评价指标体系也可以尽可能地反映区域间的差异，充分发挥出各地优势。

另外，特色优势经济高质量发展评价体系的构建，还必须坚持独立性与协同性相结合的原则、完整性与简洁性相结合的原则。指标评价体系必须考虑周全，在了解当前的政策指标体系和统计体制现状的基础上，要具有一定的创新性。

三、评价指标体系构建思路与框架体系

为了制定科学合理的评价指标体系，课题组查阅了大量已有的关于"特色优势农业""产业高质量发展""产业数字化"等评价指标的相关文献，深入探讨和研究了特色优势经济高质量发展评价指标的特点、规律，为指标体系构建提供理论依据。

（一）评价指标体系构建的基本思路

关于高质量发展的评价指标方面，国内学界观点不一，存在较大差别。多倾向于绿色发展指标体系、劳动生产率、全要素生产率、GDP 等指标体系。任保平、李禹墨认为，其应基于宏中微观三大视域建构，应从有效性、协调性、创新性、持续性、平稳性、分享性六个指标进行评价，包括经济增长速度、经济结构、创新成果质量、经济可持续四个方面。[1] 经济高质量发展受到多种因素的影响，要想实现经济的高质量发展，必须根据当地的实际

① 任保平，李禹墨．新时代我国经济从高速增长转向高质量发展的动力转换［J］．经济与管理评论，2019，35（1）：5–12．

情况，解决影响其发展的一系列因素。首先，要转变人们的思想观念和发展不均衡等问题，从传统的数量优先转变为质量和效益优先；要更加重视结构的优化和环境保护，重视经济和社会文明的提升，提高社会治理成效。其次，进一步转变经济发展模式，从传统的要素投入型经济发展模式转向以创新为驱动的经济模式，从传统的外需驱动型经济发展模式转向以内需为主导的经济发展模式，从粗放型经济发展模式转向集约型经济发展模式。学界对特色优势经济高质量发展的研究文献较少，但些许文献可以进行借鉴。

本书认为，特色优势经济高质量发展的评价指标体系建构，既要遵循高质量发展的一般内涵，又必须依据特色优势经济发展的特殊规律体现其特殊性。特色优势经济指标体系构建应能够对云南特色优势经济高质量发展水平量化且全面地评价，同时，可以依据评价的结果有针对性地制定措施，从而完成特色优势经济高质量发展的目标。在构建指标体系时，不仅应考虑增长指标，也应考虑结构指标。另外，特色优势经济高质量发展应注重经济效益与生态环境的平衡。因此，指标体系应从六个角度展开探讨，即增长性、效率性、效益性、绿色性、结构性和特色性。依据指标选取原则，构建科学合理的特色优势经济高质量发展评价指标体系。

（二）评价指标体系构建的基本框架

构建特色优势经济高质量发展指标体系为云南正确评价和认知特色优势经济发展状况提供依据，促进云南在发展特色优势经济过程中发现问题，明确方向，主动纠偏，进而促进特色优势经济全面实现高质量升级发展，促进农业农村现代化和乡村产业振兴。根据特色优势经济高质量发展的内涵，将特色优势经济高质量发展指标体系划分为三个层次，即目标层、准则层、要素层。从特色优势经济高质量发展的总目标出发选取指标，分解出准则层评价指标，形成数量适宜的准则层指标体系，它能够充分反映目标层的不同内容，进而将各个准则层指标分解为不同内容的要素层具体指标。依据本书对特色优势经济高质量发展的界定，设计特色优势经济高质量发展指标体系基本框架。

（三）特色优势经济高质量发展指标体系

本书选取了特色优势经济高质量发展的增长性、效率性、效益性、绿色

性、结构性、特色性六个方面构建特色优势经济高质量发展评估模型的一级
指标体系，然后在每个一级指标下面各选取若干二级指标来构建经济发展评
估模型。二级指标共包括产值增长率、利润增长率、全要素生产率、劳动生
产率、土地产出率、投资回报率、就业带动量、农民增收量、绿地面积、三
废排放量、产业结构比例、产业融合度、特色品牌数量、特色产业产值比率
14 个指标。如表 3-2 所示。

表 3-2　特色优势经济高质量发展评价指标体系

一级指标	二级指标	指标正逆性
增长表现	产值增长率	正向
	利润增长率	正向
效率表现	全要素生产率（TFP）	正向
	劳动生产率	正向
	土地产出率	正向
	投资回报率	正向
效益表现	就业带动量	正向
	农民增收量	正向
绿色表现	三废排放量	负向
	绿地面积	正向
结构表现	产业结构比例	正向
	产业融合度	正向
特色表现	特色品牌数量	正向
	特色产业产值比率	正向

第三节　云南特色优势经济高质量发展评价

在构建一级和二级指标体系后，需要通过科学的方法确定各级指标的权
重比例。一般而言，通常用到的权重确定方法有 AHP 层次分析法、熵值法、

综合指数法等，每种方法都有优缺点，需要根据特色优势经济高质量发展的内涵而选择不同方法的组合。本书采用主客观组合赋权法确定云南特色优势经济发展各指标的权重，进而测度云南农业现代化发展水平。其中，主观赋权法采用 AHP 层次分析法，客观赋权法采用熵值法，最终权重以两者的算术平均计算得到。两者相结合从而确定评价指标的组合权重以保证指标权重的可靠性。

一、云南特色优势经济高质量发展评价指标赋权方法

对于云南特色优势经济的评价，在基于表 3-2 构建的评价指标体系前提下，分为以下四个步骤：

（一）步骤 1：运用 AHP 层次分析法确定各项评价指标的主观权重 W_{AHPj}，$j=1$，2，$\cdots$，n

进行这一步主要是为了确定各指标的主观权重。采用专家打分法，获得每个层次下各评价指标之间的两两矩阵，计算出各一级指标、二级指标和三级指标权重，为进行后面的组合权重计算，进一步计算得到二级指标整体的主观权重 W_{AHPj}。

（二）步骤 2：运用熵值法确定各评价指标的客观权重 W_j，$j=1$，2，$\cdots$，n

该步骤用于确定各指标客观权重。基于云南特色优势经济评价各指标原始数据，运用熵值法，计算三级指标整体的客观权重 W_j。具体步骤为：

第一步，构建指标矩阵：

$$A = \begin{Bmatrix} X_{11} & \cdots & X_{1m} \\ \vdots & \ddots & \vdots \\ X_{n1} & \cdots & X_{nm} \end{Bmatrix}_{n \times m}$$

该矩阵表示，给定了 n 个不同类型的指标，m 组不同年份的评价对象。其中，x_{ij} 为第 i 个方案的第 j 个指标的数值。

第二步，数据的非负数化处理：

因为熵值法在计算的过程中计算的是各个方案中某一指标占通用指标总和的比值，如果数据中存在负数，就需要对这些数据进行非负化处理，除此之外，为了避免熵值法在计算熵值时对数的无意义，需要对数据进行平移：

对于正向指标：

$$x_{ij} = \frac{\min\ (x_{1j},\ x_{2j}\cdots x_{nj})}{\max\ (x_{1j},\ x_{2j}\cdots x_{nj})\ -\ \min\ (x_{1j},\ x_{2j}\cdots x_{nj})} + 1,\ i=1,\ 2,\ \cdots,\ n;\ j=1,\ 2,\ \cdots,\ m$$

对于负向指标：

$$x_{ij} = \frac{\max\ (x_{1j},\ x_{2j}\cdots x_{nj})\ -x_{ij}}{\max\ (x_{1j},\ x_{2j}\cdots x_{nj})\ -\ \min\ (x_{1j},\ x_{2j}\cdots x_{nj})} + 1,\ i=1,\ 2,\ \cdots,\ n;\ j=1,\ 2,\ \cdots,\ m$$

为了方便起见，仍记非负化处理后的数据为 x_{ij}。

第三步，计算第 j 项指标下第 i 个方案占该指标的比重：

$$P_{ij} = \frac{x_{ij}}{\sum\limits_{i=1}^{n} x_{ij}}\ (j=1,\ 2,\ \cdots,\ m)$$

第四步，计算第 j 项指标的熵值：

$e_j = -k \times \sum\limits_{i=1}^{n} P_{ij} \log(P_{ij})$，其中 $k>0$，$e_j \geq 0$。式中常数 k 与样本数 m 有关。

第五步，计算第 j 项指标的差异系数：

由于第 j 项指标，指标值的 x_{ij} 差异越大，评价时对方案的影响也越大，熵值就越小，$g_j = 1-e_j$，g_j 越大指标越重要。

第六步，计算各项指标的权重：

$$W_j = \frac{g_j}{\sum\limits_{i=1}^{n} g_j},\ j=1,\ 2,\ \cdots,\ m$$

（三）步骤 3：基于 AHP– 熵值法计算各指标组合权重 W_j，$j=1,\ 2,\ \cdots,\ n$

这一步骤主要确定评价指标的组合权重。AHP 层次分析法依靠评价专家的主观想法，计算出的权重主观随意性较大，缺乏可靠性和稳定性。熵值法客观赋权法只是从样本数据出发而判断指标的重要性，没有将数据外的信息考虑到，且样本数据本身有一定的局限性。因此本书将两者结合，先使用 AHP 层次分析法和熵值法分别计算指标权重，再对权重数据进行组合，计算出组合权重，从而以此为基础开展评价。具体的组合权重计算公式如下：

$$W_j = \frac{W_{AHP} \cdot W_{jj}}{\sum\limits_{j=1}^{n} W_{AHPj} \cdot W_j}$$

（四）步骤 4：基于 TOPSIS 评价方法确定最终权重

运用 TOPSIS 法计算出 2016~2021 年云南特色优势经济高质量发展评价得分即相对贴近度，并对云南特色优势经济评价 2016~2021 年计算得到的综合值排序。

首先，运用无量纲化法对衡量云南特色优势经济的 14 个分指标进行标准化处理，得到 X_{ij}。

其次，构建各分指标的加权矩阵 R：

$$R = (r_{ij})_{n \times m}$$

$r_{ij} = W_j \times X'_{ij}$ 其中，W_j 为 AHP 和熵值法的组合赋值。

再次，利用加权矩阵 R 得到最优解 Q_j^+ 和最劣解 Q_j^-。

$Q_j^+ = (\max r_{i1}, \max r_{i2}, \cdots, \max r_{im})$，$Q_j^- = (\max r_{i1}, \max r_{i2}, \cdots, \max r_{im})$，

再次，计算各二级指标和最优解 Q_j^+ 和最劣解 Q_j^- 之间的欧氏距离 d_i^+ 和 d_i^-。

$$d_i^+ = \sqrt{\sum_{j=1}^{m}(Q_j^+ - r_{ij})^2}, \quad d_i^- = \sqrt{\sum_{j=1}^{m}(Q_j^- - r_{ij})^2}$$

最后，计算各二级指标和理想解之间的相对贴近度 C_i。

$$C = \frac{d_i^-}{d_i^+ + d_i^-}, \quad C \in [0, 1]$$

其中，C_i 越大说明年份 i 的综合水平越高；反之，则越低。

二、数据来源与数据可靠性分析

相关指标数据来源包括面板统计数据以及调研收集数据。为保证数据的连续性、可比性、真实性，本书所涉及的云南特色优势经济的数据均来源于 2016~2021 年《中国统计年鉴》《中国农村统计年鉴》《云南省统计年鉴》《云南农业年鉴》《中国电子信息产业统计年鉴》以及云南省统计局、农业农村厅等数据信息。在数据获取中，部分地区存在某些指标某一年数据缺失的情况，对于缺失数据采用线性插值法进行补全。此外，面板统计数据中欠缺的数据通过调研问卷进行收集并整理计算获得。主要包括全要素生产率、产值增长率、利润增长率、产业融合度、特色产业产值比例等。

为获得筛选指标依据，对指标层数据进行克朗巴哈系数检验。通常 Cronbach α 的值在 0~1。如果 α ≤0.6，一般认为信度不足；0.6< α ≤0.8，表示具有一定的信度；0.8< α ≤0.9，说明信度非常好。本书中的数据通过一致性检验得出的 α 为 0.934，通过检验。如表 3-3 所示。

表 3-3　指标数据可靠性分析

项数	Cronbach α 系数
14	0.934

三、云南特色优势经济高质量发展评价指标权重确定

运用综合赋权方法对上述一级和二级指标计算得出各个评价指标权重。指标权重体现了影响因子对云南特色优势经济高质量发展的重要程度。如表 3-4 所示，6 个一级指标和 14 个二级指标，经过计算得出其指标权重存在较大差异。由于不同的一级指标和二级指标对特色优势经济高质量发展的影响程度不同，各区域特色优势经济发展的资源条件、基础条件和政策等外部因素不同，其指标权重的大小存在区别。根据云南特色优势经济发展相关统计数据和云南特色优势经济发展的特殊客观环境，在一级指标体系中，云南特色优势经济高质量发展的效率表现和特色表现的权重较高，分别为 0.20823 和 0.19266，两者对云南特色优势经济高质量发展的影响最大；在二级指标中，特色品牌数量、农民增收率、特色产业产值比率、全要素生产率（TFP）等因子对特色优势经济高质量发展影响最为突出，权重分别为 0.10114、0.09348、0.09152、0.08697，说明产业的特色化、对共同富裕的促进效应和技术贡献率对特色优势经济实现高质量发展最为关键。在二级指标体系中，土地产出率、劳动生产率以及产业融合度对云南省特色优势经济高质量发展的影响程度较弱，客观证明了高质量发展主要依赖于技术创新、产业融合以及特色品牌建设，而不是传统生产要素量的投入。这与云南对特色产业和农业农村现代化建设的基本指导思想吻合。总体来说，六大一级指标和所有二级指标对云南特色优势经济高质量发展都具有一定的影响，都对云南特色优势经济高质量发展具有一定的指导价值。如表 3-4 所示。

表 3-4　云南省特色优势经济高质量发展评价指标权重值

序号	一级指标	一级指标权重	二级指标	二级指标权重
1	增长表现	0.13490	产值增长率	0.06122
2			利润增长率	0.07368
3	效率表现	0.20823	全要素生产率（TFP）	0.08697
4			劳动生产率	0.02703
5			土地产出率	0.02611
6			投资回报率	0.06812
7	效益表现	0.16945	就业带动量	0.07597
8			农民增收量	0.09348
9	绿色表现	0.14345	三废排放量	0.07478
10			绿地面积	0.06867
11	结构表现	0.15131	产业结构比例	0.04743
12			产业融合度	0.04812
13	特色表现	0.19266	特色品牌数量	0.10114
14			特色产业产值比率	0.09152

四、云南特色优势经济高质量发展评价结论

根据上文所设计的评价方法，最终要计算各项指标的综合评价分数——综合指数。综合评价指数在 0~1，值越接近 1，所评价的年份值距离理想值就越近，所体现出来的产业发展质量就越高。从表 3-5 中的综合指数值可以看出云南特色优势经济各个年份的发展质量。

表 3-5　云南乡村产业发展质量测算结果（2016~2021 年）

年份	增长指数	效率指数	效益指数	绿色指数	融合指数	特色指数	综合指数
2016	0.175	0.055	0.145	0.057	0.039	0.041	0.512
2017	0.225	0.067	0.176	0.078	0.075	0.043	0.664
2018	0.197	0.099	0.187	0.094	0.077	0.050	0.704
2019	0.188	0.143	0.224	0.105	0.095	0.062	0.817

续表

年份	增长指数	效率指数	效益指数	绿色指数	融合指数	特色指数	综合指数
2020	0.210	0.182	0.197	0.113	0.090	0.063	0.855
2021	0.205	0.191	0.209	0.127	0.082	0.065	0.879

根据表 3-5 所示，2016~2021 年，云南特色优势经济发展质量呈逐渐递增趋势，尤其是 2020 年以来，云南特色优势经济发展经受住了环境影响，发展质量仍然保持了一定的提升。期间云南特色优势经济发展质量的平均值为 0.7385，最高值为 2021 年的 0.879。从具体指标看，产业增长指数和产业效益指数对云南特色优势经济发展质量的贡献较大，均值在 0.2 左右，说明期间其产值以及由此带来的就业促进和增收效应均表现突出；而绿色指数、结构指数和特色指数的贡献较为不突出，中位数分别为 0.0995、0.0795 和 0.056。尤其是特色指数，其整体水平均在 0.07 以下，其对云南特色优势经济发展质量的贡献远没有达到应有的理论数值。由此可以得出，云南特色优势经济发展质量主要依赖于产值增长和效益提升。根据各评价指标变化数值，可以得出其变化曲线，直观反映综合指数和各一级指标变化趋势。

如图 3-1、图 3-2 所示。2016~2021 年，云南在全面打赢脱贫攻坚战并转向乡村振兴以来，特色优势经济尤其是高原特色农业发展势头良好，特色优势经济整体发展质量呈现逐年提升趋势。在一级指标上，云南特色优势经济发展的效率指数、绿色指数和特色指数始终保持上升趋势，而增长指数、效益指数和融合指数尽管期间有曲折，但整体也呈现上升趋势。

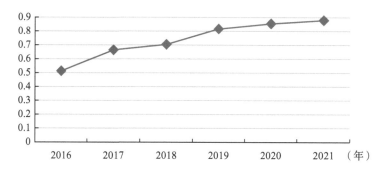

图 3-1　云南特色优势经济发展质量综合指数变化趋势（2016~2021 年）

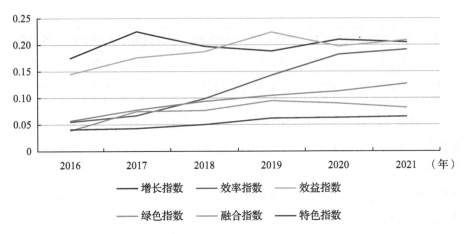

图3-2　云南特色优势经济发展质量一级指标变化趋势（2016~2021年）

第四章

云南特色优势经济高质量发展困境与对策

　　尽管云南在特色优势经济高质量发展中立足省情、农情，加快转变经济发展方式，特色优势经济发展成效显著，走出了具有云南实践特色的发展之路。但是，通过上文对云南特色优势经济高质量发展的多维度评估可知，云南特色优势经济高质量发展中还存在较多问题和难点。因此，要客观正视云南特色优势经济高质量发展中存在的问题和突出短板，才能因地制宜、因时制宜，制定针对性措施加快推进特色优势经济现代化。

第一节　云南特色优势经济
高质量发展的问题

　　在数字经济发展趋势下，产业数字化发展是特色优势经济高质量发展的重要方向，是提升产业发展效能和竞争力的必由之路，是实现特色优势经济现代化发展的必然选择。因此，除遵循产业发展的一般规律外，特色优势经济高质量发展还必须坚持数字化发展路径。通过上文对云南特色优势经济高质量发展的评价分析发现，其还存在较多制约高质量发展的困境和藩篱。

一、全要素生产率较低是瓶颈问题

　　生产要素是推动经济高质量发展的资源基础和动力源泉，生产要素的禀赋质量和配置结构质量决定了经济增长和经济发展的根基。因此，生产要素的质量，反映了生产要素配置的效率，是经济增长质量最主要的度量指标。从上文对云南特色优势经济发展的质量分析结果看，2016~2021年特色优势经济发展的增长指数、效益指数和结构性融合指数均呈现曲折发展轨迹，质量发展曲线较为平缓、增长缓慢。另外，效率指数、特色指数、结构指数、绿色指数四项评价指标均处于发展较低水平。根据产业发展基本规律，导致以上指标出现该种表现的主要原因在于生产要素本身要具有禀赋质量和生产投入所关联的要素耦合质量。

一方面，传统要素禀赋质量不高且新型投入要素不足。根据云南特色优势经济发展所面临的生产要素禀赋情况可知，传统要素在生产中的禀赋比重较高，且要素质量不高。其中最为显著的短板是劳动力和管理。劳动力资源素质结构存在显著缺陷，高学历、技术型、管理型人才较为缺乏。农村基层社会治理体系和效能与农业农村现代化高质量发展要求存在一定差距，基层干部精准化、精细化服务还需加强。新型农业经营主体地位还有待加强。除传统要素问题外，云南特色优势经济高质量发展还存在新型要素投入数量不足的问题。其表现在于除土地、劳动力、资本和管理外，技术（大数据、人工智能）要素、数字要素、文化要素等新型生产要素投入不足，导致特色优势产业价值链低端化和产品附加值低，产业发展层次不高。

另一方面，要素跨界融合难度较高，产业间与城乡间融合发展滞后。从产业间的要素流动角度看，要素跨界重组难度大，产业间融合发展滞后。受一系列因素影响，云南特色优势经济发展的营商环境和投资环境还存在较多短板，导致生产要素在各产业间的跨界流动和重组的壁垒较多，要素市场一体化程度不高，产业融合发展进程缓慢，新兴产业形态培育难度较高，产业新业态较少，农业与现代服务业融合力度不大，效益未曾显现。从城乡间的要素流动角度看，全市城乡要素流动制度障碍依然存在，城乡户籍壁垒没有根本消除，城乡统一的建设用地市场尚未建立，城乡金融资源配置严重失衡。

二、产业数字化与智能化水平不高

产业数字化通过消除不同部门间的信息壁垒，充分调动各部门资源，实现资源利用最大化，推动产业数字化转型发展，并促进农业绿色化发展。

一方面，云南特色优势经济数字化转型仅停留在基础建设、单向应用层面。部分地区人口密度小、地形复杂，导致网络基础设施建设成本高、难度大，仍然存在农村网络带宽不够、信号不稳定等问题，基础设施上限制了网络向自然村、农户的延伸广度。物联网、大数据等在精准生产、病虫害预警等方面的应用处于初级层面，特色农产品附加值相对较低、产业信息化设备难以维护等实际问题依然长期存在。

另一方面，数字人才缺失导致特色优势产业数字化发展的持续力和动力不足。数字人才缺失是制约产业数字化发展的重要因素。互联网普及率低，农村居民数字技能匮乏。全省整体互联网普及率为 67.8%，低于全国平均水平 5.2 个百分点。产业数字化服务的实际效能较低，产业智能化水平不高。农村劳动力文化水平普遍偏低，农业劳动强度大，职业社会认可度低，工作区域大多远离中心城市，年轻人不愿意从事农业，有知识、有技术的专业人才更难留住。农村地区经济发展相对落后，没有数字经济、信息技术等相关领域专家，更缺乏数字化转型相关知识理念，对农业从业者的数字技能培育严重不足。总体而言，全省特色优势产业的数字化发展仍处于起步阶段，信息网络基础设施不足，一些生产区域尚未实现网络全覆盖，数字化基础支撑能力弱。数字化创新能力不强，关键核心技术仍待突破，先进适用的信息化产品装备缺乏，数据采集、传输、存储、分析、共享等手段和方式落后，"信息孤岛"、数据壁垒依然存在。重点产业数字化转型水平依旧不高，农业物联网等技术尚未得到规模化推广，数据赋能全产业链发展的作用尚未有效发挥。数字经济专业技术人才匮乏，缺少既懂"三农"又懂信息技术的复合型人才，成果转化和推广应用比例不高。

三、产业创新能力不足且发展方式粗放

特色产业生产体系、经营体系和组织体系还不完善，新技术、新产业、新业态、新商业模式不足以形成规模经济和范围经济效应，农业大而不强、结构不优。乡村现代产业体系尚不健全，智能化、绿色化发展水平低，产业价值链发掘不足，产业融合度低。2022 年，云南 R&D 经费投入 313.53 亿元，R&D 经费投入强度（R&D 经费投入与地区生产总值之比）为 1.08%。财政科学技术支出 58.97 亿元，占财政支出比重仅为 0.88%。在 R&D 经费投入方向中，有色金属冶炼、化工、烟草等工业占据主要比例，而乡村产业相关的农

业技术、生物技术、产品加工等投入远低于工业技术投入。R&D 经费在乡村特色优势产业发展投入上的不足，造成其创新发展能力不足，发展方式仍然处于粗放型阶段。全省数字经济发展仍处于起步阶段，信息网络基础设施不足，一些特色产业生产区域尚未实现网络全覆盖，数字化基础支撑能力弱。数字化创新能力不强，关键核心技术仍待突破，先进适用的信息化产品装备缺乏，数据采集、传输、存储、分析、共享等手段和方式落后，"信息孤岛"、数据壁垒依然存在。重点产业数字化转型水平依旧不高，农业物联网等技术尚未得到规模化推广，数据赋能全产业链发展的作用尚未有效发挥。数字经济专业技术人才匮乏，缺少既懂"三农"，又懂信息技术的复合型人才，成果转化和推广应用比例不高。在特色优势经济的产业结构中，产业类型多属于传统性种植业、养殖业和初级产品加工业，技术含量低，产品附加值低，特色优势产业发展的信息化、数字化和现代化进程缓慢，产业价值链低端化明显，产业转型发展难度较高。

四、品牌化程度低且产业结构失衡

云南乡村地区众多，分布分散，且巩固脱贫攻坚成果的任务较为艰巨。在特色优势经济发展中，对产业高质量发展影响较大的特色产业和特色品牌数量还存在较多不足。尤其是具有国内外较高品牌知名度和国内外良好市场表现的产品不多，特色产品培育力度不高，特色产品竞争力不高。由于云南特色优势经济的数字化转型障碍较多，导致其特色优势经济的产业结构存在诸多问题，产业结构转型升级任务较重。

一是从经营结构看，云南特色优势经济利用数据要素推动产品研发、市场营销和商业模式的创新能力不强。在产品研发中，企业在利用搜索引擎智能高效地发掘商业与市场数据、以用户为中心调动数据信息进行产品创新研发的能力不足。在市场营销中，充分利用互联网平台进行消费特征动态掌握、价格波动规律把握和增强产品市场占有率的能力不足。在商业模式上，由于数据积累和应用水平薄弱，导致农业在前端生产、中端加工物流和后端销售服务等环节的商业生态未能形成，价值链结构缺失。

二是从内部结构看，云南特色优势产业中的传统农业比重居高不下，新产业、新业态发展不充分，产业转型升级进展缓慢。传统劳动密集型、资源依赖型农业比重较高，初级产品种植、加工等低附加值产业比重较高，新业态发展还不够充分。另外，云南特色优势经济内部产业过度分散，规模效益低，产业竞争力比较低，使产业结构更加失衡。

五、产业融合不充分与全产业链低端

特色优势产业尤其是农业与其他产业的融合度不高，全产业链不健全、低端化，是制约云南加快现代化的重点问题，也是难点问题。

一是产业融合基础较薄弱。第一产业是农村一、二、三产业融合的基础，实现农村产业深度融合需要强大的一产作为支撑。但云南农业发展基础较为薄弱。全省生态绿色有机农产品发展多年，但产量仍然较少。受地形地貌限制，机械化水平低，农业生产质量效益低下。农业生产以小规模分散经营为主，数据生产要素难以引入，无法形成规模效应，导致生产成本过高，农产品缺乏竞争力，对一、二、三产业实现深度融合发展难以提供有力保障。由于全省尚未建立统一的数据要素市场，导致城乡之间和产业之间的要素流动存在诸多壁垒，存在第一产业后端延伸不足、第二产业两端连接不紧密、第三产业前端发育不足的问题。云南在推进农村一、二、三产业融合发展过程中，土地、资金、人才等要素供给能力不足，严重制约农村一、二、三产业的深入融合。

二是产业融合效果不显著。受限于数据要素市场的不健全和不统一，农业与其他产业间的要素跨界流动壁垒较多，要素市场一体化程度不高，三次产业融合发展进程缓慢，融合效益不显著。农产品加工转化率普遍偏低，产业链条较短。云南农村产业融合经营主体虽然在山地特色农业与二、三产业融合方面做了很多努力和探索，但融合模式主要采用"种植＋加工""种植＋销售"模式等，都是二次产业简单融合，产业链延伸、产业融合的增值收益不高。云南在农户与新型经营主体之间的利益联结机制建设方面做了很多扎实有效的工作，但也存在一些不足，有实力的新型农业经营主体比较缺乏，而参与农业经营的龙头企业又大多涉足非农领域，农村居民不能够充分分享农村一、二、三产业融合带来的增值收益。

三是产业链延伸不全面，全产业链发展不完善，上下游相关产业建设滞后。根据相关研究，在整个农业产业链条中，利润90%都在设计、包装、加工、储藏、运输、销售等环节。由于数据要素在各产业间的渗透融合度不高，导致农业与上、中、下游链条上的产业间的要素流动和共享壁垒较多，行业间的整合机制不健全，导致农业产业链延伸力度不大、产业较为分散。云南的农业产业发展基本上是原材料输出，乡村二、三产业得不到长足发展，产业融合的难度更大。

第二节　云南特色优势经济
高质量发展对策

　　对于在中华民族伟大复兴中具有特殊区位优势和战略定位的云南来说，加快培育数据要素市场，通过产业数字化效应来补齐其特色优势经济发展中的短板，是云南特色优势经济高质量发展的不二之选。本书着重以数据要素为中心，基于"数据＋全要素"融合对云南加快特色优势经济高质量发展的实践路径，并提出相应政策建议。

一、加快产业数据要素市场培育，提升产业数字化水平

　　一是培育数据要素市场体系，夯实特色优势经济数字化发展的要素基础。加强特色优势经济数据标准化建设，鼓励特色优势经济数据要素进入市场流通交易；将数据确权分解成针对数据资源、数据元件、数据产品的三次确权，有效解决特色优势经济数据确权问题；加强数据要素产权制度、交易制度、分配制度设计，完善数据要素市场化的制度体系建设，逐步搭建机构健全、机制完善、运行高效、监督有力的数据要素市场化体系。

　　二是强化数据要素治理体系，确保特色优势经济数字化发展的要素保障。完善特色优势经济数据监管体系，破除条块分割和部门壁垒，构建协同监管机制；强化数字技术支撑，加强对数据要素市场运行的监管，有效防范数据风险，提升数据流动安全性；明确特色优势经济数据治理中参与主体的权责，形成以政府为引领，企业、社会力量等多元市场主体有机协同的治理

格局；全力归集特色优势经济数据，探索特色优势经济数据应用，拓展智慧场景应用。

三是加大数据基础设施建设，破除特色优势经济数字化发展的硬件约束。加强特色优势经济公共数据基础设施建设，持续完善数据中枢服务平台，加强新型基础设施建设，重点推进5G基站、天地空一体化监测体系、电商物流设施、物联网等基础平台建设。启动特色优势经济数据要素数据金库建设，实现全省核心数据、重要数据、敏感数据和数据元件的统一归集、存储、加工和安全防护。建设特色优势经济数据要素加工中心，提高特色优势经济数据要素价值密度。

二、发挥数据要素的倍增效应，提升产业全要素生产率

建立完善特色优势经济数据要素市场，加大特色优势经济生产中的数据要素投入，以数据要素驱动特色优势经济供给侧改革向纵深推进，提升数字技术动能和全要素生产力根基。发挥数据要素的渗透融合效应，强化数据对其他生产要素的集约替代，倍增单一要素价值，弥补云南特色优势经济高质量发展的要素禀赋短板，通过全要素耦合实现要素配置结构优化和配置质量提升，全面提升云南特色优势经济的全要素生产率。

一是"数据＋土地"实现"去土地化"。引导特色优势经济生产方式改革，充分利用互联网、大数据和信息计划构建的数字世界，将数据要素与互联网、通信技术融合。打造特色优势经济虚拟科技园区、特色优势经济虚拟产业集群，实现特色优势产品生产、销售和原材料供给的虚拟化，创造线上生产模式。

二是"数据＋劳动"实现"去劳动化"。引导特色优势经济新型经营主体中的龙头企业加大人工智能技术投入，以数据要素为核心实现特色优势经济生产流程自动化，突破劳动力科技素质低造成的生产率瓶颈，提升全要素生产率。通过数据要素投入使用，提升特色优势经济生产中劳动力对数字技术的掌握能力，提升劳动力要素质量。

三是"数据＋管理"实现"去管理化"。发挥数据要素的共享及时性，充分利用各种大数据信息平台中的数据资源，利用人工智能技术加强智能化

学习和决策，打破管理者的思维局限和知识短板，通过云计算、云管理和云决策实现特色优势经济经营主体科学高效管理。

三、发挥数据要素智能效应，提升数字化和智能化水平

一是加大特色优势经济生产中的大数据、人工智能、云计算、物联网等技术投入，实现数字技术与特色优势经济深度融合。数据要素对特色优势经济数字化转型的促进作用依赖于数字技术在特色优势经济生产中的广泛应用和深度融合。云南要加强特色优势经济生产经营中的 AI 算法、传感器、智能装备设施、区块链等新型数字技术投入，引导数字科技组织机构深入特色优势产业基层，加大对特色优势经济数字技术研发创新的补贴力度，整合力量集中攻关当前云南特色优势经济数字化发展中最急需的大数据技术，积极推进特色优势经济大数据产品的孵化、示范和应用。

二是加强完善特色优势经济信息基础数据库和云信息平台。依托数据要素多元共享性，将特色优势经济生产数据进行汇总整合和及时共享，构建数字产业智能化网络。推进数字乡村"新基建"设施建设，加快培育数字农业人才，补齐数字短板。通过整合各类信息化应用系统，加强数据要素规范化和标准化建设，实现数据要素可得、数字技术可用、智能化可控的目标。

三是完善培养体系，重视特色优势经济数字人才建设，铸牢特色优势经济高质量发展的人力支撑。推进特色优势经济数字化人才培养模式创新，依托政府部门、科研机构、高校、企业等资源，针对特色优势经济技术、数字化经营管理、现代农业治理和服务等领域构建多层次的特色优势经济数字人才培养体系。完善激励机制，加大对特色优势经济数字人才的服务力度，构建城乡人才双向流动的政策体系，将农业农村建设成为数字人才高地。

四、着力推动产业结构优化，逐步构建现代化产业体系

一是加大对传统产业的数字化改造，实现传统产业转型升级。加大对劳动密集型、资源密集型等传统产业的大数据、云计算、人工智能等数字技术投入，通过全要素融合逐步实现数据要素对土地、劳动力要素的集约替代，缓解对传统要素资源的依赖，破除传统产业生产中的要素配置局限，实现生

产方式和商业模式变革，加快传统产业数字化转型，降低传统产业在特色优势经济结构中的比重。

二是加大培育现代经济新业态，提升新兴产业在特色优势经济结构中的比重。促进数据要素与特色优势经济深度融合，实现产业数据化和数据产业化，催生新产业新业态。加大对智慧产业、"互联网＋产业"、绿色智能供应链、共享经济、休闲经济、观光经济、康养研学等新产业、新业态的培育力度。

三是以数字经济为引领，着力构建现代产业体系。立足云南特色优势经济现代化思路，以数字产业发展为引领，构建以数字化产业强镇为基础、数字化产业园区为引擎、优势特色产业集群为依托，省、州市、县、乡镇四级梯次布局、点线面协同推进的特色优势经济现代产业体系。

五、推进要素跨界融合，促进产业融合与全产业链打造

加快培育云南数据要素市场，加速融入全国数据要素市场，破除数据要素的自由流动和共享的障碍壁垒，以数据要素自由流动和及时共享促进全要素融合，以全要素融合引领产业融合发展和全产业链打造。

一是以"数据＋全要素"融合推进三次产业深度融合，提升融合效益。发挥数据要素的产业跨界融合效应，以全要素融合打破特色优势产业与其他产业间的融合壁垒，通过产业数据化促进产业间的深度协同。引导传统产业加大对数据要素的投入使用，消除农村一、二、三产业数据要素流动壁垒，以数据互联共享促进特色农业与旅游、休闲、文化、健康、电子商务等产业的融合发展。

二是以数据互联共享为机制增强特色优势产业上、中、下游产业链，实现特色优势经济增链补链强链。以数据互联为核心，强化特色优势经济与仓储包装、产地初加工、精深加工、冷链物流等上下游关联产业的价值联系，实现产业链、价值链、供应链"三链互动"，一体化打造特色优势经济全产业链。大力发展数字化智慧经济，在乡村产业经营主体中普及电子商务经营模式，引进电商产业相关服务关联企业和平台，大力发展特色优势经济物联网，推进特色优势产品全产业链数智化平台建设。

三是加快完善数据要素市场，建立数据要素标准规范、确权制度、交易供求机制、共享机制、安全制度等，消除产业间的跨界壁垒，推动特色优势经济实现全产业链的数字化。依托乡村特色优势资源，打造特色优势经济全产业链，加快健全特色优势经济全产业链标准体系，推动新型经营主体按标生产，培育特色优势经济龙头企业标准"领跑者"。

党和国家高度重视云南特色优势经济发展问题，习近平总书记两次考察云南时，要求云南要"着力推进现代农业建设""加快推进农业供给侧结构性改革，做强高原特色农业"。当前，云南正处于新型工业化、信息化、城镇化、农业现代化加速发展阶段，国家一系列重大发展战略和政策在云南交汇叠加，独特的区位优势、资源优势、开放优势等正加快转化为发展效能，未来发展实现后来居上的可能性较大。云南实施了产业强省三年行动，发展高品质、高附加值、高集约度、高科技农业，全面提高特色优势经济的质量效益和竞争力。在国家乡村振兴战略下，乘着数字经济发展的东风，云南特色优势经济正在朝着全国高质量发展样板的方向持续前进。

下篇
产业发展篇

第五章

特色优势经济之花卉产业

第一节　花卉产业发展历程

从 20 世纪 80 年代起，昆明斗南种下了第一株剑兰，在接下来的 40 余年间，云南花卉产业以惊人的速度成长起来，几乎走完了欧洲花卉产业 200 多年的发展历程，完成了从"花田"到"花都"的变迁与飞跃，花卉大省的地位在发展过程中持续巩固。

目前，我国已基本形成以云南、江苏、浙江、四川、河南、山东、福建为主的花卉产区。其中，云南花卉种植面积全国排名第二，形成了以县域为单位的一批产业集群、区域品牌，如晋宁玫瑰、嵩明大花蕙兰、安宁食用玫瑰等，优势产品突出，市场竞争力强。云南已经成为中国乃至全球最重要的花卉产区之一，花卉产业成为促进云南省经济发展的重要力量。

如今，全球约 1/3 的商业观赏花卉来源于云南，鲜切花销量连续 28 年保持全国第一，花卉种植面积和产值增速均居全球第一，云南年产鲜切花达 180 亿枝，出口到 40 余个国家和地区，年出口额超 3 亿美元。进一步提高"七彩云南·世界花园"的美誉度，是云岭大地各族群众对习近平生态文明思想的生动实践。

云南花卉产业发展主要分为三个阶段，形成阶段、成长阶段、成熟阶段。

一、形成阶段：20世纪80年代末至1994年

花农自发种植，花卉生产设施、生产技术都处于落后状态，品质低，交通条件恶劣，花卉在运输过程中损毁严重，云南花卉产业处于尴尬境地。

二、成长阶段：1995~2008年

政府高度重视花卉产业：出台了一系列政策措施如拍卖市场、产业园区等项目启动建设，促进了国内、国外市场的发展。在政策支持下，花卉种植技术和生产设施都有了改善，花卉品质随之得到较大提高。专业性的花卉贸易公司不断涌现，市场开发能力得到加强，解决了长期以来花农种植分销一条龙的难题，云南花卉产业快速发展。

三、成熟阶段：2009年至今

随着中国经济的快速发展以及居民消费水平的不断提高，云南花卉产业的规模不断扩大。云南已发展成为全球三大新兴花卉产区之一和全球第二大鲜切花交易中心，鲜切花在国内市场占有率在70%左右，在巩固发展国内市场的同时，也着眼于东南亚以及东亚等海外市场。

近年来，云南不断提升花卉交易集散中心功能，构建高效交易体系；通过体制机制探索与合作模式创新，破解花卉种业种源难题；打造鲜花品牌，培育新业态、新模式，推进融合发展。

第二节　花卉产业发展概况

一、发展优势

（一）气候资源优越

花卉产业是一个高风险、高投入的产业，同时是一个高效益产业；花卉产业是技术、资本、劳动密集型的产业；同时花卉产品的区域性强，对自然资源和气候依赖性较大。在花卉生产成本构成中，设备和能源占比较大。云

南地处低纬高原，大部分州市气候温和，冬无严寒、夏无酷暑、日照充足、雨量充沛，特别是以昆明为中心的滇中地区更是四季如春。另外，由于紫外线强使花卉更加艳丽，十分有利于鲜切花周年种植和均衡生产，是我国少有的鲜切花生产的最适宜区。

由于94%的国土面积为山区且地形地貌复杂，海拔高差悬殊，从海拔6740米的梅里雪山到76米的红河河口县，云南拥有热带、北亚热带、中亚热带、暖温带、寒温带、寒带等多种气候类型，是世界上唯一能同时发展大陆东岸气候类型花卉、热带高原气候类型花卉、热带气候类型花卉和寒带气候类型花卉的地区。同时，由于云南日照和气温等先天条件都好于我国其他省份，云南花卉在没有大棚或温室等设施的情况下，仍能产出优质的花卉，一定程度上降低了花卉的生产成本，先天的气候优势增强了发展花卉产业的竞争力。另外，如荷兰、以色列等国家，在花卉生产上选择造价比较高的设施，主要是弥补自然条件的不足。由于能源及劳动力价格的不断上涨，荷兰等花卉出口大国，已将一部分生产转移到气候条件适宜、劳动成本比较低的国家。

（二）花卉资源丰富

云南被称为"植物王国"，植物资源非常丰富，且具有种类多、分布广的特点。云南花卉资源，如云南茶花、杜鹃等，早在很久以前即负盛名。据统计，云南拥有17000多种高等植物，占到全国的一半以上，其中具有较高观赏价值的花卉达110个科、约490个属、2500多个种，紫红花、滇百合、金茶花、轮叶绿绒蒿、兰花、木兰、报春、龙胆八大名花早已家喻户晓。云南有全球的观赏植物物种基因库，这是云南花卉产业发展的一大比较资源特色。云南也因此被人们誉为"世界花园之母""人类观赏植物基因宝库"。

在众多的野生花卉资源中，有些稍加驯化栽培就可进入开发利用阶段。云南丰富的花卉资源和云南悠久的种花历史，为云南开展花卉的种质资源收集保存与新品种选育创造了良好的条件和基础，也是其他省份和地区无法比拟的另一优势。

（三）土地及人力资源价格相对低廉

云南是一个农业大省，同时地处西南边陲，农村剩余劳动力多，劳动力成本不仅低于国内大多数地区，而且远远低于国外许多花卉生产国，尤其是发达国家。花卉产业属于劳动密集型产业，丰富而价格低廉的劳动力资源，较低的生产成本，使云南花卉业在产业竞争中具有相对的比较优势。

从土地的使用来看，云南全省土地总面积为 38.33 万平方千米，适宜花卉种植的坝区耕地肥沃，土壤类型多，地租相对便宜，对于花卉企业或者花农而言，相对便宜的地租省去了花卉生产中的不少成本，国外和省外的花卉企业也更愿意到云南进行投资。

（四）产业的规模和品牌初步显现

20 世纪 90 年代以来，云南花卉产业发展十分迅猛，云南的鲜切花产量自 1994 年以来已连续 19 年名列全国第一，成为全国规模最大的鲜切花生产基地和最具影响力的鲜切花集散中心及价格指导中心。鲜切花在国内 70 余个大中城市的市场占有率已超过 70%，并出口到亚洲、欧洲、美洲、大洋洲的 40 多个国家和地区，国际市场份额逐年增长，以昆明为代表的鲜切花出口位于全国花卉出口前列，在日本、韩国、新加坡等亚洲市场的占有率逐步提高，在中国香港市场占有份额达到 40% 以上。

在快速发展中，云南的花卉产业逐步闻名海内外，大家对云南花卉的认同感不断增强，"斗南花卉"等中国花卉行业的驰名品牌逐步深入人心，同时"锦苑花卉""丽都花卉""英茂花卉"等一批知名企业也成长起来。

（五）政策优势

受进出口免税等利好政策支持，以及国家产业集群、省级"一县一业"示范创建等重大项目的强力推动，云南花卉产业走出一条高质高效新路径，已在新优品种引进、育种和推广以及无土设施栽培、市场营销、品牌推广等方面取得成效。

近年来，在一系列政策推动下，云南花卉从业人员攻坚克难，竭力改善生产管理技术，千方百计开拓市场，2022 年，"云花"产销整体平稳，竞争优势更加明晰，表现出后劲足、发展空间大的产业特征。2023 年 2 月，云南省出台了《云南省花卉产业高质量发展三年行动工作方案（2022-2024 年）》（以下简称《方案》）。《方案》明确提出"由花卉大省向花卉强省迈进"的指导思想，市场导向、合理布局、绿色引领、创新驱动、融合发展的发展原则，"建成全球最大的高品质鲜花主产区、世界一流的花卉辐射中心和花卉交易集散中心"等发展目标。

二、发展规模

云南是我国最大鲜花生产区，"十二五"以来，云南花卉种植规模年均增长 14.04%，高于全国平均增幅，2017 年，云南花卉面积达 156.2 万亩，总产值达 503.2 亿元，占全国总产值的 33.37%。2018 年上半年，云南花卉种植面积约 150 万亩，同比增幅约 6%，鲜切花产量 59 亿支，同比增幅 5%，盆花产量 2.8 亿盆，同比增幅近 20%。种植增幅较大的地区有红河、楚雄、曲靖等新区，并涌现出一些产品质量优秀、品牌知名度较高的产销主体，如玫瑰切花专业户弥勒品元园艺有限公司、"七彩云菊"核心生产区开远高效农业产业园等。作为我国鲜切花的种植核心区，斗南花卉的产地种植总面积逐年攀升，从 2014 年的 105.3 万亩，增长到 2018 年的 160.2 万亩，涨幅达到 52%。近几年，云南花卉生产规模呈增长趋势，2021 年，云南花卉生产规模基本保持稳定，花卉种植面积达 192 万亩，较 2020 年增长 1.9 万亩；据初步统计，2022 年，云南花卉种植面积与上年基本持平，保持在 194 万亩。

全国花卉看云南，云南花卉看斗南。昆明斗南花卉已经成为昆明城市名片。2021 年，昆明鲜切花产量从 2016 年的 68.05 亿支增长至 73.14 亿支，2022 年，昆明鲜切花产量突破 100 亿支。斗南镇政府的统计数据表明，目前在斗南全镇的常住农业人口中，有超过 85% 的农民以鲜花生产为主要收入来源，全镇近 90% 的耕地都被当作鲜花种植用地。持续增长的花卉种植面积，让斗南花卉市场中可用于交易的花卉产量和品种不断增多。斗南花卉产地的种植区域划分，主要依据不同花卉品种所需求的不同气候和海拔条件进行分布，大体可以分为四个主要的种植片区：滇中温带鲜切花片区、滇南热带花卉及绿叶植物片区、滇西种球配置区和滇北地方特色花卉生产区。成批量的大面积花卉种植基地主要分布在昆明市、曲靖市、玉溪市、楚雄州和红河州五个州市。

如果从更加细致的花卉用途划分，滇中的昆明、玉溪、曲靖和红河等区域主要集中种植鲜切花和盆花；以茶花、兰花、杜鹃为主的高原特色花卉种植区域主要分布于昆明、楚雄、大理、保山一线；以玫瑰、茉莉、菊花等为主的食用及香料花卉主要种植在昆明、楚雄、曲靖、玉溪、红河及丽江等地；以红花、灯盏花、龙胆、石斛等为主的常见高原药用花卉主要种植于红河、文山、临沧和西双版纳等地；红花油等油料花卉的主要种植区域分布于文山、楚雄、保山、大理等地。花卉种植的区域化、集约化程度高，布局结构带有明显的海拔、温度、降水等自然需求特征。

农业是云南的重点产业，而花卉产业又是云南重要的出口创汇产业，以鲜切花为主的"云花"近年来出口成绩傲人，且逐年稳步上升，已远超"云茶""云菜"等优势农产品的出口额。云南是我国花卉出口三大省之一。2019年，云南鲜切花出口额为4.2亿元，2021年增至5.2亿元，2022年，云南鲜切花出口额约为5.5亿元（见图5-1）。

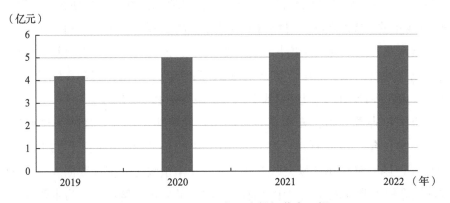

图 5-1　2019~2022 年云南鲜切花出口额

从进口贸易看，云南主要进口"种用百合球茎""草本花卉植物种子""鲜的制花束或装饰用的兰花插花及花蕾"等花卉相关商品，"种用百合球茎"的进口金额相对较大，2022年，云南进口种用百合球茎约17720.12万个，约14730.21吨，进口额为4537.18万美元，在云南花卉相关商品总进口金额中所占的比重高达78.89%。

中国海关数据显示，2017年以来，云南花卉相关商品出口额呈现持续正增长态势。磨憨口岸已成为目前云南鲜花出口量最大的陆路口岸。随着出口量的不断加大，云南通往缅甸的瑞丽口岸、老挝的磨憨口岸都开通了鲜切花冷链车"绿色通道"，现在鲜切花通关时间相比以往缩短至少半天时间。

2022年，云南花卉相关商品出口金额达10205.43万美元，同比增长了492.53万美元，增幅为5.07%。2023年1~6月，云南累计花卉出口金额为4551.04万美元，在云南2022年全年花卉总出口金额中所占的比重为44.59%。

三、产业地位

（一）花卉种植面积占全国比重连续3年在80%以上

云南花卉产业发展一直领先于全国。据中国花卉协会、云南省花卉产业联合会、云南省农业农村厅、中国统计年鉴资料、国家林业和草原数据显示，2011~2022年，云南花卉种植面积占全国种植面积的比重在54.16%~84.6%。2020年，云南花卉种植面积占全国种植面积的比重开始超过80%，2020~2022年，云南花卉种植面积占全国种植面积的比重连续3年保持在80%以上，其中，2022年比重为81.13%。如图5-2所示。

（二）鲜切花种植面积全国第一，是世界最大鲜切花产区

云南鲜切花种植面积全国第一，是世界最大鲜切花产区。主要优势品类为玫瑰、康乃馨、百合、洋桔梗、非洲菊、绣球，其中，玫瑰常年占全省鲜切花总产量的50%，约占全国玫瑰鲜切花产量的70%；康乃馨常年占全省鲜切花总产量的30%以上，占全国康乃馨鲜切花产量的60%以上，其他花卉占全省鲜切花总产量的20%。云南也是国内盆栽、多肉的最大生产基地之一。

（三）花卉新品种数和种类位居全国第一

"十三五"以来，云南花卉新品种数和种类均居全国第一，拥有自主知识产权的大宗鲜切花新品种占全国总数的90%以上。2022年，云南自主培育新品种累计达598个、引进推广新品种800余个，云南花卉品种创新能力常年位居全国第一。

云南花卉产业经过近40年的发展，已经成为云南生态文明建设和推进乡村振兴战略的重点产业，2021年，在我国"双循环"动能驱动下，云南花

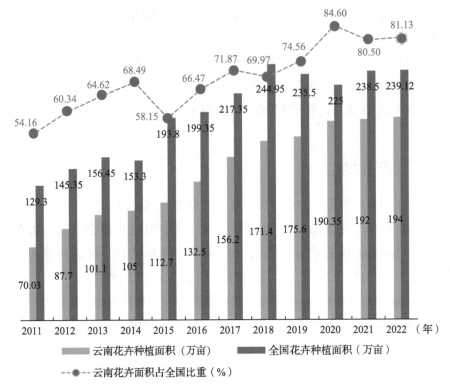

图 5-2　云南花卉产业占全国比重

卉大省的地位持续巩固，面积和产值全球第三、增速全球第一，产值首次突破千亿元大关，达到 1034.2 亿元。

目前，我国已经成为世界花卉生产大国，花卉业既是美丽的公益事业，又是新兴的绿色朝阳产业。国家近年来出台一系列政策推动行业发展。2022年 11 月 16 日，国家林业和草原局、农业农村部联合发布《关于推进花卉业高质量发展的指导意见》，明确今后一个时期我国花卉业高质量发展的指导思想、基本原则、发展目标、主要任务和保障措施。

从交易情况看，花卉的对手交易、拍卖交易及数字化交易均取得显著成绩。斗南花卉市场总体交易量、交易额"双破百"，鲜切花交易量达 102.6 亿枝，超过了荷兰花荷集团 101.9 亿枝的交易量，交易额达 112.44 亿元，创历史新高。各类电商渠道发展态势良好。

云南连续 4 年开展"十大名花"评选工作，共计 15 家企业及其品牌获得表彰奖励，其中 6 家企业连续 4 年、2 家企业连续 3 年、3 家企业连续 2 年获此殊荣，通过给予名品企业高规格表彰和奖励，为名品企业及产品提供了强有力的背书，云花品牌价值和溢价能力得到有效提升。

云南已发展成为全球三大新兴花卉产区之一和全球第二大鲜切花交易中心，鲜切花在国内市场占有率在 70% 左右。云南鲜切花种类及品种结构以康乃馨、玫瑰、百合、洋桔梗、非洲菊等为优势品类。

2019 年，云南花卉种植面积占全国比重基本保持在 6%~7%，进口额8303.4 万美元，位居全国第一，占全国比重为 31.80%。在全国花卉产业处于重要地位。

第三节　花卉产业发展特色

一、云南高质高效发展花卉产业

受进出口免税等利好政策支持，以及国家产业集群、省级"一县一业"示范创建等重大项目的强力推动，云南花卉产业走出一条高质高效新路径，已在新优品种引进、育种和推广以及无土设施栽培、市场营销、品牌推广等方面取得成效。

（一）政策环境保驾护航

国家层面，2020 年 3 月 11 日，农业农村部、财政部联合下发《关于开展优势特色产业集群建设的通知》，首批支持建设 50 个产业集群项目发展，云南承担了蔬菜和花卉两个产业集群的建设。2020~2021 年，云南花卉产业集群建设共实施 22 个项目，集群县区涉及 6 个，即昆明市晋宁区和呈贡区、玉溪市红塔区、红河哈尼族彝族自治州开远市、楚雄彝族自治州禄丰市、曲靖市马龙区。2021 年，花卉产业集群县区种植面积达 24.8 万亩，鲜切花产量85.6 亿枝，占全省鲜切花总产量的 52.8%。两年来，各项工作取得了较好的阶段性成效，各集群县区花卉产业快速发展。例如，作为花卉产业新区的禄丰县，2021 年花卉种植面积达 3.5 万亩，产量 11.1 亿枝，产值突破 12 亿元。

在省级层面，2018 年以来，云南先后出台了《关于创建"一县一业"示范县加快打造世界一流"绿色食品品牌"的指导意见》等 20 余项政策措施，重点培育创建了 20 个"一县一业"示范县，每个示范创建县每年给予 3000 万元的财政扶持。红河州开远市、玉溪市红塔区、昆明市呈贡区进入"一县一业"示范创建县名单，共有 15 家花企获得"十大名花"称号，受到省委、省政府表彰奖励。与此同时，各州市及其县市区均出台了相应的政策措施，为花卉产业提质增效和高质量发展创造了良好的政策条件。

（二）产业发展驶入"快轨"

2021 年至今，云南花卉产业实现了从小步慢跑到快速崛起的转变，实现了从传统生产到高质量发展的转变。

云南花卉产业已初步形成了多品类多模式齐头并进、上下联动、齐抓共管的发展格局，产区形成了以昆明、玉溪、楚雄和红河为核心的集群舰队。以玫瑰、洋桔梗、绣球、非洲菊等为主的鲜切花，以大花蕙兰、杂交兰、盆栽玫瑰、多肉植物等为主的盆花，以高山杜鹃、云南山茶等为主的特色花木，以食用玫瑰为主的加工花卉，以菊花、康乃馨、玫瑰、百合等为主的种用花卉，成为云南花卉产业的优势板块，发展业态成熟。

近年来，云南花卉产业加速发展。2021 年，云南花卉全产业链总产值 1034.27 亿元，同比增长 24.6%，花卉种植面积 192.4 万亩，产业规模基本保持稳定。鲜切花产量 162.25 亿枝，同比增长 10.7%，高档盆花大花蕙兰产量稳定在 590 万盆，产量世界第一，市场覆盖全国各地，并出口至日本、韩国、澳大利亚、东南亚等 40 个国家和地区。

（三）新优品种推广优势更强

依托扎实的产业基础、完备的要素配置、灵活的体制机制，云南花卉品种自主创新及引进创新与推广能力不断增强。2021 年，云南自主培育新品种近 500 个，引进新品种 800 余个，新优品种推广种植面积逾 5 万亩，收集保存各类花卉种质资源 1 万余份。其中，玫瑰、菊花、绣球新品种受到市场青睐，部分已在欧盟注册并推广，实现花卉新品种从输入到输出的历史性突破，提质增效借鉴和示范作用正在显现，品牌价值正在体现，新优品种红利正在扩散。

云南各生产经营主体、科研院校甚至农户十分重视新优品种引进，广大花农和种植户也十分乐意试种、试销。近 20 年内，云南先后有 80 余家花卉企业享受进口免税政策，共进口种球约 30 亿粒、种苗 20 亿株、种子 3000 千克，每年进口种球约 1.6 亿粒，占全国种球进口的 45%。2016 年以来，云南已引进了近百类品种，这些都是国内外消费者喜欢、种植者爱种的新优品种。

随着产业发展，花卉种苗成为云南花卉具有较强竞争力的优势产品。昆明虹之华公司每年生产 2 亿株菊花种苗，一半供应日本市场，英茂花卉公司的康乃馨种苗占据日本 15% 的市场份额。

（四）科技创新"推广模式"

荷兰橙色多盟、法国梅昂、以色列丹齐格、美国保尔等众多国际花卉育种企业，积极在云南推广新品种。2016 年在昆明国际花卉拍卖交易中心交易的新品种仅有 53 个，2021 年已增加至 230 个。国外企业源源不断引来新优品种，并把国外推广模式中国化，而国内一些科研机构也开始形成自己独特的推广模式，包括新技术、新设备的推广应用。例如，自主研发品种"零专利模式"，即试种期间免费，推广种植获益后再商榷专利费事宜。英茂花卉公司是康乃馨种苗专业生产商，每年都邀请花农到新品种试种基地观摩交流，近 500 个品种供花农品鉴，可现场订购种苗。

一些小众企业则结合自身实际，通过多年实践、总结，研发了一些提质增效明显、操作简便、省时省力的新技术、新设备。例如，专业化生产大花蕙兰和杂交兰的嵩明博卉公司与科研单位合作，总结出短周期生产技术、抽芯增芽技术、矮化增花技术、红蜘蛛复合防治技术等，并选择一些小农场、新投资农场小范围试行，然后整体改进，3 年时间 A 级花率从不到 50% 提高到 80% 以上，单价至少提高 30%。

经过多年发展，云南花卉产业不仅全国领先，还逐渐具备强大的国际影响力，"一朵云花"正在争艳全球。

二、云南高原特色食用花卉发展优势明显

鲜花食品被认为是 21 世纪食品消费的新潮流，并已成为国际热潮。云

南有"吃花"的传统，这样的传统意识和群众基础，决定了食用玫瑰花卉产业发展的必然性。无论是食用玫瑰还是药用花卉的深加工产品，国内外市场对其的需求量都有增无减。据初步统计，香精香料年需求量 1000 吨左右，而目前的生产量不到 40%。食品生产行业对食用玫瑰原料的需求量每年在 3 万~5 万吨，按云南目前的种植规模，还有约 90% 的市场空间有待开发。可见，无论是原料种植还是产品生产整个产业链，食用花卉产业都属于潜力行业。

2012 年，云南食用玫瑰种植面积已超过 5000 亩，每亩纯收入在 6000 元以上，年产值超过 3000 万元。2013 年，全省食用玫瑰种植面积近 8000 亩。2014 年，安宁食用玫瑰已发展到 8900 余亩。目前从事食用花卉相关产品研发和生产加工的企业有 10 家左右。总之，云南食用玫瑰花卉产业已初具规模，在食用玫瑰种植、产品加工等方面已积累了较成熟的技术。

（一）得天独厚的自然环境和较高的知名度

云南地处低纬高原，大部分州市气候温和，冬无严寒、夏无酷暑、日照充足、雨量充沛，形成了"十里不同天，四季鲜花开"的主体气候，非常有利于食用花卉的生长发育和生产周期调节。食用玫瑰可选择山地、坡地种植，投入和种植成本低，且不与粮食争地。云南花卉在国内外都有较高的知名度。这些都有利于提高云南高原特色食用玫瑰发展的竞争力，推动当地农业经济发展和提高农民收入。

（二）劳动资源丰富，食用玫瑰种植面积不断扩大，规模效益进一步提高

云南是一个农业大省，地处西南边陲，劳动力资源丰富且劳动力价格比沿海地区及东部大中城市约低一半以上，不仅大大降低了花卉的生产成本，同时为吸引外资扩大生产提供了条件。云南高原特色食用玫瑰花卉产业从无到有，种植面积由小变大，目前全省食用玫瑰种植面积已超过 8000 亩，规模效益进一步提高。

（三）食用玫瑰产品品种多，可供消费者选择

自 2011 年起，好利来集团 15%~20% 的常规产品、月饼和汤圆中有 30% 的产品运用了鲜花原料，而且很受市场欢迎。2013 年 6 月，昆明七彩云花生物科技有限公司种植食用玫瑰，现已开发生产出玫瑰花味鲜花果冻、玫瑰花

原浆、玫瑰花酱等食用玫瑰产品。近年来，嘉华食品有限公司向大众推出的"嘉华鲜花饼"，早已香袭全国，成为畅销云南旅游市场的时尚贵宠。食用玫瑰产品品种增多，可供消费者根据自己的喜好来选择。

（四）绿色健康食品，不含人工添加剂

随着生活质量的提高，人们对绿色、健康、时尚的食品尤为钟爱，"吃花"也成为一种时尚，食花就是食尚、食健康。食用玫瑰产品是大自然赋予的健康食品，不含人工合成色素香精，为鲜花天然色香，不加糖，不含人工添加剂，已成为绿色健康食品的又一选择。

第四节　花卉产业高质量发展路径

一、建立专业化、规模化生产模式

只有产业规模经济的形成，才能真正体现云南花卉资源的优势。花卉产业专业化的合作分工、协调发展，能够促进生产、方便管理，利于产品的包装、运输以及质量的监督。这不仅满足了国际贸易的需求，降低了生产及流通成本，同时促进了产业链中的研发、物流、销售等环节同步发展。

二、加快自主品牌研发和商品化开发

花卉产业是知识和技术密集型产业，花卉育种是花卉科技制高点，一直处于世界科技前沿。云南丰富的花卉物种资源为新品种的研发创造了非常好的条件。加快自主品牌研发和商品化开发，应建立健全国家、企业、农户相结合的花卉科技研发体系，围绕提高花卉产品质量，研究开发不同花卉种类的规范化、标准化、专业化的配套栽培技术和采后处理技术、物流冷链技术等。

三、完善市场流通体系，加强国际市场拓展

云南花卉业大力开发国际市场是产业升级的必要途径，整合昆明国际花卉拍卖交易中心和呈贡斗南花卉批发市场，逐步营造一个公开、公平、

公正的市场环境，建立一种科学、高效、便捷的交易模式。与此同时，通过制定交易规则，实行市场准入制度，逐步引入电子商务、网上交易、速递、期货交易和订单农业等多种交易方式，把云南花卉规模有序地面向国际展开。

四、建立健全社会化服务体系

首先，加大物流设施建设，改造完善花卉运输专用通道和检疫场所，缩短流通时间，确保鲜花产品的最佳品质。政府可以对出口花卉航空运输特别是高端市场直运输给予适当的补贴，以降低出口成本，提升国际竞争力。

其次，建立健全产前、产中、产后专业化服务实体，为花卉、科研专用的物资配套供应、种植技术、采后处理、植保、土壤改良提供完善的社会化体系保障。

最后，应加强云南花卉信息中心等信息传递渠道的服务功能，及时有效地提供各方面的信息服务。

五、构筑花卉标准化和质量监测体系

云南花卉产业，要建立科学、统一、权威，与国际接轨的花卉标准化体系。同时，要健全和完善花卉质量监测体系，做好花卉企业认证和名特优花卉原产地及品牌的认证、保护工作，加强对重点花卉生产区域的环境、能源消耗监测和专用设施等的质量监测。这对促进云南乃至中国的花卉出口和规范行业秩序，应对国际市场具有重要的意义。

六、广泛开展各界的技术交流与合作

通过与国际花卉企业和花卉界的技术交流与合作，可以为云南省花卉企业和花农提供大量技术，促进产业升级，同时是面向世界宣传云南花卉的窗口。目前，通过国际合作，已促成了云南花卉交易中心和物流中心项目的建成，也为云南花卉确定发展模式提供了有价值的参考。如表5-1所示。

表 5-1 云南花卉产业发展时间线

时间	事件
1983 年	化忠义首次将鲜切花引种到斗南自家的责任田，成了斗南鲜花种植的第一人
1984 年	云南省花卉协会成立
1986 年	中国科学院昆明植物研究所开始筹建"花卉工厂"，为斗南提供种苗、种球
1993 年	第一次举办花卉斗南展销会，100 多户花农、企业实现交易额 2250 万元
1994 年 1 月	云南省花卉现场办公会在昆明召开。会上明确：党的十一届三中全会后，我们造就了一个"烟草王国"，现在我们要再造一个"花卉王国"；年底，昆明市花卉种植面积由 1992 年的 1300 多亩发展到 6000 多亩
1995 年	斗南办事处等部门投资 380 余万元，建成了占地 12 亩的村级花卉交易市场。这是斗南的第一个花卉交易市场
1997 年	斗南建成第一栋邮电楼，村里装了 900 余部程控电话，为花农及花商信息交流提供了便利；10 月，云南花卉产业联合会斗南分会在斗南办事处成立
1999 年	昆明世界园艺博览会开幕前夕，斗南建成了占地 65 亩的昆明斗南花卉市场。昆明斗南花卉有限公司成立，斗南花卉交易市场正式投入运营
2001 年	原农业部将斗南花卉市场确定为全国定点花卉市场；昆明斗南花卉市场被上海大世界吉尼斯之最认定为最大的鲜花交易市场
2002 年 12 月	昆明国际花卉拍卖交易中心投入使用
2004 年	"斗南"花卉商标被认定为云南省著名商标
2005 年 4 月	昆明斗南花卉有限公司被认定为农业产业化国家重点龙头企业
2006 年	昆明国际花卉拍卖交易中心在全球创新推行"花卉新品种引进及品种保护三方合作"模式。截至 2006 年，已有荷兰、法国、德国、以色列等国家和地区的 50 家育种商专利新品种和国内自主知识产权新品种推向中国市场
2007 年	"斗南 DOUNAN 及图"注册商标被原工商行政管理总局认定为中国驰名商标

续表

时间	事件
2009 年 7 月	斗南第一家小额贷款公司——昆明市呈贡区斗南小额贷款有限公司成立，花农可以凭借信誉贷款
2010 年	昆明斗南花卉有限公司携手资本集团成立昆明斗南国际花卉产业园区开发有限公司，负责开发建设斗南国际花卉产业园区（一期）项目
2012 年	云南锦苑花卉产业股份有限公司打通昆明到泰国的花卉冷链物流，斗南鲜花至东南亚市场可一日到达；斗南花卉市场交易额连续 10 多年保持全国第一，被原农业部确定为国家级斗南花卉市场
2014 年	昆明国际花卉拍卖交易中心的全国首个鲜切花交易价格指数——KIFA 鲜切花交易指数正式发布，交易价格直接影响全国花卉市场价格走势；中心先后制定并推行系列花卉标准被商务部列入部颁标准
2015 年 3 月	斗南花卉交易市场转场成功，"花花世界"投入运营；斗南国际花卉产业园区作为主会场成功举办了第十六届中国昆明国际花卉展；斗南花卉产业开发有限公司投资 50 亿元建设 5 个交易大钟、306 个交易席位的大型拍卖市场
2016 年	斗南花卉交易市场鲜切花交易量首次突破 60 亿枝，交易额 47.2 亿元
2017 年 1 月	时任国务院总理李克强夜访斗南花卉交易市场并提出"现在斗南花卉市场已经是中国第一、亚洲第一，希望你们向世界第一迈进"的殷切期望；3 月，斗南花卉市场被认定为国家 AAA 级旅游景区，昆明斗南花卉交易服务标准化试点通过省、市两级验收；鲜切花交易量达到 65.3 亿枝，交易额 53.55 亿元，连续 20 多年交易量、交易额、现金量、人流量和出口额居全国第一
2018 年	斗南花卉小镇入选中国"50 个最美特色小镇"；昆明国际花卉拍卖交易中心被认定为中国拍卖行业 AAA 级企业；云南 80% 以上的鲜切花和周边省份、东南亚国家的花卉进入斗南花卉市场交易，日上市鲜切花 100 余个大类，1600 多个品种，平均每天有 1000~1200 吨鲜花销往全国各地，以巨大的交易额和交易量成为亚洲最大的鲜切花交易市场
2019 年	昆明国际花卉拍卖交易中心承建的花卉目标价格保险试点项目入选农业农村部花卉产业集群

续表

时间	事件
2021 年 9 月	"数字云花"平台入围云南省"10 大数字农业优秀应用平台（系统）"名单，昆明国际花卉拍卖交易中心有限公司被农业农村部认定为 2021 年度农业农村信息化示范基地（服务型示范单位）；10 月，昆明国际花卉拍卖交易中心有限公司被认定为农业农村部第七批农业产业化国家重点龙头企业；斗南社区成功入选农业农村部 2021 年全国乡村特色产业亿元村名单；当年斗南花卉产业园区花卉交易量达 102.57 亿枝、交易额约 112.44 亿元人民币，突破"双百亿"
2022 年 7 月	斗南花卉市场被文化和旅游部评为"国家级夜间文化和旅游消费集聚区"；8 月，搭乘神舟十二载人飞船的 KIFA 新成员"太空花卉种子"回滇
2023 年"七夕节"期间	昆明国际花卉拍卖交易中心交易总量突破 5700 万枝，单日综合最高交易量达 1125 万枝，单日大钟最高成交量达 1026 万枝，创历史新高

第六章

特色优势经济之咖啡产业

第一节　咖啡产业发展历程

在我国，咖啡是一种舶来品。20 世纪 80 年代，雀巢在中国内地市场推出速溶咖啡产品，内地消费者饮用咖啡的习惯开始出现。而在这之前，云南本土早就开始咖啡豆的种植，至今已有上百年的历史。云南是我国咖啡宜种植地最多的地区，优越的地理条件使得云南的咖啡产业发展迅速。近年来，云南小粒咖啡种植面积不断扩大，品质也得到了长足发展，在国际与国内的知名度不断提高。

云南咖啡最早可追溯到 1904 年，法国天主教传教士田德能取道越南进入云南大理后，在朱苦拉村种下一批铁皮卡咖啡树，这是云南咖啡种植史的开端。随后，在 20 世纪 60 年代，由云南农民种植咖啡，产品由国家外贸部门收购。当时的咖啡种植分布在几个农垦农场：保山潞江农场、新城青年农场、德宏遮放农场、瑞丽农场、畹町农场、文山八布农场、天保农场。品种就是本地繁衍的铁皮卡，波旁变种，整个咖啡种植面积已达 5 万亩。之后由于外贸部门不再积极收购，以及诱病的传播，造成咖啡树的大规模死亡，人们为避免诱病的疯狂传播而砍伐咖啡树，一度使种植面积萎缩，剩下不到 3000 亩。

1988 年，雀巢公司支持云南咖啡产业发展，引卡蒂姆种于云南广泛种植，使卡蒂姆咖啡种替代了古老树种铁皮卡的地位，成为云南咖啡的主力树种，占据了云南咖啡产量的 9 成。

2000 年后，中国经济腾飞之余，引入了精品咖啡的概念。与此同时对云南咖啡的选种与种植进行科学的规划。目前，云南咖啡的精品化历程还在进行中。虽然云南小粒咖啡的发源地是大理，但真正推动云南小粒咖啡发展的却是保山的小粒咖啡。云南小粒咖啡由来已久，随着云南地区旅游业的发展，这个独特的小资源渐渐走入了大家的视线。在云南种植咖啡豆的农园很多，保山的咖啡园是其中典型。保山小粒咖啡是最早与市场接轨而且是与国际市场接轨的产品，早在1958年英国伦敦举办的国际咖啡品尝会上，保山小粒咖啡就被评为一等品，名震世界；1980年，国务院南亚热区办将保山列为国家咖啡生产基地之一；1984年，在北京展销会上，又被中外咖啡专家誉为"中国咖啡之冠"；1992年，在首届中国农业博览会上，潞江选送的咖啡荣获最高奖项；1993年，在比利时布鲁塞尔举办的世界咖啡评比大会上，荣获"尤里卡"金奖。多年来，保山小粒咖啡以其品质优良闻名于世，曾被世界一流咖啡专家评价为世界上最好的咖啡。

云南咖啡产业发展可总结为以下四个阶段：

（一）19世纪80年代~20世纪40年代：开启咖啡产业本土化

19世纪80年代，云南开始出现咖啡馆。

（二）20世纪50年代~20世纪80年代：开始大规模种植

在政策的支持下，云南咖啡豆产业走上大规模种植道路。1951年，云南省农林厅林业局建立林垦处；云南德宏州潞西棉作试验站首次引进咖啡种植生产性栽培，云南咖啡种植业自此正式开启。1952年，鸿江坝建成我国第一个小粒种咖啡生产和出口基地。1954年，云南农垦局印发《咖啡栽培法概述》；德宏盈江农场育种咖啡种子9千克。1960年，云南全星区种植面积达3.28万亩，占全省种植面积的60%，约占全国栽培面积的1/4。

（三）20世纪80年代末~2012年：规范化种植、产业化进程加快

国外咖啡巨头开始采购云南咖啡豆。云南培育本土品牌，咖啡豆产业已具备一定规模，在国内处于主导地位，全球知名度逐步提高。1988年，雀巢通过启动咖啡种植项目等方法支持云南咖啡产业发展。1992年，云南咖啡厂成立，是国内当时生产规模最大、最完整的烘烟咖啡专业生产商；雀巢（中国）公司农业部正式迁到云南思茅。1995年，云南省政府把云南咖啡种植正式列入"18生物资源开发工程"，咖啡种植面积和产量均占全国的95%以上。2008年，后谷咖啡第一条年产300吨的速溶生产线落成，这是国内第一

条自主知识产权咖啡粉生产线。2012年，星巴克中国及亚太区首个"咖啡种植者支持中心"在云南普洱正式落成并投入运营。

（四）2014年至今：朝着精品化转型

云南咖啡豆产业链相对完善，品质不断提升，虽吸引了连锁品牌布局云南，但仍需朝着精品化、品牌化方向升级。2014年，云南咖啡交易中心揭牌成立，有力促进云南精品咖啡的发展；2015年，云南精品咖啡加工园区在云南省普洱市开工建设；2016年，云南咖啡交易中心更名为云南国际咖啡交易中心；2017年，云南省人民政府办公厅关于咖啡产业发展的指导意见出台，彻底改变了云南咖啡专注于种植端低水平发展的格局；2021年，雀巢、星巴克、瑞幸咖啡、Manner Coffee、永璞咖啡等纷纷推出云南咖啡；2022年，云南印发《关于推动咖啡精品率和精深加工率提升若干政策措施》，到2024年全省咖啡豆精品率达到30%、咖啡精深加工率达到80%。

目前，云南咖啡豆产业仍处于精品化转型阶段，产业链已经相对完善。

云南是中国大陆种植咖啡的起源地之一，经过近百年的积淀和40多年的规模化发展，已成为国内咖啡种植面积最大的区域，面积和产量均占98.5%以上。在长期的发展中形成了自身的特色，已经成为全球最优质咖啡产区之一，"云咖"品牌迅速发展，"云咖"被时任外交部部长王毅称赞为"走遍全球所喝过的最好喝的咖啡"。"云咖"品牌发展历程可以分为四个阶段，即探索期、萌芽期、培育期和发展期。

探索期（1952~1987年）：云南种植咖啡的历史超过百年，起源的历史节点为1904年的云南宾川"朱苦拉咖啡"，1952年开始在保山小范围试种，至1988年形成超过万亩种植规模。在此期间，"保山小粒咖啡"初露头角，获得"潞江一号""中国咖啡之冠"等称号，却并没有形成品牌。

萌芽期（1988~2007年）：雀巢（东美）和思茅市（现普洱市）合作扩大咖啡种植以及中国与UNDP咖啡合作项目的实施，促进了云南咖啡的种植，云南咖啡品牌进入萌芽阶段。在此期间，"保山小粒咖啡"获中国农业博览会最高奖——银质奖，1993年在世界咖啡评比大会上荣获世界"尤里卡"金奖，为云南咖啡走向世界创立了先河。但由于国内对品牌的认知度普遍较低，加之市场推广能力弱，咖啡市场上难以形成独立有影响力的云南咖啡品牌。

培育期（2008~2013 年）：2008 年，随着雀巢速溶咖啡在中国市场的大力推广，中国咖啡消费理念得到快速普及，云南咖啡产业随着世界咖啡价格高涨的拉动，发展迅速，产业链条不断完善。2010 年，国家质检总局批准对"保山小粒咖啡"实施地理标志产品保护，云南咖啡品牌拥有了第一个正式注册认证的地理标志保护产品。2012 年，德宏后谷咖啡有限公司被认定为中国农业产业化龙头企业，"后谷咖啡"成为我国首个咖啡行业"中国驰名商标"。2013 年，"宾川朱苦拉咖啡"注册"中国地理标志证明商标"，随即，"普洱咖啡""思茅咖啡"也先后获得地理标志产品登记及证明商标注册。

发展期（2014~2018 年）：通过各级政府部门的大力扶持和咖啡行业经营主体的迅速发展，云南咖啡产品品牌迅速成长，出现了后谷、朱苦拉、凌丰、白虎山、中咖、云潞、爱伲、漫崖、北归一大批优秀的咖啡品牌，其中"后谷咖啡"荣获中国著名品牌、中国驰名商标、云南名牌等称号。2014 年，国家质检总局批准普洱创建"全国咖啡产业知名品牌示范区"，同年，临沧成为"中国精品咖啡豆示范区"。2016 年"普洱咖啡"获"年度最受消费者喜爱的中国农产品区域公用品牌"。2017 年，云南省政府印发《关于咖啡产业发展的指导意见》，提出"大力实施品牌战略，全面提升'云咖'品牌知名度、影响力和带动力"。2018 年，云南省政府部署全力打造世界一流"绿色食品品牌"工作，为"云咖"区域品牌的打造注入了强大的新动能。经过政府、公司、合作社、咖农等方面的不断努力，在历届国际杯评比中成绩斐然，云南咖啡正以卓越的品质刷新世界对云南咖啡的认识，"云咖"在竞争激烈的咖啡品牌市场中，越来越显示出巨大的发展潜力和品牌化发展前景。

第二节　咖啡产业发展概况

一、发展优势

（一）地域优势

云南拥有特殊的高原亚热带气候条件，以及丰富的土地资源，云南省内的山脊可以形成一道自然屏风用来阻挡北方的冷空气进入，由此形成了云南海拔 700~1100 米，平均温度 17℃~22℃，平均降雨量 700~1500 毫米的低海拔高原温暖的气候环境。同时，云南拥有一定的雨林气候特质，早晚温差大，日照充足，降雨量丰富，植物光合作用充足，由此种植出的小粒咖啡果品质精良、果香醇厚。

（二）土地资源优势

云南热区土地面积 11250 万亩，其中，咖啡宜种植面积达 600 万亩以上，主要分布在德宏、保山、普洱、西双版纳、临沧、红河、文山等区域和怒江、金沙江、澜沧江、元江等干热河谷。

（三）科研服务优势

在科研方面，云南省农科院热经所、德宏州热带作物研究所、云南热带作物研究所和云南热带作物职业学院等单位，长期从事小粒种咖啡引种、选育、栽培、植保、加工技术和资源勘察，以及优选、规划等研究工作，取得了丰硕成果。相关企业亦相应成立了企业技术研发中心或自身的技术体系，如云南省雀巢咖啡公司农艺部、后谷咖啡公司咖啡研究所等，都为云南咖啡产业的发展提供了有力的技术保障。

（四）种质资源优势

1980 年以来，随着热区资源开发和咖啡产业的不断发展，云南和海南有关单位引进了大量的国外咖啡品种资源。目前，种质资源已达 250 余份，为遗传种质资源的发掘利用和种质创新奠定了良好基础。

（五）紧邻国际原料主产区的区位优势

云南紧邻越南、印度尼西亚、印度等国际咖啡原料主产区，随着云南"中国面向西南开放的桥头堡"建设以及全球咖啡产业重组和生产要素流动的加快，云南与世界特别是周边国家咖啡产业发展的关联度明显提高，为云南咖啡产业充分利用国际、国内两个市场、两种资源加快发展提供了战略机遇。

（六）经验优势

云南咖啡种植已有近百年历史，积淀了丰富的栽培技术经验，如宜植地选择、培育壮苗、提前定植、深槽多肥、适当密植、平衡施肥、适时灌水、修枝整形、病虫防治、适时采果等，这些经验的推广将促进咖啡种植水平的提高。

二、发展规模

（一）种植面积及产量

全球咖啡种植区主要分布在南北回归线之间，我国咖啡种植条件有限，在中国最适宜种植咖啡的省份主要有云南、海南、广东、广西等，云南咖啡种植条件优越，是我国发展咖啡产业第一大省。云南咖啡产业发展具有种植条件优，产业发展历史悠久，咖啡全产业链体系完整等优势。但在全球范围内，云南咖啡出口仍处于产业链下游阶段，未来要实现升级发展，需要推行标准化生产，提高咖啡品质，加大咖啡品牌培育力度等。

云南咖啡大规模种植是在 20 世纪 50 年代中期，一度种植规模达 4000 公顷。至 1997 年末，全省咖啡种植面积已达 7800 公顷，全省种植面积占全国面积的 70%，产量占全国的 83%，无论是从种植面积还是咖啡豆产量看，云南咖啡已确立了中国国内的主导地位。

据农业农村部统计，2018 年全国咖啡种植总面积 184.05 万亩，居全球第 21 位，其中云南咖啡种植面积占全国的 99.22%，海南占 0.37%，四川占 0.16%。可见，云南咖啡种植面积远超其他省份。2019 年，云南咖啡种植面积达 156.73 万亩，占全国咖啡产业种植面积的 99% 以上。2021 年，云南咖啡种植面积为 139 万亩，咖啡产量为 14.03 万吨，同比增长 3.85%。2022 年，云南咖啡产量基本恢复至 2019 年水平，虽然 2022 年的种植面积有所减少，但通过品种和种植环境改良等手段，咖啡豆的单产量得以提高。

分省内区域看，2019 年，云南咖啡种植面积 156.73 万亩，主要分布在普洱市、临沧市、保山市、德宏州、西双版纳州等 8 个州市的 31 个县（区、市）。其中，普洱市 78.5 万亩，占比 50%，临沧市 42.25 万亩，占比 27%。普洱市是全国种植面积最大、产量最高、品质最优的咖啡主产区和交易集散中心，孟连县、思茅区是其重要种植地。

云南咖啡五大核心产区分别为普洱、临沧、保山、德宏和西双版纳 5 个边境州市，种植面积、产量、农业产值均占全国的 98% 以上，面积和产量分别占全球 0.82% 和 1.08%,其中,种植面积超过 10.05 万亩的有 5 个县,超过 4.95 万亩的有 10 个县,超过 1 万亩的有 22 个县,少于 1 万亩的有 11 个县,咖啡种植业呈集约化发展态势,已成为中国最大的咖啡种植区。而同处于云南边境的楚雄州、怒江州、文山州及大理州等热区,咖啡产业逐年发展壮大。

咖啡农业总产值方面,全省咖啡农业总产值逐年增长,2018 年云南咖啡农业总产值 20.30 亿元。云南咖啡产量波动发展,2019 年,云南咖啡产量为 14.5 万吨,同比增长 5.61%。产量同种植面积均位居全国第一。

（二）咖啡企业发展现状

云南优良的咖啡种植条件与发展历史吸引众多企业在云南建厂。初步统计,云南全省现有咖啡从业企业 420 多家,从事初加工企业 290 余家,拥有国家级龙头企业 1 家,省级龙头企业 15 家,其中年销售收入超 1 亿元企业 7 家(超 10 亿元企业 1 家)。从事咖啡深加工企业 12 家;全省咖啡企业鲜果加工能力超过 100 万吨,初加工能力超过 15 万吨,精深加工能力超过 3 万吨,冷冻干燥、喷雾干燥速溶粉加工能力超过 3 万吨。部分重点企业包括保山白虎山咖啡进出口贸易有限公司、德宏州宏天实业(集团)有限公司、普洱爱伲庄园咖啡有限公司等。

近年来,云南省注重咖啡产业品牌培育,云南咖啡先后获得了"保山小粒咖啡""朱苦拉咖啡""德宏小粒咖啡""普洱小粒咖啡"和"思茅咖啡"5 个地理标志保护产品。"云南小粒种咖啡"在国际咖啡市场崭露头角,并成为云南咖啡的地域品牌。

本土企业品牌也不断涌现,较为知名的有后谷、云啡、朱苦拉、爱伲、曼老江、漫崖、北归、芒掌、凌丰、云潞、中咖、肆只猫、景兰、合美、天栗、十岸、新寨、中啡、金米兰、萨拜迪、祖古纳、隆玉和云纯天润等咖啡品牌近 30 个。

（三）咖啡进出口情况

云南咖啡原料豆及深加工产品远销欧盟、美国、日本、韩国等 55 个国家和地区,出口创汇接近 10 亿元。据昆明海关统计,2019 年,云南出口咖啡豆及相关制品 5.61 万吨,其中主要出口未焙炒未浸出咖啡碱的咖啡 5.29 万吨，占比 94.3%。主要原因是我国咖啡加工技术较发达国家而言尚有一定差距，因而我国咖啡产业主要在产业链前端，发达国家咖啡产业主要在产业链中后端。2021 年，云南咖啡及制品出口数量 1.10 万吨，同比下降 69.75%；出口金额 4636.59 万美元，同比下降 57.40%。

从出口市场看，云南咖啡生豆、咖啡相关的加工产品销往欧盟、日本、美国、韩国等多个国家和地区。其中，欧洲市场出口份额较大，亚洲市场次之，中东市场最小。2021 年，云南咖啡及制品出口 39 个国家和地区。其中，出口数量超过 100 吨的有 16 个国家和地区，出口德国 4146.64 吨，出口金额 1495.44 万美元，居出口国第一位。

云南咖啡产业出口结构较为单一，主要以出口咖啡生豆等原料型产品为主。2021 年咖啡生豆出口 8730.63 吨，占比为 79.13%，出口金额 2997.55 万美元，占比为 64.65%。咖啡生豆需求弹性大，易受外界因素影响，因此，出口呈现一定的波动性。从出口的产品种类看，欧洲市场收购的产品主要是咖啡生豆，而亚洲市场和中东市场还会进口速溶咖啡、咖啡粉等产品。

云南是中国咖啡的主要产地，种植面积、产量、农业产值均占全国的 98% 以上，具有适宜小粒种咖啡生长的自然环境，生态环境良好，出产的小粒种咖啡品质优异。经过多年发展，云南已初步形成了完整的咖啡产业体系。拥有中国唯一咖啡种质资源圃，选育出了一批咖啡新品种，区域公共品牌影响力不断扩大，培育了一批生产经营企业，精深加工产品种类不断增加，加工设施设备和技术逐步完善，全产业链加工体系初步建成。总体来看，云南咖啡仍处于原料供应的状况，精深加工不足，原料市场价格波动大；受种植效益的影响，近年来，种植规模和产量逐年减少，单产下降幅度较大。提高产品质量、发展精深加工、培育知名品牌已成为云南咖啡高质量发展的关键。

三、产业地位

云南咖啡产业发展历史悠久、优势突出。经过多年的发展，云南已经成为中国最大的咖啡种植地、贸易集散地和出口地，云南咖啡在国内具有绝对领先优势。云南已建成完整的咖啡全产业链体系，已创建了国际化的咖啡交易平台。2019 年，咖啡交易中心拓展的新增国际客户意向咖啡订单量约 8000 吨。

据显示，2021 年我国咖啡市场规模约为 3817 亿元，消费者突破 3 亿人次。同时，国内咖啡市场预计将以 27.2% 的年增长率上升，预计 2025 年我国咖啡市场规模将达 1 万亿元，总体发展呈扩大趋势。迅速扩散开来的咖啡消费文化，为云南产区提供了广阔的腹地消费市场。

伴随着咖啡消费不断日常化和刚需化，咖啡产业的创新趋势不断涌现，一些高性价比的连锁咖啡品牌和精品咖啡品牌正在逐渐抢占市场份额。例如，瑞幸咖啡是国内首个门店数量突破 7000 家的咖啡品牌，也是 2022 年新开门店数量最多的品牌。瑞幸之后，Tims 中国成为国内咖啡市场的"第二股"。2022 年 9 月，Tims 中国在纳斯达克正式挂牌上市。

这个千亿级市场中，不仅有瑞幸、Seesaw、Manner 等这些"职业选手"互相竞争，也有中国邮政、同仁堂、万达等圈外行业巨头跨界进入咖啡赛道。圈外巨头们布局咖啡赛道，和近两年咖啡赛道的蓬勃发展脱不了关系，咖啡潮流正成为都市文化的一道风景线。

2018 年，云南提出了打造"绿色食品品牌"的概念，咖啡是"绿色食品品牌"之一，也是当地众多特色农产品中一个独特的存在。经过多年发展，云南咖啡已基本形成完整的产业链，拥有中国唯一咖啡种质资源圃，选育出了一批咖啡新品种，区域公共品牌影响力不断扩大，培育了一批生产经营企业，精深加工产品种类不断增加，加工设施设备和技术逐步完善，全产业链加工体系初步建成。

近年来，云南咖啡受农业产业结构调整的影响，种植面积下降叠加价格波动对咖农种植积极性的刺激以及天气等因素影响，产量和咖啡种植面积均呈减少趋势。即便规模有所下降，但无论是从种植面积还是从产量看，云南依然是我国咖啡产业的第一大省。

云南的咖啡种植主要分布在普洱、保山、临沧、德宏，其中普洱不仅以茶叶闻名于世，而且是云南最大的咖啡种植基地。

目前，普洱咖啡种植面积已经达到 68 万亩，年产量 5.4 万吨，综合产值 39 亿元，惠及咖农 25 万余人，咖农人均增收 3836 元，是中国种植面积最大、产量最高、品质最优的咖啡主产区和咖啡贸易集散地。

保山的咖啡成名很早，是中国小粒咖啡种植和加工的先驱，首株咖啡苗是已故爱国华侨梁金山先生从东南亚引进的。保山潞江坝素有"天然温室"之称，潞江坝地处高黎贡山东麓，以山地、坡地为主，且起伏较大，昼夜温差大，具有云南乃至全国独具特色的干热河谷气候，这样独特的气候和土壤条件使保山成为全国产出高品质咖啡的最适宜区域。

临沧咖啡的起步相对是最晚的，大规模的咖啡种植从2011年起步，全市77个乡镇中有57个乡镇种植咖啡，一些村庄逐渐变成咖啡专业村。临沧咖啡虽然起步晚，但发展迅猛，如今种植面积已经超过55万亩，成为云南第二大咖啡主产区，产量已经跃居全省第二，仅次于普洱市，可谓是云南咖啡的后起之秀。

德宏是云南咖啡种植最早的区域之一，也是云南咖啡主产区之一。早在1963年，德国汉堡的国际博览会上，德宏小粒咖啡就被博览会评为"香气浓郁、微酸可口"的优质产品，获得可与蓝山咖啡相媲美的声誉。从历史到品质，再到产量、文化以及创新，云南咖啡既有厚重的历史传承，也有精品化率的不断创新和提升，四大主要产区分别以自己不同的特色诠释了云南咖啡的多样性，也通过"中国咖啡在云南，精品咖啡看云南"撑起了中国咖啡的内在和外在。

在咖啡商业在国内快速崛起期间，电商的持续渗透也为云南咖啡提供了难得的机遇。电商的积极作用具体表现在，它是产地对接消费市场的桥梁，有利于云南成长出既具有种植能力，又具有烘焙加工能力的本土企业。后者的发展，有助于当地形成产业带效应，并帮助云南分享更多咖啡产业的价值，而不再只作为一个单一原材料供应地存在于整个咖啡供应体系中。

以保山的咖啡产业为例，保山的众多咖啡品牌尽管同时布局全渠道，但线下收购是少数，电商销售占比达九成。并且，电商大促极为频繁，既有日常按月促销，也有"6·18""双11"集中大促，这些活动让一家小企业的订单量超过1万单。

对于一家在云南销售成品咖啡的小企业，1万单的订单量意味着会大量地消化云南的优质咖啡。在当地已经将电商体系做到较为完善的中咖咖啡，一年可消化云南优质咖啡生豆超过 1000 吨。线上销售很大程度上拓宽了企业的销售量、销售面。

供需之间相互作用、相互影响，产业信息、市场信息快速流动起来，并逐渐开始建立一个良性的商业循环。巨头跨界，资本蠢蠢欲动，背后的推力是国内蓬勃发展的咖啡市场，在此基础上，电商的助力对于上游的云南咖啡产业来说如虎添翼，云南咖啡的机会仍然来自国内，而这个机遇已经在国内出现。

从低价贱卖到品质优良，云南咖啡香飘国外。咖啡产业在云南形成的聚集效应，除得益于当地先天的气候优势，还和其成功加入全球咖啡供应链密切相关。

20 世纪五六十年代，为满足苏联及东欧国家对咖啡的需求，潞江坝建成我国第一个小粒种咖啡生产和出口基地，苏联成为了云南咖啡最早的消费市场。

从这个时期开始，云南当地启动了大规模的咖啡种植，这为后来云南咖啡形成产业聚集奠定了基础。但规范化的种植是从 20 世纪 80 年代开始，海外咖啡巨头在此阶段进入云南，比如，雀巢为了降低对南美洲咖啡产区的依赖，选择了地处咖啡种植黄金地带上的云南普洱市（当时名为思茅市）。行业巨头进入后，快速将云南咖啡拉入了全球咖啡产业链，但受限于粗糙的加工处理方式、烘焙技术与咖农贫乏的咖啡知识，云南咖啡豆一直作为商业豆被雀巢、星巴克、麦氏等国际咖啡巨头以低廉的价格收购。

伴随着国内咖啡零售行业的快速发展，国内消费者同时形成了消费喷雾干燥速溶咖啡、商业级咖啡和精品级咖啡的习惯，人们对咖啡品质要求的提高和国内咖啡市场的潜力促使上游咖啡产业做出改变。更多的种植、管理技术方面的信息通过人才的流动传入云南，病害带来的困境开始被打破。当地开始零星出现了采用多品种种植的咖啡庄园，这类庄园种植有瑰夏等品质更高的咖啡品种，也逐渐成长起一批具备一定规模和烘焙能力的咖啡企业。

品种的更新及多样化和更多具备烘焙能力的企业，对于一个产区而言意味着核心竞争壁垒，因为它们能提高产区的独特性，这意味着云南的咖啡产品有了更高的商品价值。

如今，瑞幸的高端产品线"小黑杯"在推出埃塞俄比亚耶加雪菲系列后，顺势推出云南咖啡系列；星巴克也将云南咖啡豆列入其高端品牌"星巴克臻选"产品线内；越来越多的精品咖啡馆经营者来到云南咖啡原产地，只为给自家咖啡店寻觅一款特色精品豆。

2022年8月，首批通过铁路运输出口的307吨普洱咖啡豆，经普洱市思茅海关产地检验检疫合格后，从普洱出发到达重庆，再搭载中欧班列由新疆阿拉山口口岸出境。

2022年上半年，云南省咖啡豆合计出口1.8万吨，货值5.5亿元，同比分别增长2.3倍、3.8倍，远销欧洲、东南亚、美洲、中东等地。

正因如此，产自云南的咖啡在业内和消费者口中传出了云南咖啡"香了国内香国外"的佳话。

虽然在国内市场，云南咖啡产业发展优势明显，但在全球范围内，云南咖啡出口仍处于产业链上游阶段，未来要实现升级发展，需要推行标准化生产，提高咖啡品质，加大咖啡品牌培育力度等。

第三节　咖啡产业发展特色

一、云南咖啡文化特色

（一）地域优势，独特风味

云南，作为中国的南大门，拥有得天独厚的气候和地理条件，使其成为咖啡种植的理想之地。这里高海拔的种植环境，潮湿的气候和丰富的降水为咖啡树的生长提供了极好的条件。与其他产地相比，云南咖啡因其种植地的特殊性，呈现出与众不同的风味。

云南咖啡的味道独具一格，主要体现在其丰富的果味和花香。由于地理环境和种植方式的影响，云南咖啡豆常常带有水果的甜味，如葡萄、柑橘和浆果等。而且，其独特的花香气息也为咖啡增添了一份别样的雅致。无论是深焙还是浅焙，云南咖啡都能展现出其独特风味，给人以独特的口感享受。

（二）历史渊源，悠久文化

虽然云南咖啡在国际咖啡产业中相对年轻，但其种植历史却可以追溯到20世纪初。早在1904年，法国传教士将咖啡种子引入云南，并在不断的尝试中使其逐渐适应了当地的生态环境。经过近百年的发展，云南咖啡逐渐形成了独特的风格，凝聚了丰富的历史文化底蕴。

云南咖啡背后的历史渊源，为其增添了一份浓厚的文化内涵。咖啡产业的发展，不仅是农业技术的传承，更是不同文化交融的见证。在品尝云南咖啡的同时，也是在体验一个个历史瞬间的交错。这份深厚的历史感，为品味云南咖啡增添了更多的情感色彩。

（三）多元发展，创新体验

近年来，云南咖啡产业经历了快速的发展，不断推陈出新，为消费者带来了更多的选择。除传统的咖啡种植和加工方式外，越来越多的咖啡企业开始注重创新，将咖啡与当地的文化、食材相结合，推出了一系列独特的咖啡产品。

例如，有些咖啡企业将云南特色的食材如杨梅、薄荷等融入咖啡，创造出独特的口味。还有一些企业积极探索不同的咖啡冲煮方法，如手冲、滴滤等，让消费者可以更加深入地感受咖啡的多样性。这些创新举措不仅丰富了云南咖啡的种类，也为消费者提供了更加多元化的咖啡体验。

（四）可持续发展，生态友好

随着人们对环保和可持续发展的关注日益加深，云南咖啡产业也在不断努力实现生态友好的种植和加工方式。许多云南咖啡企业开始采用有机种植方法，避免使用化学农药和化肥，保护土地的生态平衡。

此外，一些企业还在咖啡种植区开展社区合作计划，提供技术支持和培训，帮助当地农民提高咖啡种植的技能和收益，以实现农业的可持续发展。这种可持续的种植方式不仅为消费者提供了更健康、更环保的咖啡选择，也为当地社区带来了实实在在的好处。

二、产业发展特色

（一）云南咖啡产业经过多年的发展，已经形成了完整的产业链

根据云南农业农村厅提供的最新数据，云南咖啡已经占据中国咖啡产

量的 98% 以上，咖啡产业已经蓬勃发展，为国内外市场提供了大量咖啡豆。此外，通过提高产品的精品率和深度加工，云南咖啡产业不仅提升了产品价值，还增加了全产业链的产值。精品咖啡率、咖啡精深加工率由 2021 年的 8%、20% 分别提高到 2022 年的 30%、80%，咖啡产量、全产业链产值由 2021 年的 11 万吨、317 亿元分别增加到 2022 年的 14 万吨、800 亿元。这种发展趋势将有助于巩固云南在咖啡产业中的地位，为产业的高质量发展打下坚实基础。

（二）中国咖啡市场正迎来一个风口时期，咖啡消费不断增长

目前，咖啡成为人们日常生活的一部分，进口咖啡增长迅猛，互联网和外卖的兴起使咖啡变得更加便捷。中国咖啡市场已迅速扩大，咖啡消费量持续增加，咖啡店在一线和二线城市蓬勃发展，速溶咖啡、现磨咖啡以及即饮咖啡等多种品类受到欢迎。

（三）云南咖啡业正积极培育知名品牌，采取多重举措

通过"绿色食品品牌"和"10 大名品"评选，将咖啡企业和产品品牌纳入认证范围，强调品质与信誉。同时，支持咖啡相关赛事和产销对接，促进市场推广。创新的品牌营销方式通过多元化媒体和平台扩大"云南咖啡"以及企业品牌宣传，提升市场占有率。未来，云南咖啡计划培育"区域公用品牌"和企业品牌，申报"云南咖啡"的地理标志，举行精品咖啡博览会，以巩固其在市场中的地位并吸引更多消费者。这些举措有助于加速云南咖啡行业的发展。

第四节　咖啡产业高质量发展路径

一、提高产品精品化率

以精品优质咖啡生产为目标，按照区域适宜化、品种优质化、管理规范化新植或提升改造现有咖啡种植基地，在重点州市开展咖啡种植适宜区区划工作，明确适宜区可发展面积；支持全省咖啡产区品种改良和更新换代、有机和绿色认证，加大绿色实用技术培训，推广咖啡病虫害绿色防控、水肥一

体化、机械化采收等提质增效技术和装备，高标准高质量建设一批绿色生态精品咖啡园。用3年左右的时间，力争实现全省咖啡优良品种覆盖率达到50%，精品咖啡率达到30%。出台优良品种咖啡园更新改造、推动绿色发展的政策措施。云南咖啡产业可从三个方向提升精品化程度。

其一，上游打造精品种植产区。咖农和庄园可以选择种植优质品种、为咖啡豆分级，保证品质的高水平与稳定性，用精品咖啡豆增加经济效益。继续建设精品庄园，借助高品质的咖啡豆提升市场竞争力，开发优质的文化体验、旅游线路、咖啡品鉴服务等，促进农业、文旅的融合发展，擦亮地方名片。在"普洱咖啡""保山小粒咖啡"等地理标志保护产品的传播基础上，打造普洱、保山等产区的精品化形象。

其二，中游提升精深加工能力。建设规模化、标准化、环保型的咖啡鲜果集中处理中心，优化工艺，用政策、技术等手段吸引重点烘焙商布局云南。在精深加工环节培育一批具有竞争力的企业，实现产品更多的溢价，树立云南精品加工地的形象。

其三，下游培育精品咖啡品牌。虽然云南本土培育出了40余个咖啡品牌，但多处于上中游链条，下游市场专做云南咖啡的仅有四叶咖、嗨罐咖啡、花田萃等少数品牌。云南可借鉴爱伲、后谷、中咖、辛鹿等速溶咖啡品牌的经营和营销成功经验，在咖饮和即饮咖啡领域加强品牌布局，切入国内精品咖啡市场。

二、大力扶持精深加工

通过开展精深加工产品的技术研发，不断推动咖啡企业精深加工创新，使产品多元化，推进咖啡产业从"原料供应型"向"精深加工型"转变，延长产业链，支持企业在昆明、普洱、保山等产销重点地区新建或改造提升咖啡精深加工生产线，做好焙炒咖啡、咖啡浓缩液、冷咖啡、充氮咖啡、挂耳咖啡、三合一咖啡果皮茶等多元化终端产品的开发，提高精深加工能力和水平。重点支持昆明、普洱、保山建设咖啡精深加工园区，形成产业聚集区。争取用3年左右时间，将全省咖啡精深加工率由目前的20%提升至80%以上，实现加工值和上缴税收翻番，制定土地、税收、融资等优惠政策，加快精深加工的发展。

三、大力培育知名品牌

按云南"绿色食品品牌""10 大名品"评选程序和要求，将咖啡企业和产品品牌纳入评选范围，支持企业、单位举办咖啡相关赛事与产销对接活动；创新品牌营销方式，利用多元化媒体或平台，大力宣传推介"云南咖啡"和一批企业品牌及产品品牌，提升品牌增值能力和市场占有率。用 3~5 年时间培育 2 个知名"区域公用品牌"、10 个知名企业品牌，申报"云南咖啡"地理标志，形成全省统一公共品牌，每年举行"云南省精品咖啡博览会"，加大宣传推广；创新品牌营销方式，充分利用多元化媒体或平台，加大电视、广播、报刊、网络等媒体宣传力度，大力宣传推介"云南咖啡"和一批企业品牌及产品品牌，提升品牌增值能力和市场占有率。

四、加强全产业链协同，探索定制化新模式

加强云南咖啡豆产业链的上、中、下游协作，整合优势资源、共享产业信息，是云南咖啡产业增强供应链自主可控能力、构建协作互动产业生态的必由之路。

上游可加强种植集中度，积极对接咖啡品牌，建立长期深度合作，保证物流、信息流、资金流等方面的高效通畅。中游可提供一站式服务，集中承接上游的原料资源以减少采购成本，搭建加工平台为下游的中小企业和跨界品牌提供共享、定制的新思路。下游可进行定制化采购，或承包产区基地进行统一标准的种植。

例如，瑞幸咖啡深入埃塞俄比亚的罕贝拉产区进行定制，严选含糖量超过 22% 的全红咖啡樱桃，采用 21~40 天精细化日晒。瑞幸咖啡"独家定制"的做法不仅增强了豆子的风味和品质优势，让原产地的咖农、庄园主、处理厂了解到中国消费者的偏好，获得了国内诸多消费者的认可，2023 年凭此推出的"SOE 花魁"成了爆款。

参考此策略，云南咖啡豆亦可考虑为众多的咖啡品牌提供定制服务，以进一步加强与咖啡品牌的连接，从而提升自身的竞争力。

五、阅读资料

（一）普洱咖啡产业发展

普洱有着 100 多年的咖啡种植历史，30 多年的规模化种植史，20 多万人从事这项产业。小小的咖啡豆改变着生活在这里的人们，咖农的收入实现翻番，更多的乡村妇女在咖啡地里开启了全新的"职业生涯"……咖啡产业成为全面推进乡村振兴的重要产业之一。

在孟连傣族拉祜族佤族自治县富岩镇芒冒村，藏着一家致力于发展精品咖啡的庄园——天宇咖啡庄园，它虽然地处山村名声不显，却将产出的精品咖啡豆卖到了北京、上海等大城市；这里的精品咖啡豆还被当作礼物送给联合国安理会成员国代表。

2022 年 10 月，天宇咖啡庄园的水洗咖啡豆再次入选星巴克臻选，实现向中高端精品咖啡市场的"突围"；同年 11 月，天宇咖啡庄园入选"2022 云南省精品咖啡庄园"首批名单，助力当地咖啡产业从一、二产业向第三产业的"突围"。在天宇咖啡庄园成功"突围"的背后，离不开一个人十年磨一剑的辛苦付出，她就是孟连天宇咖啡农民专业合作社理事叶萍。

2011 年，成立孟连天宇咖啡农民专业合作社的叶萍是当地咖啡种植业的领头人之一。敢想敢做的叶萍积极发动村民种植咖啡，采取"合作社 + 农户 + 基地"的经营模式，带动周边的村民小组发展咖啡产业。

在合作社的带领下，芒冒村咖啡种植逐步走上正轨，种植户从 50 余户发展到 280 户，种植面积从最初的不到 500 亩扩大到 2388 亩，咖啡豆年产量在几年的时间内翻了好几番，咖农收入逐年提高。

解决了产量问题，如何提升质量成为芒冒村咖啡产业发展面临的一大难题。"村民们要想真正实现靠种植咖啡增收致富，还得往精品咖啡路线走。"叶萍决定从发展精品咖啡上进行"突围"。2018 年，叶萍带着精心种植的咖啡豆，第一次参加云南咖啡生豆大赛，凭借全日晒咖啡豆一举夺得第三届云南咖啡生豆大赛暨第六届普洱咖啡生豆大赛冠军。也是从这年起，叶萍开始不停地给星巴克寄样豆。终于在 2021 年，天宇咖啡庄园的"天佐之合"综合咖啡豆成功入选星巴克臻选，收获了较好的市场反响。

"咖啡姐姐"叶萍火了，与此同时，孟连天宇咖啡农民专业合作社的发展也蒸蒸日上。

2021~2022 年，孟连天宇咖啡农民专业合作社生产销售咖啡商品豆 100多吨，其中精品豆占 80% 以上，向咖农兑现咖啡鲜果款 600 多万元，分红30 多万元。一粒粒咖啡豆成了山区群众致富增收的"金豆豆"，为全面推进乡村振兴注入源源不断的能量。

（二）宁洱县咖啡产业发展

宁洱县土壤肥沃、日照充足、雨量丰富，这些独特的自然条件形成了宁洱小粒咖啡"浓而不苦、香而不烈、略带果酸、颗粒匀称、醇香浓郁且带有果味"的独特风味，因此备受市场欢迎。

"这两年，咖啡生豆的价格不断上涨，上年这个时候，咖啡生豆交易价格是 32.5 元 / 千克，现在交易价格已经达到 37.8 元 / 千克，那是以前不可想象的。"云南宁小豆咖啡科技有限公司（以下简称"云南宁小豆咖啡公司"）董事长朱逸凡对宁洱县咖啡产业的前景信心十足，他认为，咖啡价格上涨有两个原因，一是宁洱县大力推进中低产咖啡基地改造、高标准咖啡种植园建设，咖啡生豆质量显著提升。二是宁洱县咖啡产区产量略有增长，但咖啡市场需求比往年更强劲。

多年来，宁洱县咖啡生豆价格涨了近 3 倍，其咖啡产业的发展历程却是一波三折。1987 年，宁洱县引进咖啡种苗试种并取得成功，1988 年当地提出大力发展咖啡的指导性意见，并于 1989 年起在土壤、气候适宜的把边江、小黑江流域进行规模化种植。1994 年，当地完成大部分咖啡基地的考察、评估和布局，并与广东东莞雀巢有限公司签订年供咖啡豆 0.2 万吨，最低保护价 12 元 / 千克，为期 10 年的供货合同。

在大规模发展咖啡产业之后，宁洱县却遭遇了咖啡产业的"寒冬"。1999年受到霜冻等自然灾害影响后，全县咖啡园不同程度受灾，咖啡种植面积减少 30% 左右，2000 年，咖啡鲜果价格暴跌，产业发展进入了非常时期。

很多咖农忍痛把咖啡树锯掉，改种其他经济作物。县里许多工作人员自掏腰包，用将近半年工资入股咖啡产业，为恢复咖啡产业做出了贡献。为了确保咖啡产业能持续发展，宁洱县委、县政府结合实际情况，决定对咖啡公司进行改制，公司投资的基地全部实行"承包、托管"等方式进行独立核算、自负盈亏，减轻基地的财务负担，确保各基地当年农工鲜果费、劳务费及时足额兑现，稳住咖农，公司收取的承包费主要用于解决农工的欠款。通过三年承包、托管，宁洱县保住了存活的咖啡园面积，同时部分咖啡厂逐步得以恢复。2006年，宁洱县实现咖啡产值4200多万元。为帮助咖农们重拾信心，宁洱县再次开始了新的咖啡种植。2009年，受市场价格回暖影响，全县咖啡种植面积达到5.61万亩，咖啡豆产量达0.4万余吨，实现产值6500余万元。2016年，宁洱县结合普洱市在全国率先实施政策性咖啡价格保险试点工作实际，按照"保险＋期货"模式，为咖啡产业提供双重风险保障。

冬末春初是咖啡鲜果采摘季，随着咖啡价格的持续向好，不少村民加入到鲜果采摘队伍中。宁洱县普义乡普义村满磨街村民段有会说，"以前咖啡价格不好时，务工收入也不行，这两年咖啡价格还算不错，务工一天能收入一百元到两百元不等。"

宁洱县茶叶和特色生物产业发展中心副主任张勇介绍，经过30多年的发展，宁洱县咖啡产业已成为全县的主要产业之一，目前全县种植面积10.35万亩，占全国的6.6%、全省的7.4%、全市的13.26%。在宝武碳业的支持下，通过资源导入、品牌建设、流量带动、零碳咖啡等商业策略和模式打造，当地开发了宁洱咖啡公共服务平台，打造"宁小豆"咖啡公共品牌、进行零碳咖啡探索等，形成了政府、企业、农户、消费者多赢的可持续的商业模式。云南宁小豆咖啡公司还运营集咖啡品种改良、产品研发、运营展示、生豆大赛、咖啡品鉴及培训等于一体的宁洱现代咖啡产业创新园，形成宁洱咖啡种、采、制、烘、品、消产业链条。

此外，宁洱县大力发展高原特色农业，加快创建以漫崖、天添两个咖啡庄园建设为主的精品庄园，建成后的咖啡庄园，将集咖啡生产、加工、销售、休闲度假于一体，让人们既能品尝精品咖啡，又能欣赏醉人美景。

2022年，宁洱县咖啡产量1.015万吨，总产值8.2358亿元，咖农户均收入8.78万元，人均收入1.74万元。

（三）从豆子到杯子，保山小粒咖啡助推经济发展

九月的潞江坝，放眼万山，田野披绿，漫山的咖啡树连成片，枝条已经

开始挂上绿色的果实，长势喜人、丰收在望。2021年，保山咖啡种植面积达12.93万亩，产量2万吨，精品豆占比30%以上，面积、产量均排名全省第三位，综合产值37.34亿元。全市共有咖啡企业52家，注册咖啡专业合作社88个，咖啡家庭农场6户。咖啡初加工企业29家，精深加工速溶粉生产企业1家，在建冷萃冻干粉生产企业1家。其中，咖啡深加工产品销售额1亿元以上企业2家，销售额5000万元以上企业3家。全市共有咖农5万余人，咖农人均收入4000元，户均收入1.57万元，咖啡企业共提供就业岗位2453个。从一组组数据中不难看出，近年来，保山大力发展咖啡产业获得的生态效益、经济效益已经在逐步显现。政策引导扶持把发展质效"提"起来。

保山，是中国小粒咖啡产业的发源地，70余年的保山小粒咖啡发展史就是云南咖啡发展史、中国咖啡发展史的缩影。2010年12月，保山小粒咖啡更是被国家市场监督管理总局评定为国家地理标志产品。保山市委、市政府高度重视保山小粒咖啡产业的发展，面对早几年受市场影响，咖啡价格低迷，咖农种植积极性不高的情况，政府积极加强引导，同时派驻农科人员下到田间地头，指导农户改良咖啡品种，提高种植技术，推动普通咖啡向精品咖啡转型升级，增加单产效益。经过几年的努力，咖啡种植品种逐渐优化，增加了少量的铁皮卡、瑰夏、波旁等优质品种。目前，保山咖啡主要品牌有"中咖""景兰""比顿""高晟庄园""白虎山"等26个，其中"云潞""新寨""十岸""中咖"4个品牌荣获云南省著名商标，比顿咖啡、新寨焙炒咖啡、云潞咖啡等被评为云南名牌农产品，优势品牌打造取得突破。随着国家咖啡检测重点实验室、全国首个咖啡专家工作站（龙宇宙）、"咖啡全产业链的关键技术研发与示范"省级专家工作站等专家工作站的建成，咖啡研究中心、产业转化中心、咖啡产业研究院等科研平台的成立，保山中等专业学校比顿咖啡学院、希音咖啡职业培训学院的设立，一个集科技创新、企业服务、产业培育、人才培养、智库咨询于一体的科技支撑体系已逐步建立起来，科技助产作用得到强化。到2022年，全市获得国际精品咖啡Q证品鉴师、冲煮师、烘焙师、咖啡师等专业技术人才共计100余人，咖啡科研人员100余人，咖啡从业人员已达10万人。

壮大市场主体，把咖农收入"撑"起来。2021年，"保山小粒咖啡"位列首批欧盟境内受保护的 100 个中国地理标志产品第三。经过多年的艰辛努力，保山小粒咖啡种植面积已发展到 12.9 万亩，2022 年上半年，产量 1.75 万吨、全产业链产值 11.38 亿元，其中，农业产值 4.12 亿元、农产品加工业产值 6.24 亿元、批发零售环节增加值 1.02 亿元。目前，全市有咖啡加工企业 52 户，其中精深加工企业 29 户，占 55.77%；入选云南"绿色食品品牌"目录 7 家；规模以上加工企业 11 户，占全省 26 户的 42.3%；省级咖啡龙头企业有 10 户，占全省 14 户的 71.43%。开发挂耳咖啡、猫屎咖啡、冷萃浓缩液、冻干粉等咖啡产品 10 余种，注册产品商标 400 余个，获得国家专利 12 项。在保山工贸园区规划建设 180 亩保山精品咖啡产业园，已进驻企业 11 家，咖啡文化园进驻 8 家，2022 年底全部实现生产运营。保山现已基本构建了覆盖生豆、烘焙豆、挂耳、速溶粉、冷萃冻干粉等全链条咖啡生产加工体系。咖啡年加工能力达 5 万吨，自产加工 2 万吨，从周边州市收购加工 3 万吨，咖啡精品加工率全省第一。"十四五"末，全市咖啡年加工能力将达到 10 万吨，咖啡精品加工率超过 60%。88 个注册咖啡专业合作社及 6 户咖啡家庭农场，带动 5 万余咖农增收，人均收入达 4000 元，户均收入达 1.57 万元。2021 年，隆阳区新寨村通过新业态探索，实现线上交易额 1000 余万元，占咖啡总销售额的 10%。如今，在隆阳区新寨村还推出了一项新的咖啡业务——认养咖啡树。原本，每亩咖啡地种植 300 株咖啡树，年收入在 4000 元左右，而外地家庭认养一株咖啡树的价格为 300 元，这样一来，一亩咖啡地的收入能达到 9 万元。目前，累计认养咖啡树已达 2000 多棵，助力咖农增收作用十分明显。

三产融合发展，让小粒咖啡"火"起来。从一颗豆子到一杯咖啡，再到保山小粒咖啡的声名远扬。为了讲好保山小粒咖啡的故事，将小粒咖啡的文化融入到产业发展中，保山市积极探索农产品"产销对接"新模式，借助电商、直播带货、网红打卡等业态，推动咖啡与一、二、三产业融合发展。保山积极推动咖啡和旅游深度融合，举办了多届"咖啡文化节"，在主会场开设咖啡专区，线上线下同步展示销售。如今，保山咖啡电商企业达 31 家，咖啡电商交易额将突破 4 亿元，电商直播已成为引领咖啡销售的新潮流。除此之外，还建立了集种植、加工、销售于一体的全产业链发展模式，建成有影响力的农文旅融合精品咖啡庄园 17 个。这些集观光、采摘、咖啡加工、品尝、鉴赏于一体的生产加工、休闲、旅游生态庄园，吸引了不少海内外游客，形成了咖啡文化的旅游新地。中秋刚过，在隆阳区潞江镇的新寨咖啡博物馆里，依旧游人如织。在新寨咖啡庄园，观赏咖啡树、采摘咖啡豆、制作咖啡、品尝咖啡成了游客们纷纷前来打卡的必选项。"原来对咖啡的了解单纯地停留在'喝'的层面。来到新寨咖啡博物馆，手捧一杯热气腾腾的醇香咖啡，漫步在茂绿的咖啡树下，收获惬意与知识，这种'咖啡生活'令人很放松，也给了我从未有过的咖啡体验。"交谈中，游客李女士以自身的体验表达着对保山小粒咖啡与三产融合发展态势的赞许。新消费扩大内需，在产业融合发展过程中，保山市围绕打造世界一流"绿色食品品牌"这一定位目标，加大农产品与淘宝、天猫、京东、抖音、一座保山、隆阳乡耕等电商平台合作，以咖啡文化为媒，以市场需求为导向，以旅游体验为核心，提升消费热度，带动相关产业升级。

第七章

特色优势经济之茶叶产业

茶叶产业是云南传统优势特色产业，是高原特色现代农业的重要组成部分，是云南打造世界一流"绿色食品品牌"十大产业之首的重点产业。云南是世界茶树的原产地，是普洱茶的故乡，云南茶产业具有独特优越的品种资源（大叶种品种，成规模古树茶）、独特优质的普洱茶产品（后发酵工艺，越陈越香的品质）、独特优美的茶树生长环境、独特多彩的各民族茶文化以及较好的茶产业发展基础。

第一节　茶叶产业发展历程

云南是世界茶树的原产地，据云南农业农村厅介绍，全省有 15 个州（市）88 个县（市、区）产茶，古树名山与现代茶园并存，茶农 450 多万人、涉茶人口近千万人，茶叶产业的发展不仅提高了农民的收入，而且促进了云南农业经济的增长。

云南茶叶产业历史悠久，茶树在 3000 万~7000 万年前诞生于云南三江地带，随喜马拉雅山运动的进程、生态环境变化而进行出现多样化过程。在神农时期以前的宾川羊树村文化遗址中就发现了茶果，那时，也可能是人茶相遇相识的早期。神农时期是采集农业时期，后期是农耕时代的开始，帮威古茶树证明，云南的古人是茶树的驯化人和最早的栽培人。

清人阮福在《普洱茶记》中说："普洱古属银生府。西番之用普茶，已自唐时。"邓时海先生据此言说："普洱茶早在唐朝已经远销到西番，那时的西南丝绸之路，实际上应该改叫'丝茶之路'才正确。"在邓时海先生的眼中，唐代茶圣陆羽在其《茶经》中，介绍了 13 个省 42 个州的名茶，却漏了云南银生城的普洱茶，这实在是茶叶史上的一次遗珠之憾。同为唐代品茗大师的卢仝，在其诗《走笔谢孟谏议寄新茶》中云："开缄宛见谏议面，手阅月团三百片。"对于这首名诗，许多茶学家均认为卢仝抒写的就是像"月团"一样的普洱饼茶。

在明清普洱茶极盛时期，作为茶叶的集散地，普洱有6条"茶马大道"通向云南各地、西藏乃至国外，这6条"茶马大道"就是邓时海先生所言的"丝茶之路"的主干部分。它们依次是："普洱昆明官马大道"，茶叶据此由骡马运到昆明，然后再被客商运往四面八方；"普洱下关茶马大道"，茶叶据此运往滇西各地及西藏；"普洱莱州茶马道"，茶叶据此过江城，入越南莱州，然后再转往西藏和欧洲等地；"普洱澜沧茶马道"，茶叶据此过澜沧，入孟连，最终销往缅甸各地；"普洱勐腊茶马道"，茶叶据此过勐腊，然后远销老挝北部各省；"勐海景栋茶马道"，此道是6道中唯一没经普洱集散的一条"外线"，即普洱茶商们直接深入普洱茶主产区勐海，购得茶叶后，直接取道打洛，至缅甸景栋，然后转运至泰国、新加坡、马来西亚和中国香港等地。

6条茶马大道，均以普洱为圆心，向东西南北四个方向延伸。它们除了把茶叶带向四面八方以外，成群结队的马帮和贩夫走卒，在克服了涉大川、翻高山，与瘴气流疾对峙，与匪患周旋的种种艰辛后，把异地的布匹、盐巴、铁器以及种种生活理念和农耕技艺，带到了这一片远方的秘境。站在经济学的立场上看云南，旧时的云南，在很大程度上，是依靠茶叶、黄铜以及朱提银向世界表明自己的存在的。

随着时代的变迁，人们对茶产品的需求变化，不断改变着茶树的种植方式与茶园的生态结构。云南地区大致经历了5个阶段：

（1）林茶混生原生茶园：发生在明末清初，是中国最古老的茶园种植模式和茶树栽培方式，位于澜沧江沿岸的濮人先祖，把茶树从森林中迁移出来，在茶树原有的生态环境下进行人工移栽，茶园保留了与周围环境的生物多样性。

（2）满天星式茶园：发生在清朝中期和民国时期，这种茶园模式成分结构相对单一，单纯种植茶树，单枞顺山坡栽种，相较于林茶混生原生茶园，增加了种植密度，提高了管理水平，增加了茶叶产量，也是云南普洱茶鼎盛时期的一个见证。

（3）等高条植茶园：发生在20世纪50~70年代，发迹于中国东南，后发展到云南，每亩种植1000株茶树，与坡向垂直，等高排列，提倡种植遮阴树，防护林，挖排水沟等，增加种植密度，提产增效。

（4）密植速成茶园（俗称台地茶园）：台地茶园曾经在1987年被农业部列为重点推广项目，每亩种植茶树3000~5000株，在当时改变了我国茶叶生产落后面貌，台地茶园大大提高了我国茶叶产量，缩小了与世界先进产茶国之间的差距，但也对云南古茶园产生了毁灭性的破坏，许多砍头茶树便是在那时候进行的。

（5）高产优质生态茶园：发生在20世纪90年代后，随着我国经济持续高速发展，人们对茶叶品质与健康的追求不断提升，意识到生态茶园的种植方式不仅可以减少农残，还大幅度提升了茶叶的品质，于是，大范围按照生态学原理和生态规律，建设茶园的生态环境多样性。

时至今日，云南地区仍然有相当数量的各类生态茶园、古茶园、森林茶园，他们大多生物多样性特征明显，形成了有利于茶树生长的小气候环境，这些茶树采用有性繁殖的方式进行栽种，对环境具有较好的适应性，对病虫害的抗性更强，有性繁殖的茶树主根深入地表之下，吸取深层土壤的营养与微量元素，这些茶园所制作的茶叶品质极为上乘，完全印证了诸多茶人专家所说的：茶人最后的一站在云南。

第二节　茶叶产业发展概况

一、发展优势

（一）地理与气候条件优越

云南地处亚热带和热带交界地区，拥有温暖湿润的气候，昼夜温差大，日照充足。这样的气候条件非常有利于茶叶的生长和发展，特别是茶树根系的生长，使得云南的茶口感独特，香气浓。云南的茶叶产区地势起伏，海拔较高，从而形成了丰富多样的土类型。这些土富含有机质和矿物质，有利于茶的生长。而且，这种多样性的土条件，使得云南茶种类繁多，品质上乘。云南还拥有丰富的水资源，众多的河流、湖泊和山脉组成了云南的特殊水系。这些清澈的河水和湖水不仅滋养了茶树的生长，也为云南的茶带来了独特的水质特征，是茶品质优良的重要因素之一。云南位于中国的西南边陲，与东南亚国家接壤，是中国面向东南亚的重要门户。这个地理位置使云南成为普洱茶的重要生产和贸易中心，方便了普洱茶的运输和出口。

（二）品种资源优势

云南拥有丰富的茶树种质资源，如大叶种茶树等，这些品种具有独特的品质和风味。大叶种茶树的生长周期长，茶叶内含物质丰富，制成的茶叶口感浓郁、香气独特，深受消费者喜爱。此外，云南还培育了多个优良品种，如紫芽、毛峰等，这些品种具有产量高、品质优等特点，为云南茶叶产业的可持续发展提供了有力的保障。

（三）茶园面积广阔

云南拥有广阔的茶园面积，尤其是普洱茶的产地，为茶叶生产提供了充足的原料来源。普洱茶是云南的特色茶叶品种之一，具有独特的发酵工艺和陈年风味，深受消费者喜爱。近年来，随着普洱茶市场的不断扩大和消费者对高品质普洱茶的需求增加，云南普洱茶的种植面积不断扩大，为茶叶产业的快速发展提供了有力的支持。

（四）加工技术成熟

云南茶叶加工技术成熟，拥有一批优秀的茶叶加工企业和技术人员，能够生产出高品质的茶叶产品。云南的茶叶加工企业注重技术创新和设备更新，采用先进的加工工艺和设备，提高了茶叶的品质和生产效率。同时，云南还加强了对茶叶加工技术的研发和推广，为茶叶产业的可持续发展提供了有力的保障。

（五）品牌影响力强

云南茶叶品牌影响力强，如普洱茶、滇红茶等，这些品牌在国内外市场上具有较高的知名度和美誉度，为云南茶叶销售提供了有力保障。普洱茶作为云南的特色茶叶品种之一，具有独特的发酵工艺和陈年风味，深受消费者喜爱。滇红茶以其浓郁的香气和独特的口感赢得了消费者的青睐。这些品牌的知名度和美誉度不断提升，为云南省茶叶产业的快速发展提供了有力的支持。

（六）丰厚的传统文化底蕴

云南茶产业处于全国茶产业的领先地位，是云南实施乡村振兴战略、促进产业兴旺的重点产业。云南拥有悠久的茶文化和普洱茶生产传统。当地人对于普洱茶的生产和加工有着丰富的经验和技术，普洱茶生产技艺传承了数百年。这种传统文化底蕴为普洱茶的发展提供了宝贵的历史和文化支持。

二、发展规模

2020 年，全省茶园面积 719.3 万亩，比 2019 年增加 43.3 万亩，增长 6.4%。"十三五"期间全省茶园面积年均增长 3.6%，与 2015 年相比茶园面积增加 117.3 万亩。全省干毛茶产量为 46.56 万吨，比上年增加 3.46 万吨，增长 8.0%。比 2015 年增加 10.56 万吨，2015~2020 年年均增长 5.1%。全省成品茶 35.7 万吨，精制率达到 76.7%，较 2015 年增长 3.1%，年均增速 3.7%。普洱茶产量 16.2 万吨，占 45.4%；红茶 8.8 万吨，占 24.6%；绿茶 10.1 万吨，占 28.3%；其他茶类 0.6 万吨，占 1.7%；产品结构渐趋合理。如图 7-1 所示。

图 7-1 2015~2020 年云南毛茶产量趋势

2020 年，全省茶叶综合产值突破千亿元大关，达 1001.39 亿元，比 2019 年增加 65.39 亿元，增长 7%。"十三五"期间年均增长率达到 10%。

2015~2020 年，茶叶农业产值从 114.7 亿元增长到 185.4 亿元，增加 70.7 亿元，增幅达 61.6%，年均增长为 10.1%；加工产值从 230.4 亿元增长到 371.79 亿元，增加 141.39 亿元，增长 61.4%，年均增长 10%，三产产值从 277.91 亿元增长到 444.23 亿元，增加 166.32 亿元，增长 59.8%，年均增长为 9.8%。茶产业一、二、三产业产值占比分别为一产占 18.5%，二产占 37.1%，三产占 44.4%，产值比为 1∶2∶2.4。如图 7-2、图 7-3 所示。

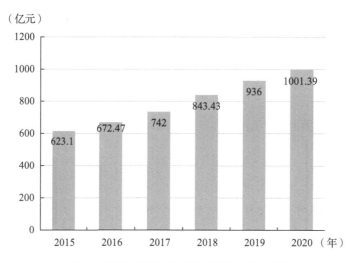

图 7-2　2015~2020 年云南茶叶综合产值趋势

图 7-3　2015~2020 年云南茶产业结构趋势

成品茶价格增幅稳定，毛茶价格波动大，普洱茶单价有所增加，红茶价格较为稳定。2020 年，毛茶单价 39.81 元 / 千克，同比增长 0.9%，"十三五"期间毛茶年均增长率 4.6%，但变幅从 16% 到 14.6%，价格波动较大。成品茶单价 104.1 元 / 千克，同比增长 4.4%，年均增长率 3.7%，"十三五"期间增长率变幅在 2.2%~5.9%，较为稳定。

2020 年，普洱茶平均单价 136 元 / 千克，比 2019 年增长 4.3%，红茶平均单价 61.5 元 / 千克，比 2019 年增长 4.9%，绿茶平均单价 84 元 / 千克，比 2019 年增长 3.7%。"十三五"期间，普洱茶、绿茶价格年均增长率分别为 4.7%、5.1%，均稳步增长，红茶年均增长仅 0.4%。如图 7-4、图 7-5 所示。

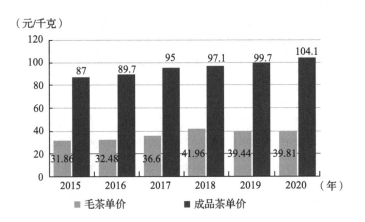

图 7-4　2015~2020 年云南毛茶、成品茶单价对比

茶叶作为精准扶贫的重要产业之一，在云南脱贫攻坚战中发挥了重要作用，全省茶产业涉及茶农 600 多万人，"十三五"期间，茶农来自茶产业人均收入年均增长率达 9.2%，2020 年，人均茶产业收入达 4050 元，人均比上年增收 218 元，增长 5.7%。比 2015 年增加 1450 元，增幅达 56%，茶产业为精准脱贫做出了积极贡献。如图 7-6 所示。

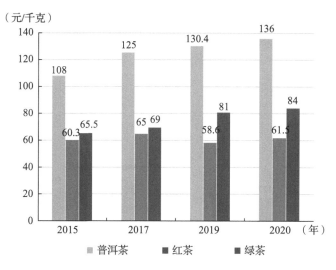

图 7-5 云南主要成品年份茶类单价对比

图 7-6 2015~2020 年云南茶农来自茶产业收入趋势

2020 年全省绿色茶园、有机茶园认证面积增加,有机茶园认证面积 81.8 万亩,比上年增加 10.8 万亩,增长 15.1%。认证有机产品 1014 个,比上年增加 307 个,增长 43.4%。认证有机产品产量 8.4 万吨,比上年增加 0.5 万吨,增长 6.4%。绿色茶园认证面积 45.4 万亩,比上年增加 1.4 万亩,增长 3.4%。认证绿色食品 504 个,比上年增加 77 个,有机认证面积及产品全国居前列，获农产品地理标志 6 个，产量 7.8 万吨，占全省茶叶总产的 17.1%。如图 7-7 所示。

图 7-7　2015~2020 年绿色食品数及有机产品数比较

茶叶初制所提升改造及规范化建设达标验收工作进展顺利，2020 年，共普查建档初制所 6548 家，验收登记 2099 家，初制加工规范化、标准化水平明显提高。

2020 年认定了 345 个茶产业基地为"绿色食品品牌"产业基地，总面积为 158.5 万亩，为绿色、有机茶产品生产奠定了较好基础。

三、产业地位

云南有茶农 600 万人，涉茶人口 1100 万人，茶产业富民强省的任务位于"绿色食品品牌"十大产业之首。接下来，云南要从"产茶大省"迈向"产茶强省"，迈向更高质量发展的新阶段。根据云南"十四五"打造"绿色食品品牌"发展规划，到 2025 年，云南茶产业综合产值将达到 2000 亿元，云南要成为世界普洱茶之都、全球规模最大的茶树种质资源中心、中国有机茶第一省、民族生态茶旅融合示范区。

（一）全产业链发展快速，产品结构不断优化

2021 年，全省茶园面积 740 万亩，较上年增长 2.8%。2021 年，全省干

毛茶产量 49 万吨，较上年增长 5.2%。2021 年，成品茶产量 37.4 万吨，较上年增长 4.7%，其中，普洱茶 16.1 万吨，红茶 7.2 万吨，绿茶 13.3 万吨，其他茶 0.8 吨。全年全产业链产值达 1071 亿元，较上年增长 7%。据调查，全省栽培型古茶树（园）面积 62.08 万亩，产量 1.9 万吨，产值 52 亿元。云南全省 14 个州市 110 余个县区产茶，茶园主要集中分布在普洱、临沧、西双版纳、保山等州市，其面积、产量占全省的 75% 和 82%。30 个重点县茶产业综合产值达 764.9 亿元，占全省产值的 71.2%。云南茶叶以普洱茶、滇红茶、滇绿茶为主，还有少量白茶、乌龙茶等。

（二）经营主体持续壮大，绿色发展不断加快

2021 年，云南全省主要茶企业 699 家，其中大型 12 家，中型 283 家。省级及以上龙头企业 86 家；获得 SC 认证加工厂达 1332 家。2021 年，全省共有茶叶初制所 7484 家，较上年增加 204 家，茶叶专业合作社 3564 个，同比增长 15.53%，种植大户达 3260 户，家庭农场 1020 户。2021 年，10 家茶叶企业入选"年度中国茶业百强企业"，8 家茶叶企业进入 2021 年省级专精特新"小巨人"255 户大名单。2021 年，云南全省有机茶园认证面积 105.7 万亩，同比增长 26.1%，居全国第一；绿色茶园认证面积 54.7 万亩，同比增长 20.5%。勐海县、双江县、景洪市等茶叶重点县标准化生产基地创建有序开展。2021 年，凤庆县 48.87 万亩茶叶基地达到全国绿色食品原料（茶叶）标准化生产基地创建要求。

（三）产业加工增值显著，云茶品牌价值彰显

2021 年，全省茶叶农业产值 209.9 亿元，同比增长 13.3%；加工业产值 714.9 亿元，同比增长 92.3%；批发零售销售环节增加值 146.2 亿元。加工产值与农业产值比为 3.4∶1。2021 年，毛茶平均单价 42.9 元 / 千克，同比增长 7.4%；成品茶价格平均单价 122.8 元 / 千克，同比增长 18%。2021 年，"普洱茶"品牌价值达 73.52 亿元，位居"中国茶叶区域公用品牌价值"第 2，获中国地标品牌声誉 90.02 分，位居第 1。"滇红工夫茶"品牌价值 35.15 亿元，位居第 21。2021 年，全省茶叶出口 4747 吨，出口额 11048 万美元，同比增长 2.7%；普洱茶线上销售额成交达 42.64 亿，同比增长 4.1%。前 10 位的普洱茶电商累计销售额 6.6 亿元。

（四）三产融合协调发展，民族茶文化不断弘扬

建成中华普洱茶博览苑和茶马古道遗址等主题公园祖祥、荣康达等一批特色茶庄园，打造帝泊洱工业旅游基地（AAAA 级）以及"百里茶道""南糯山"等茶旅路线。景迈山古茶林文化景观被国务院批准为中国 2022 年正式申报世界文化遗产项目；"德昂族酸茶制作技艺"入选第五批国家级非物质文化遗产；中国首家茶树演化自然博物馆在云县白莺山挂牌。

第三节　茶叶产业发展特色

一、根植中国文化

云南是世界茶树的起源地和茶文化发祥地之一。云南茶叶发展："始于商周，产于西汉，传于三国，商于唐朝，得名明代，盛于清朝，衰于民国，享誉现代。""茶出银生城界诸山"是普洱茶第一次见诸历史文献中，而普洱茶享誉世界的开端，可追溯到茶马古道的商旅文化，特别是唐朝茶马古道的兴盛，对于中国茶文化在世界范围内的传播具有重要的作用。普洱茶是中国历史名茶，普洱茶文化是中华优秀传统文化的重要组成部分。

二、融合民族文化

普洱茶在发展中深受地域多元文化的影响，镌刻下了深深的民族烙印。云南是世界上较早发现、驯化、栽培和使用茶的地区。在长期对茶的栽种、加工、储存和药用、食用中，云南各民族积累了无比丰富的经验和技艺，形成了各民族独特而丰富的茶文化，并体现于茶礼、茶俗、茶艺之中，如傣族和佤族的"竹筒茶"、布朗族的"青竹茶"、白族的"三道茶"、傈僳族的"雷响茶"、彝族的"打油茶"等，他们还将普洱茶与宗教、祭祀、婚嫁等习俗相联系。可以说，普洱茶积淀了丰富的民族文化内涵，创造了丰富多彩的茶文化。

三、优良生态孕育

云南茶区多处于北回归线附近，地处温暖而湿润的亚热带及热带，年降雨量充沛，海拔高，光照良好，昼夜温差大，且茶区土壤多为红壤、黄壤，pH 值为 4.5~6.5，属酸性土壤，有机质含量高，排水性、透气性好，土层深厚，是茶树生长的沃土。普洱市、西双版纳傣族自治州和临沧市等地，遍布百年古茶树和古茶园。古茶园地势高，具有相对低温、高湿和多云雾的特征，使得其所产的普洱茶芽叶柔嫩、芽叶茸毛多、茶多酚物质含量高，且古茶树一般都生长在森林深处，植被覆盖率高、生物多样性丰富，隔绝了外界对茶树的污染和侵害。"高山云雾出好茶"，这些天然条件为普洱茶的高品质打下了坚实的基础。

四、匠心工艺制作

优质的普洱茶，原料是基础，工艺是关键。传统普洱茶制作工艺可分为初制工艺和精制工艺。初制工艺包括采摘、摊晾、杀青、揉捻、晒青毛茶。而精制工艺则是在初制工艺的基础上进行审评、拼配、拣剔、压制、烘干、包棉纸、扎笋叶、装箱等。其中，每一个步骤和制作细节，都饱含了制茶人的匠心。以普洱茶"杀青"为例，炒茶火候要掌握得恰到好处，"杀"不够，青味重；"杀"太过，汤水混、有糊叶、不均匀。普洱茶制作工艺，不仅是一代代制作大师宝贵经验的产物，更是其独具匠心的智慧结晶。得益于普洱茶特殊工艺的价值，"普洱茶制作技艺"（贡茶制作技艺、大益茶制作技艺）被列入第二批国家级非物质文化遗产名录。

五、具有收藏价值

普洱茶是后发酵茶，在科学合理的环境下经自然陈化，其味道、品质都会有相应的提升，具有"越陈越香"的特质。其原理是普洱茶经过人工陈化处理后，茶叶内所含成分发生了转变，通过微生物和酶的作用，产生了新的成分。正因为该特点，使普洱茶有了收藏的价值。民间用"爷爷藏茶，孙子卖茶"这句话形容普洱茶的经营模式和收藏价值，隐喻普洱茶如果陈放十几年或几十年以上，可以卖个非常不错的价格，被冠以"能喝的古董"的称号。因此，"可饮、可藏"是普洱茶的双重特点，而普洱茶的收藏价值是用时间换来的效益，是一种隐形资产，也是品质的彰显。

六、独具审美韵味

普洱茶分为生茶和熟茶，普洱生茶汤色橙黄明亮，苦涩味重，刚烈、霸气，充满阳刚之气，茶性偏寒；普洱熟茶汤色红浓艳丽，味顺滑柔和，滋润甜香，茶性偏热。生茶和熟茶虽然都叫普洱茶，但两者却是截然不同又相互对应的茶品，以此形成了普洱茶体系独特的品饮价值和审美意味。普洱茶的韵味，表现为回甘生津的悠长（普洱茶的回甘生津在人的体内产生反应），体感越深，回甘余留时间越长，人的舒适感越强烈。"茶韵悠远，体感舒适持久"成为普洱茶的品鉴标准。

七、保健效用突出

清代医学家赵学敏在《本草纲目拾遗》中提到，普洱茶生性温和，味苦性刻，解油腻牛羊毒。逐痰下气，刮肠通泄。普洱茶膏黑如漆，醒酒第一。消食化痰，清胃生津。在其卷六《木部》中又说，普洱茶膏能治百病，如肚子胀、受寒，用姜汤发散，出汗即愈。口破喉颡，受热疼痛，用五分嚼口过夜即愈。这是对普洱茶功效的较早记述。现代医学也表明了普洱茶的保健功效，为人们通过饮茶这种简便的方式达到预防多种疾病的目的提供了理论支撑。特别是在慢性疾病越来越年轻化的今天，普洱茶具有降血脂、降血糖、防治脂肪肝、抗氧化、抗辐射、增强机体免疫力等方面的独特功效，为普洱茶的发展提供了新机遇。

第四节　茶叶产业高质量发展路径

一、云南茶产业发展存在的问题分析

（一）茶产业规模优势突出，但基础设施滞后

由于云茶主产区多是山区，财政困难、企业收入较少，在整个茶产业链的科技创新投入严重不足，良种推广、中低效茶园改造、优质生态茶园的建设，以及茶园水利道路等基础设施建设、科技的推广等方面都受到很大制约；全省有 1/5 的茶园属中低产、低效茶园，单产水平较全国平均水平低 20%，单位产值仅为全国平均水平的 2/3，茶叶提质增效，生产管理技术推广难度大；全省 1 万多个初制所，半数以上厂房、设备陈旧老化，生产机械化水平低；从业人员尤其茶农实用技术培训欠缺，初精加工企业中技术人员和专业技工不足 10%，应用基础研究和新产品研发滞后，科技支撑力严重不足。

（二）茶园优势突出，但有云南特色的茶树良种效益不高

茶树良种是云茶发展的基础，云南是世界茶树的原产地，种质资源十分丰富，但得天独厚、不可复制的资源优势并没有得到充分有效的利用，全省无性系茶园 15.33 万公顷（"云抗 10 号"约 10.67 万公顷），有性系良种 20 万公顷，茶树良种推广率低，品种单一，效益偏低；同时，茶树品种改良，更新速度慢，如勐海大叶茶、勐库大叶茶、易武绿芽茶、紫娟、苦茶变种等特色品种资源的优势未充分发掘利用，生产上迫切需要选育推广优质安全、高产绿色的能产生更好效益的特色茶树新品种，使云茶更好更快地发展。

（三）茶叶产品质量优势突出，但茶树种植效益不高

云南是一个少数民族聚居的省份，许多茶叶主产区的茶农多是少数民族，整体素质偏低，茶农思想观念落后，缺乏必备专业技能，不利于统一管理，在推广种植、施肥、喷施农药等科学技术以及在发展生态、绿色、有机茶等方面的难度较大，一定程度上制约了云茶产业标准化、规模化、绿色化的发展。全省茶叶机械化采摘尚未普及，提高茶叶生产过程机械化水平和栽

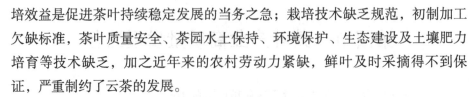

培效益是促进茶叶持续稳定发展的当务之急；栽培技术缺乏规范，初制加工欠缺标准，茶叶质量安全、茶园水土保持、环境保护、生态建设及土壤肥力培育等技术缺乏，加之近年来的农村劳动力紧缺，鲜叶及时采摘得不到保证，严重制约了云茶的发展。

（四）茶叶品牌优势突出，但缺乏国际"大品牌"

企业"散小弱"突出，产品竞争力弱，带动力和拉动力还不足。全省7000多家精制厂，80%为中小茶企，厂房设备不配套、不完善，技术力量和经济实力较弱，"品名"多，"品牌"少，产品生产加工水平较低，产品附加值低，市场竞争力弱；茶产品仍以传统的为主，名优茶产品和新产品开发较少，科技创新能力不强，产品同质化严重，精深加工产品生产技术、能力缺乏；茶产业链过短，综合效益低，深加工产值不到茶产业总产值的5%，难以适应茶产业形势发展和产业结构转型升级的要求；茶叶科技转化率低，科技研究与生产需求存在差距，转化程度跟不上产业发展步伐，科研成果在生产技术、产品研发等方面转化有限。

（五）茶叶功能性新产品研发尚未系统挖掘，效率还没有充分发挥

茶叶功能挖掘及其功效的机理亟待深入研究，虽然已开展了多项研究，证明普洱茶具有诸多保健功效，但对保健功效作用机制的研究仍有待深入，尤其是针对普洱茶新功能的挖掘缺乏科学研究，无法有效支撑全省茶产业的转型与升级。

（六）茶叶市场优势突出，但质量监管体系不完善

由于市场体系不健全，监管机制不完善，市场上低质茶多，以次充好，以普通茶冒充名山茶、以小树茶冒充古树茶、其他茶区茶冒充名产区茶的现象多，导致很多消费者对云茶产生了误解，严重影响了云南茶产业的整体品牌形象。

二、云南茶产业高质量发展路径

（一）充分发挥政府职能部门的龙头作用

近年来，我国政府出台了一系列政策支持和鼓励茶产业发展，云南省委、省政府高度重视云茶业发展，早在2018年打造"绿色能源""绿色食

品""健康生活目的地"的"三张牌"行动中，便将茶叶产业列为八大优势产业之一；2019 年以来，全省茶产业"一县一业"扎实推进，以提升规模化、专业化、绿色化、组织化、市场化为着力点，为全省茶叶产业高质量发展树立新标杆；2021 年，《云南省"绿色食品品牌"重点产业"十四五"发展规划（2021~2025 年）》明确提出"将云南打造成为世界普洱茶之都、全球规模最大的茶树种质资源中心、中国有机茶第一省、民族生态茶旅融合示范区。到 2025 年，茶产业综合产值达 2000 亿元"的目标。综合来看，云南茶叶产业发展政策环境良好。

（二）充分利用好现有的生态优势和文化优势

云南总体生态条件优越，但长期的开发和利用使原有的自然资源破坏严重，化学肥料的长期大量使用，造成土壤硬化，大气环境的污染造成茶叶品质的不断下降、抗自然灾害能力较弱，广受病虫侵害。因此，为了保护生态环境维护生态平衡，应该对传统的茶园进行改造，建设良种生态茶园。例如，我们可以增加有机质肥原，栽种绿肥，对土地进行轮耕、少量或不使用化学肥料，在防治病虫害方面，可以种植绿色防护林带，发展养殖，绿色环保的种植。云南有着丰富的茶文化，可以将各民族对茶的利用认识作为介绍、宣传茶叶的一个支点。对这些民族茶文化的发掘利用，可以丰富人们对茶的认识。促进茶叶生产发展，繁荣茶叶经济，也符合云南建设民族文化大省的需要。另外，有悠久的历史和世界影响的普洱茶文化，至今仍然是茶叶界的一大亮点。

（三）走深加工、高质量、立诚信、创品牌的发展道路

发展深加工茶叶生产，是发挥云南茶叶品种资源优势、取得比较优势、争取竞争优势的有效途径，能够改善现有加工设备和技术状况。由政府投资或是招商引资引进一批精制加工设备，提高茶加工质量，主动寻求与中外强势企业、食品深加工企业及相关产业进行联合。发展云南茶叶深加工、开发研制一些新的产品，如可制成泡袋茶、粉茶和各种速溶茶。提取茶叶中的药用物质，可用于药品生产或制成茶的各种保健品。创立茶叶品牌的亮点——绿色、优质、安全。同时，稳定并扩大名优茶产量，并在包装、宣传和营销手段上下功夫，广告带来的社会效益是十分可观的。云南茶区产茶大部分是毛茶

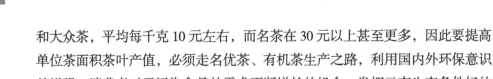

和大众茶，平均每千克10元左右，而名茶在30元以上甚至更多，因此要提高单位茶面积茶叶产值，必须走名优茶、有机茶生产之路，利用国内外环保意识的增强，消费者对无污染食品的需求不断增长的机会，发挥云南生态条件好的优势，积极发展生态茶，即绿色食品和无公害茶。提高茶叶产品的卫生质量标准，创立以绿色、优质、安全为特点的名优名牌，抢占国内外市场。

（四）走产业化发展道路

云南茶叶生产存在的最大问题是规模化、一体化程度低。经营比较粗放、竞争力弱、产品成本高、效益不佳。千家万户分散经营的小作坊与千变万化的大市场形成鲜明的对比，而且矛盾日益突出。农民增收困难，企业步履维艰，要从根本上解决这些问题，实现茶叶生产的持续发展，除上文所说的以外，还必须依靠科技和深化企业内部改革，大力推进茶叶产业化经营，走产业化发展之路，最终使得云南茶叶产业腾飞。总之，云南茶叶产业的发展前景是光明的，道路是曲折的，这需要政府、茶农、企业的努力以及社会的广泛关注和支持。

（五）认真推进云南茶叶评价检测溯源、助力茶产品质量安全和流通

云南茶叶评价检测溯源中心认真落实《云南省人民政府办公厅关于印发云南省茶产业发展行动文案的通知》（云政发〔2017〕120号）、《云南省人民政府关于推动云茶产业绿色发展的意见》（云政发〔2018〕63号）关于"鼓励支持建设云南茶叶评价检测溯源中心，服务企业，服务市场，构建政府监管、行业自律、企业追溯、消费者可查询的全省茶叶质量安全可追溯体系，提高云茶质量安全的公信力"及"加大云茶产地、加工、流通、销售全过程产品质量安全可追溯体系建设，推进'云茶标识'推广与应用，实行产品源头赋码、标识销售，产品有检测、过程可追溯，提高消费者对云茶产品的信赖度"的文件精神，在云南省茶叶流通协会和云南省认证认可协会的大力推动下，以构建云茶质量安全溯源体系、提高云茶质量安全"公信力"为宗旨，已为以"十大名茶"为主的40余家茶企近1000款产品提供了质量保荐溯源服务；并启动了"年份普洱茶"和"晒青茶"质量保荐溯源；与政府和科研院校合作，起草并发布《晒青茶（大叶种）》《凤庆红茶》《茶叶质量安全追溯平台建设标准》《普洱茶质量安全追溯实施标准》等多项标准；帮助10余家茶企建

立 ISO9001 质量管理体系、HACCP 危害分析与关键控制点体系标准化管理；帮助临沧市双江自治县、凤庆县 13 个村 9 个合作社 7 家茶企近 6 万亩茶园通过有机产品认证。中心在为茶企提供茶叶产品质量保荐溯源的同时，帮助企业从基地管理、原料控制、初加工、精加工、贮存、库存管理、经销商管理、防伪防窜货管理等全链条引入标准化的管理，特别是影响质量关键过程建立标准化管理方案，提升企业整体质量控制水平，并建立质量管理长效机制。通过中心质量保荐溯源的产品在市场上品牌认可度高，消费者信赖度高，每年产品市场销售价格都有 10%~30% 的涨幅，特别是一些主打产品销售业绩上涨 20%~40%，为规范云南茶产业发展、促进云茶流通做出了积极贡献。

三、阅读资料

（一）云南主要的茶叶品种

1. 滇红茶

滇红是云南地区著名的茶类之一，它主要分为滇红功夫茶和滇红碎茶两种，也是当地的特产之一。主要生产于澜沧江沿岸的思茅、西双版纳、德宏、红河、临沧、保山 6 个地方，也曾被英国女王置于透明器皿内作为很好的观赏之物，其独特的高品质可与世界上最好的斯里兰卡、肯尼亚、印度红茶相媲美。如图 7-8 所示。

图 7-8　滇红茶

2. 云南绿茶

云南绿茶主要包括晒青、炒青、烘青和蒸青等品种，其中，晒青茶也叫滇青，它是采用大叶种的鲜叶作为原料，其色泽鲜亮、白毫明显、条索挺直、香味独特，而炒青茶也叫磨锅茶，在当地的产量不多。如图7-9所示。

图7-9　绿茶

3. 普洱茶

在巍巍无量山间，滔滔澜沧江畔，有一个美丽的古城普洱，这里山清水秀，云雾缭绕，物产丰饶，人民安居乐业，尤其是这个地方出产的茶叶更以品质优良而闻名遐迩，是茶马古道的发源地，每年都有许多茶商赶着马帮来这里买茶。清朝乾隆年间，普洱城内有一大茶庄，庄主姓濮，祖传几代都以制茶售茶为业，由于濮氏茶庄各色茶品均选用上等原料加工而成，品质优良稳定，加之诚实守信、善于经营，到老濮庄主这代生意已做得很大，特别是以本地鲜毛茶加工生产的团茶、沱茶远销西藏、缅甸等地，成为藏族茶商经常光顾的茶庄，而且连续几次被指定为朝廷贡品。

普洱茶距今已有2000多年历史，这种茶叶产自云南西双版纳、临沧、普洱等地区，因为此茶一直在普洱集散，所以得名为普洱茶。普洱茶以云南大叶种晒青毛茶为原料，是再经过发酵加工制成的散茶或紧压茶。如图7-10所示。

图 7-10　普洱茶

（二）绿色"云茶"天下普洱——云南省深入推进茶产业发展纪实

来云南，不喝一杯普洱茶，不品一盏滇红，总会觉得少了些乐趣。一杯茶，能言谈文化，能品味人生，还能享受一种叫云南的生活。

云南是世界茶树核心起源地，茶产业是云南高原特色现代农业版图中最为重要的一块。近年来，云南深入践行茶文化、茶产业、茶科技"三茶"统筹发展理念，推动"云茶"产业持续快速发展。

现如今，云南茶叶种植面积、产量均居全国首位，茶产业全产业链产值超过 1300 亿元。云南已然成为我国名副其实的茶叶大省，茶产业更是云南巩固拓展脱贫攻坚成果、促进农民持续稳定增收的致富产业。

但云南并不满足于此，"茶业强省"才是终极目标。

一片小小的绿叶子，缘何能释放出如此巨大的能量？一段时间以来，记者穿茶林，访茶企，问茶农……探寻其中答案。

1. 从厚重的文化中挖潜力

2022 年 9 月 17 日，第 45 届世界遗产大会将普洱景迈山古茶林文化景观正式列入世界遗产名录。这是中国第 57 项世界遗产、云南第 6 项世界遗产，一举填补了全球以茶为主题的世界文化遗产的空白。

景迈山古茶林位于云南普洱市澜沧拉祜族自治县惠民镇，这里世居民族延续至今的社会治理体系，独特的茶祖信仰、以"和"为核心的当地茶文化、保护生态的村规民约，以及互敬互爱的乡土氛围，实现了人与茶、人与自然的高度联系，保证了这种传统延续千年并依然充满活力。

像景迈山这样别具文化魅力的古茶山、古茶林，云南还有很多。它们像汩汩清泉，为当地万千茶农提供了丰富的物质财富和精神养料。

在景迈山中的芒景村翁基古寨，几乎家家户户都经营茶馆。布朗族小伙子艾用给自己的茶馆取名"悟生境"。他告诉记者："来景迈山的游客，比起喝茶，其实更喜欢这里的传统文化，包括茶祖的故事、茶王树的来历、布朗族人的生活习俗等，所以我们在经营中，就把这些传统文化植入产品，让文化为产品赋能。"

小到一间茶馆，大到一家茶企，再到茶产业发展战略布局，没有文化印记的茶产品，很难经受市场的风雨考验。因此，从厚重的传统文化中挖掘茶产业的发展潜力，早已是云南茶产业主管部门及业界的共识。

融入了文化，茶便有了生命。

于是，云南与各地民风、民俗、民居、民饰、民食文化相融的白族三道茶、德昂酸茶等茶饮开始进入大众视野，并激发了茶与现代消费理念的碰撞，便有了符合都市白领快节奏生活的冲泡型普洱茶珍、夏日清凉款冷泡普洱茶，甚至还与咖啡携手，迅速成为市场"宠儿"。

云南省农业农村厅相关负责人表示，当前及今后一段时期，云南将继续努力，让沉寂多年的茶文化，真正成为产业发展的核心引领。

2. 让绿色理念融入产业链

时下，走进位于临沧市双江拉祜族佤族布朗族傣族自治县勐库镇冰岛村，郁郁葱葱的古茶树林顷刻间就会让人身心愉悦。这些古茶树可是冰岛村村民的"摇钱树""心头宝"，一年四季里都被保护有加。

当然，除了保护这些古茶树，村民对村里的生态环境更是爱护。因为村民真切地知道，这里的古茶树对生态环境极为挑剔，一旦生态环境遭到破坏，所有的一切将是不可逆转的。

从古茶树林到现代茶园，生态、绿色、有机的种植理念早已深入人心。

2007 年开始建设茶园，2018 年正式获得有机认证，漫长的 10 多年时间里，七彩云南庆沣祥茶业对生态、有机品质孜孜追求，最终站上了新的高度。好的原料，造就好的产品，必将赢得更广阔的市场。

为了能够将"绿色有机"这一"云茶"产业底色擦得更亮，云南出手果决，从2019年起，拿出真金白银持续对茶产业绿色、有机基地建设进行奖补。目前，已累计兑付财政资金1.47亿元。

几年来，效益显而易见：云南绿色、有机茶园由2018年的83万亩增至2022年的244.7万亩，占全省茶园的比例由13.2%升至32.9%；绿色有机认证茶叶产量占全省茶叶产量的40%以上；建成绿色茶叶生产基地30个，其中凤庆县、双江县被农业农村部纳入全国绿色食品原料（茶叶）标准化生产基地创建名单。

绿色就是生产力。它正在产业链中释放出巨大的能量，推动云南茶企生产、管理、营销迭代升级，为消费者推出更安全、更健康的茶产品。

普洱市的祖祥茶业、龙生茶业，西双版纳州的勐海茶厂，临沧市的天下茶都，大理州的下关沱茶，保山市的高黎贡山等一大批龙头企业，正阔步行走在绿色发展的大道之上。一批又一批绿色、有机茶产品亮相市场，它们的绿色、有机认证标识贴在了产品上，也印进了消费者的内心。

3. 立品牌搭平台茶行天下

普洱茶、滇红茶品牌驰名中外。更值得一提的是，普洱茶公用品牌价值连续7年评为中国茶公用品牌第二名，目前的品牌价值超过80亿元。

如此成绩，绝非一日之功。多年来，云南从未放松"云茶"品牌建设，尤其是近几年，这一工作在推进中不断加码。到2022年，云南连续5年开展"10大名茶"评选表彰，为19家获得表彰茶企兑付奖补资金5010万元，用资金杠杆撬动"区域品牌＋企业品牌＋产品品牌"宣传推介力度只增不减。

如今，陈升、戎氏、澜沧古茶、高黎贡山、下关沱茶、昌宁红等一大批品牌企业和品牌产品正在被市场所熟悉和接受。

其中，连续3年获得云南"10大名茶"的澜沧古茶最具代表性。澜沧古茶的品牌历史可追溯至1966年，企业深耕茶行业50余年，其独创的"澜沧味"成为行业佳话。普洱茶传承工艺大师、澜沧古茶有限公司董事长杜春峄说："云南'10大名茶'是政府为企业背书，赋予了企业无形的市场竞争力。"

品牌建设固然重要，但再好的茶也怕巷子深，"云茶"出滇依旧任重道远。

2022 年初，云南省农业农村厅出台了《云南省农业品牌打造实施方案（2022-2025 年）》，并在重点任务中明确要强化优质品牌展示展销，并鼓励支持云南省"10 大名品"获奖主体在主要消费城市建设品牌推广中心、展销中心等，全面展示品牌特性，持续扩大市场占有率。

与此同时，第十五届中国云南普洱茶国际博览交易会即将重装开启。这个已经连续举办了十四届的展会为云南茶产业高质量发展输入了绵绵动力。

多年来，借助云南普洱茶国际博览交易会这个平台，一大批知名茶企落户云南茶区，数万云茶经销商、代理商、电商发展壮大，"云茶"在全国茶叶市场营销体系日臻完善。目前，云南有 80% 以上茶叶销往省外，还出口到 20 多个国家和地区，在广阔的国际舞台上，"云茶"正绽放更独特的魅力。

（三）云南麻栗坡：聚力"茶旅"融合，打响"老山古树茶"品牌

2023 年 10 月 24 日，由外交部牵线搭桥，麻栗坡县委、县人民政府引进的麻栗坡新华国茶厂正式投产。

麻栗坡县人民政府与云南省农业科学院茶叶研究所、北京钮泰文化发展有限公司分别签署合作协议，共同致力于宣传推广麻栗坡茶叶品牌，推动麻栗坡社会经济繁荣发展；麻栗坡新华国茶厂为猛硐瑶族乡的 10 位茶农代表授牌"茶农之家"，通过实体牌＋互联网的模式，将茶农和产业链深度融合助力麻栗坡茶产业振兴，为麻栗坡国礼茶公共品牌的持续运营提供基础保障。

麻栗坡位于云南东南部的北回归线以南，地处中国三大生物多样性中心的核心部位，自然资源极为丰富，被生物学家定义为生物种植避难带的"南疆宝地"。古茶树资源丰富，树龄以 200~500 年居多，也有达上千年的。低纬度、高海拔、少日照、多云雾、无污染，这里的土地让茶自然繁殖、肆意生长，保持了天然林中的原生态品质。该县依托得天独厚的生态条件，让这些古茶树变成助民增收的"摇钱树"。

2023 年 4 月，麻栗坡成功举办了"首届老山国际春茶节"，通过走访古茶山、"茶魁"争霸赛、古树茶产业系列沙龙、麻栗坡茶产业高质量发展暨招商引资座谈会、首届"老山国际春茶节"文化市集展等方式，积极向外宣传麻栗坡茶叶。期间，在外交部的推介和连接下，中国香港新华集团与麻栗坡县人民政府就茶产业建设项目达成合作。

"未来，将充分发挥好新华集团全球化的网络，以粤港澳大湾区和环渤海企业家联盟的平台，引进更多优质企业到麻栗坡，共同推动茶产业高质量发展。"香港新华集团董事、粤港澳大湾区总裁、西南区总裁蔡展思表示，将深度探索茶叶生产和加工的标准化发展思路，提高麻栗坡茶叶的品质和知名度，拓宽销售渠道。通过茶产业与当地的自然、文化、旅游资源的融合，让麻栗坡的茶产业不断壮大，为地方经济社会的繁荣发展做出积极贡献。

麻栗坡县委副书记、县长肖昌菊表示，近年来，麻栗坡县委、县政府始终认真践行"绿水青山就是金山银山"理念，依托优质茶资源，统筹保护与开发，全力培育茶产业，大力推动"麻茶进京""麻茶入沪"，聚力打响"老山古树茶"品牌。新华国茶落地麻栗坡，对于麻栗坡延伸茶产业链、促进茶产业提质增效和"茶旅"融合更好更快地发展，必将产生巨大的推动作用。

"此次麻栗坡新华国茶厂投产以后，将更利于我们茶叶的销售，他们给我们搭建了一个很好的平台，未来，茶农的收入也会有很大改变。"茶农代表、猛硐老陶坪茶厂负责人李世梅说。

据了解，麻栗坡县茶叶在园面积 2.35 万亩，品种有普洱白毛茶、云南大叶群体种等有性系品种和云抗 10 号、福云 6 号、紫娟、龙井等无性系良种。主要分布在猛硐、天保、下金厂、杨万、马街、董干等 9 个乡镇，采摘面积 2.05 万亩。近年来，麻栗坡县委、县政府积极探索古茶树资源的保护及开发利用，积极争取国家及省州的大力支持，推进茶产业高质量发展，把茶产业培育成全县的特色产业，促进产业增效、农民增收。目前，该县毛茶年产量 600 吨左右，全县从事茶产业的农户达 4800 余户，可实现户均年增收 6700 余元。

近年来，麻栗坡县知"迟"而后"赶"，迈紧步伐朝前跑，用心打造、用情推介，麻栗坡茶正凭着过硬的品质走向全国并获得广泛赞誉和信赖，麻栗坡茶销量也逐年增长，产业效益日益明显。外交部还将麻栗坡古树茶纳入"国礼目录"，赠送给联合国安理会成员国的代表，受到了广泛好评。

第八章

食用菌产业

位于西南边陲的云南复杂多变的气候和地理条件孕育出了丰富多彩的植物区系，使云南具有"植物王国"的称号。由于食用菌多为与植物共生或腐生的高等真菌，多种多样的植被类型为种类繁多的食用菌资源的存在奠定了基础，使云南成为中国食用菌资源最为丰富的省份。全国多数食用菌种类，都可在云南找到适宜的生长环境。野生食用菌既是云南各族人民的重要食物来源，也是当地广大山区农户增收致富的重要经济来源，对改善当地居民膳食结构和促进当地经济发展，起着不可忽视的作用。食用菌产业作为一个新兴产业，在我国农业和农村经济发展中的地位日趋重要，具有巨大的经济、生态和社会效益，已成为我国广大农村和农民重要的经济来源之一。

第一节　食用菌产业发展历程

食用菌是可食用的、符合相应食品安全国家标准的大型真菌，常包括食药兼用的大型真菌。多数为担子菌门，如双孢蘑菇、香菇、草菇、牛肝菌等。少数为子囊菌门，如羊肚菌、块菌等。野生食用菌是生长在自然界完全处于野生状态的、非人工栽培的食用菌，分为直接可食用野生菌（不需要按照特殊要求加工即可食用）和条件可食用野生菌（具有一定毒性必须严格按照特殊加工要求加工方可食用）。

野生食用菌不仅味道鲜美、营养丰富，并且一些种类的提取物还具有抗氧化、抗肿瘤、降胆固醇、降血脂、提高人体免疫力等功效。

云南全省地形地貌复杂，海拔高差悬殊，立体气候显著，土壤类型各异，热带、亚热带、亚高山温带及高山寒温带植被类型兼有。雨量充沛，雨热同季，生境优越，孕育了众多形态各异、色彩斑斓的大型真菌，当地各族群众称之为"野生菌"，以便与栽培的"人工菌"相区别。

追溯云南野生菌食用历史，可谓穿越古今，源远流长。在有记载的近四千年里，野生菌从未离开过人们的餐桌。翻看古书《滇南杂志》："土人盐而脯之，经年可食；若熬液为油，代以酱豉，其味尤佳，浓鲜美艳，侵溢喉舌间，为滇中佳品。"明朝正德六年，状元杨升庵被流放到云南保山，途中食用鸡枞，赞美其为"海上天风吹玉枝，樵童睡熟不曾知，仙翁近住华阳洞，分得琼英一两枝"。相传明熹宗就曾吃过云南的鸡枞菌，明代潘之恒《广菌浦》、清代薛宝辰《素食说略》等古籍中都有云南菌的记载。仰韶时代，就有文书记载人食用野生菌的典故。

1000多年前，古人就记载过蘑菇的种植方法，有"芝生于土，土气和而芝草生""紫芝之载如种豆"这样的语句。三国时期，陈仁玉写了一本专门讲如何培育蘑菇的书，名为《菌谱》，是最早教授香菇种植的典籍。至宋元明清，名人爱吃云南野生菌的佳话不胜枚举。

李时珍在《本草纲目》中曾记载，"鸡㙡出云南，生沙地间之覃也"。清代名家赵翼入滇后第一次吃鸡枞，盛赞道："老饕惊叹得未有，异哉此鸡是何族？"

近代，美食家汪曾祺曾用"入口便会使你瞠目结舌"，形容自己对干巴菌的喜爱。作家阿城则称赞云南鸡枞做的汤，"极危险，会让你贪鲜肚胀而亡"。

汪曾祺还曾很细心地比较过云南菌市上出售的各种菌子，有一种菌子，中吃不中看，叫做干巴菌，深褐带绿，就像一堆半干的牛粪或一个被踩破了的马蜂窝，里面还夹杂着许多草屑、松毛，真叫人怀疑它是否能吃。但是，只要把草屑、松毛择净，撕成细丝，和青辣椒同炒，其味道之美，会叫你啧啧称赞，这才令人信服为什么它的卖价比鸡枞还要贵。还有一种菌子，中看不中吃，叫鸡油菌，菌盖只有银元大小，浅黄色，发出杏干香味，但质韧而味泛，一般只用于做菜时配色，并不好吃。在汪曾祺的笔端，品评高下，把这些菌子的特点都写绝了。

从古到今，野生菌食用的方法变化并不大。近代有人总结归纳称，云南人烹饪野生菌的方式大概有 10 种，不同的方法适用于不同的菌类。其中用得最多的方法是干炒法，顾名思义，即急火快炒，油量适中，不放水或汤，煸炒至熟。这种方法特别适合牛肝菌、干巴菌、鸡枞、虎掌菌等菌的烹制。其他的方法，如微波焗、烧烤法、火锅涮等，也都适合用来烹饪野生菌。

一直以来，云南都是我国野生食用菌的重点产区和贸易区，国内野生食用菌市场约有 70% 产自云南。野生菌之多、分布之广、产量之大，不仅在全国，在世界都实属罕见。

第二节　食用菌产业发展概况

一、发展优势

（一）物种资源优势

目前，食用菌生产已成为我国农业中种植业、养殖业、菌业三大产业之一。全世界已知食用菌种类约 2000 种，中国约 900 种，云南食用菌有 600 多种，约占世界的 35%、占全国的 75%。云南食用菌原料供应充足，资源丰富、品质好。自然产量 50 万吨，社会产量 10 万吨。由于有着适宜的产地生态环境，产出的各种菌类不仅无污染，而且品质优良。部分菌种，如干巴菌，属高档名贵野生食用菌，惟云南特有；牛肝菌、鸡枞属云南资源最为丰富。云南拥有最适宜野生菌生长的气候条件和世界第一的野生菌资源，是世界公认的"野生菌国"，云南还是全球野生菌经济和文化中心。

（二）环境资源优势

野生菌一般生长于云南松、高山松、占凤松等针叶林和混交林地带，单生至群生。野生菌因地理环境的不同和各地所生长的植被的不同而导致了其种类多样化。云南食用菌的物种优势依托于其得天独厚的环境资源优势。云南由于地处高原，山区、半山区占全省面积的 94%，从南到北分布着 7 个气候带，具有寒带、温带、热带和亚热带的气候类型。独特的气候环境和高低起伏的复杂的地形地貌孕育了丰富多样的食用菌资源，是绝佳的天然食用菌资源养殖库。因此，云南食用菌不仅分布广泛，品种繁多，数量庞大，而且有着优良的品质。

（三）技术优势

云南食用菌行业从食用菌的加工、包装、运输配送到销售都严格按照发达国家的高标准执行，有效应对了食用菌出口所面对的技术和贸易壁垒，促进了云南食用菌行业的科学化、标准化发展，增强了云南食用菌企业的市场竞争能力。目前，云南已建成国家和省级食用菌产业技术创新战略联盟、工程技术中心、质量监督检验测试中心、真菌多样性重点实验室等科技创新平台，将以"十四五"食用菌产业发展为契机，打造以昆明为中心，辐射全国的食用菌科技支撑平台。

（四）政策优势

云南省政府各有关部门制定了一系列鼓励食用菌产业发展的政策和措施，为整个产业的发展提供了宽松的政策环境和有力的服务平台。结合旅游业，云南着力打造野生菌的美食、文化品牌，增加节庆效应，促进野生菌产业发展，将野生菌资源优势转化为经济优势，促进云南经济发展。2022年2月，云南省供销合作社联合社印发了《云南省食用菌产业"十四五"发展规划和二〇三五年远景目标》指出重点围绕松茸、美味牛肝菌、块菌（松露）、鸡油菌、干巴菌、鸡枞、青头菌、红菇、奶浆菌9种野生食用菌进行区域布局，可在野生食用菌产地选择适宜林地，采取保育促繁、包山养菌、菌根苗培育等方式，建设保育促繁示范基地，开展管护育菌，提高产量及质量，培育一批优质优势野生食用菌基地。

二、发展规模

（一）云南食用菌产业发展概况

云南一直以来都是我国野生食用菌的主要分布省份和重点产区。目前，在全世界已知的野生菌中，云南现有种类占到全世界的45%，占整个中国的91%。全省以野生食用菌为主，占总产值近6成，主要有松茸、牛肝菌、松露、鸡油菌、干巴菌、鸡枞、青头菌、红菇、奶浆菌等10余个品种。栽培的食用菌主要有木耳、香菇、平菇、姬松茸、羊肚菌、天麻、大球盖菇、金耳、白参、黑皮鸡枞、暗褐网柄牛肝菌等。野生菌不但拥有独特的口感和诱人的清香，还含有多种人体所需要的营养物质和微量元素。由于野生食用菌的资源稀缺性和不可复制性，市场需求旺盛。2015~2021 年云南省食用菌产量如图 8-1 所示。

数据来源：云南省农业农村厅。

图 8-1 云南省食用菌产量变化

昆明植物研究所就云南到底有多少种食用菌做调查，目前已知的食用菌有 2000 多种，占全国总数的 57.4%。从数据上看，昆明市场上出售的食用菌达 258 种，仅滇西境内，已发现的野生食用菌种类就有 390 多种，大约占比全国 930 余种野生食用菌的 31.3%，占云南 670 余种野生食用菌的 43.3%，野生食用菌资源每年的储存量高达 1 万多吨。

如今野生菌已成为农产品出口创汇的拳头产品。目前，云南注册野生食用菌贸易和加工的企业有 300 多家，每年开发利用野生食用菌约 10 万吨（鲜品），产值近 20 亿元，出口创汇 7000 万美元，占农产品出口总量的 1/4，仅松茸一项出口规模就达 1000 吨，约 3000 万美元，占据了 80% 的国际市场份额。

食用菌是云南优势农业产业，野生食用菌适生面积、产量、产值均居全国第一位。2020 年，云南省政府出台《云南省加快食用菌产业发展的指导意见》（云政办函〔2020〕97 号），为云南食用菌产业发展指明了新方向、确定了新目标。据省食用菌产业发展办公室统计，2021 年，云南食用菌总产量 85.14 万吨，总产值 324.93 亿元，其中野生食用菌产量 28.04 万吨，产值

211.13 亿元；栽培食用菌产量 57.1 万吨，农业产值 113.8 亿元，总产量和总产值同比 2020 年分别增长 14% 和 15.53%。

（二）主要品种及区划布局

1. 中国食用菌栽培品种情况

中国食用菌协会统计，2020 年，全国大面积食用菌种植有 20 多个品种，其中，产量增长的有 22 个品种，羊肚菌占 89.22%、秀珍菇占 52.22%、松茸占 50.02%、大球盖菇占 40.67%、真姬菇占 38.74%、灰树花占 28.18%、茯苓 / 猪苓占 26.56%、牛肝菌占 24.52%、猴头菇占 21.16%、其他菇占 18.43%、毛木耳占 12.39%、滑菇占 11.66%、红椎菌占 9.52%、天麻占 9.33%、香菇 占 6.48%、草菇占 5.30%、杏鲍菇占 4.93%、竹荪占 4.59%、银耳占 2.69%、灵芝占 2.25%、黑木耳占 0.66%、北虫草占 0.10%。2020 年产量减少的有 9 个品种，平菇减少 0.51%、茶薪菇减少 0.55%、白灵菇减少 6.98%、姬松茸减少 9.12%、鸡腿菇减少 10.00%、榆黄菇减少 10.82%、金针菇减少 11.99%、双孢蘑菇减少 12.60%、金福菇减少 91.78%。

2. 云南食用菌栽培品种情况

云南坚持野生食用菌稳保育面积、抓质量，栽培食用菌增面积、抓特色。2021 年云南省野生食用菌产量 28.04 万吨，产值 211.13 亿元；栽培食用菌产量 57.1 万吨，农业产值 113.8 亿元，形成了一批产量超过 1 万吨的生产县，其中陆良县超过了 10 万吨。全省以野生食用菌为主，占总产值近 6 成，主要有松茸、牛肝菌、松露、鸡油菌、干巴菌、鸡枞、青头菌、红菇、奶浆菌 9 个品种。栽培食用菌主要有木耳、香菇、平菇、姬松茸、羊肚菌、天麻、大球盖菇、金耳、白参、黑皮鸡枞、暗褐网柄牛肝菌等。

（三）食用菌出口创汇情况

根据海关统计出口数据，2020 年，全国各类食用菌产品出口量为 64.72 万吨、创汇 27.28 亿美元，同比分别减少 5%、25%。云南出口单品主要以牛肝菌、松茸、块菌（松露）等为主，产品远销欧美、亚洲等多个国家和地区，在栽培食用菌方面，产量较大的种类有香菇、平菇、黑木耳、天麻、姬松茸等。2020 年，云南食用菌出口量与出口额波动明显，据昆明海关提供数据，全省出口 1.61 万吨，出口值 1.3 亿美元，出口全球 32 个国家。出口种类主要有鲜或冷藏的松茸、鲜或冷藏的块菌、鲜或冷藏的香菇、鲜或冷藏的金针菇、其他鲜或冷藏的蘑菇、冷冻牛肝菌、盐水的其他伞菌属蘑菇、盐水的其他蘑菇及块菌、干香菇、干牛肝菌、干羊肚菌、未列名干蘑菇及块菌、其他蘑菇罐头等。出口创汇较高的是松茸（0.06万吨，0.32亿美元，主要出口日本和韩国等）、牛肝菌（0.6万吨，0.38亿美元，主要出口意大利、德国、法国等）和块菌（0.13万吨，0.14亿美元，主要出口日本、意大利、德国、法国等）。栽培食用菌出口的有香菇（0.07万吨，0.02亿美元，主要出口马来西亚、越南、泰国等）和金针菇（0.36万吨，0.03亿美元，主要出口泰国、老挝、马来西亚等）。

（四）市场经营主体情况

云南食用菌交易逐步集中，在昆明，2020年云南木水花野生食用菌交易市场交易额约72.6亿元、昆明北苑农产品综合批发市场2020年食用菌交易额约20亿元、关上蔬菜批发市场食用菌年交易额约20亿元、王旗营蔬菜批发市场食用菌年交易额约10亿元、骏骐批发市场食用菌年交易额约20亿元。昆明市已形成规模超百亿级的食用菌交易市场体系。全省食用菌年产值超1亿元的县达38个，从事食用菌生产加工的企业（合作社）约1300家，有农民专业合作社800多家。年产值2000万~5000万元的企业约40家，产值在5000万元以上1亿元以下的企业约40家，年产值1亿元以上的企业有10多家。

（五）绿色发展成效

立足云南多样性资源独特优势，省委、省政府做出了打造世界一流"绿色食品品牌"的重大决策部署。云南食用菌绿色发展模式通过主推优良菌种栽培应用技术、栽培营养配方优化提升技术、病虫草害绿色防控技术、高效节水技术、部分品种工厂化栽培技术、现代智能技术等，实现了食用菌产量提高、品质提升、效益增加等绿色发展初步发展，同时通过食用菌品牌建设，野生食用菌知名度、价值不断提升，栽培食用菌通过产量及质量并线，效益不断提升，各州（市）种植面积逐年扩大。在品牌方面，云南食用菌"三品一标"建设不断提升，全省食用菌获认证的有机产品29个、绿色食品8个，地理标志产品2个。

（六）加工增值成效

云南食用菌加工研发相对于沿海发达地区起步晚，云南从事食用菌产业的企业虽有 600 多户，但普遍以鲜品、干品和速冻品等初加工产品销售为主，食用菌深加工企业少，导致食用菌罐头、功能型保健品等少，实力相对较弱，精深加工技术及产品开发滞后，精深加工规模小，产业附加值较低，产业链短，严重制约了产业的转型升级发展。初级加工品产值是原料的 3～4 倍，精深加工健康类、美容类产品产值是原材料的 10 倍以上，云南食用菌产业的市场潜力巨大，但加工值还未能充分发挥。发达国家食用菌加工率约 75%，而中国食用菌加工率约 6%，以灵芝、香菇酱系列产品为主，产品同质化程度较高，云南食用菌产业基本以产地卖原料为主，有部分通过分拣分级增加效益，但依靠精深加工提质增效少之又少。云南食用菌产业要针对产品附加值低的短板弱项，加大食用菌产品提质增效研发。

三、产业地位

深化农村供给侧改革，增加农民收入，是促进农村"三产"融合发展的根本目的。食用菌作为近年来乡村振兴的重要抓手，得到了前所未有的发展，食用菌产业已成为农业结构调整和区域产业布局的重要内容之一。云南食用菌作为高原特色现代农业的重要组成部分，也是云南山区、林区等区域经济发展，农民增收致富的重要途径之一，是乡村振兴，产业兴旺的重要产业支柱之一。云南各州（市）通过承办野生食用菌交易会等增加交易量，增加知名度，进一步提高了野生食用菌资源的合理开发利用水平。同时，加快构建野生食用菌保育促繁、仿生栽培、交易集散、精深加工、餐饮美食、科普展示、菌文旅游等"三产"融合发展的产业链，为打造"绿色食品品牌"提供有力支撑。

在 2020 年云南省人民政府出台的《云南省加快食用菌产业发展的指导意见》（云政办函〔2020〕97 号）的指导下，云南省食用菌主管部门及各州（市）积极响应，按照指导意见文件精神及各州（市）依据食用菌发展基础、产业优势及实际情况，纷纷出台实施方案或意见。

在省级层面，云南省供销合作社、云南省财政厅联合出台了《云南省加快食用菌产业发展指导意见政策资金扶持申报指南》（云供发〔2021〕10号），组织全省以食用菌产业投资建设、制定实施食用菌新标准、食用菌新品种审定及推广、食用菌"三品一标"产品质量认证等为扶持范围，助力打造世界一流"云菌绿色食品品牌"。同时，云南省供销合作社联合社出台了《云南省食用菌产业"十四五"发展规划和二〇三五年远景目标》，指出到2025年，全省食用菌总产量180万吨，年均增长率达10%以上，总产值500亿元，年均增长率达10%以上，综合产值达1200亿元以上。在州（市）层面，部分州（市）出台食用菌实施意见或方案，截至目前，玉溪、曲靖、红河、临沧、大理、楚雄6个州（市）政府已出台贯彻落实文件。昆明、玉溪等出台了本地区的"十四五"时期的食用菌产业发展规划，明确未来5年当地食用菌产业发展的目标、布局、方向和保障措施。围绕全省各地食用菌发展的关键技术需求，建立帮扶带动机制，把发展食用菌产业与推进易地安置、稳定就业相结合，开展全产业链服务。依托科技特派人员及专家服务团队等，帮扶完善地区产业发展规划，明确发展路径，搭建了特色食用菌产品的市场对接平台，创建了科技成果示范基地，集成推广优良菌种示范应用，培养食用菌产业科技带头人，助力贫困地区打造特色食用菌产业，推动贫困地区资源优势转化为产业优势，增加农户收入，拓展农村集体经济来源，食用菌产业成为群众增收致富的新增长极。

野生菌产品市场是一个门槛低，没有太多行业限制且非常开放的竞争市场，进入壁垒主要包括资源、资金、规模、成本、地理等因素，行业进入退出门槛较低，对外部进入者与内部企业而言是很容易突破和解决的。因此，云南野生菌行业有大量种植户与中小企业，规模化生产程度较低，行业企业集中度仍然处于较低的水平。

云南的香格里拉松茸、丽江羊肚菌、楚雄牛肝菌等一批地理标志性产品声名响亮，具有较强竞争力。当前，我国野生菌已形成年出口额逾亿美元的产业。并且主要以鲜松茸、干牛肝菌、块菌出口为主，出口产地集中在云南、四川、西藏、吉林。云南野生菌以鲜品、速冻、加工食品等多种形式进入市场，良好的资源禀赋使云南野生菌的种类、产量、质量均在全国独领风骚，并享有较高的国际声誉。国内野生食用菌市场中，云南市场占据全国野生菌近 7 成市场。

目前，云南野生菌的采集、交易和加工方式都过于粗放，还有很大的想象空间，未来，可以通过野生菌的分级、扩大产业规模和加大宣传力度让云南的野生菌走向全国，影响全世界。

第三节　食用菌产业发展特色

一、种类丰富

复杂的地形和多样的气候孕育了丰富的野生食用菌资源，其种类之多，分布之广，产量之大，名扬四海。云南已报道大型真菌有 900 余种，占全国的近 60%，其中常见可食种类约 450 种，市场贸易种类约 300 种，大宗交易 50 多种；全省野生食用菌年自然产量 50 万吨以上，年贸易量 20 万吨以上，约占全国野生食用菌市场份额的 85%。

二、食用菌的绿色可持续发展

云南聚焦"绿色食品品牌"，为全力打造世界一流"绿色食品品牌"，加快云南食用菌产业转型升级，助力乡村振兴，大力提升食用菌产业规模化、专业化、绿色化、组织化、市场化水平。

三、品牌优势

树立品牌意识，走特色高效发展之路，坚定不移走"一县一业"特色发展之路，结合乡村振兴产业发展合作模式，采用新型包山"保育扩繁"模式，致力于将"云菌"打造成千亿元产业。以"小菌子"撑起"大产业"，推动社会经济大发展。

四、销售模式

当地直接销售，这种模式能缩短中间环节，降低蘑菇的零售价，缺点是无法开拓省外市场，蘑菇附加值不高；网络平台直接销售，在以抖音、快手等 App 为载体的小视频和直播中宣传品牌蘑菇。在淘宝、京东平台上销售生鲜蘑菇，这种方式能扩大蘑菇营销的市场，缺点是在运输中容易损坏，影响蘑菇品质；加工完后再销售。加工后再销售分为两种方式，一种是将蘑菇晒干销售，但产品附加值低；另一种是将蘑菇制成罐头，这种方式能提高蘑菇的附加值，缺点是对厂家的要求较高，一般农户达不到生产要求。

第四节 食用菌产业高质量发展路径

一、云南食用菌产业发展存在的问题

（一）菌农可持续发展意识薄弱，滥采现象难以遏制

在历史上，生活在林区、山区的居民一直都有食用食用菌的习惯。近年来，由于外国人对于食用菌的喜爱使得食用菌价格居高不下，利润可观。这直接导致了菌农的乱采乱挖、过度采集现象。食用菌独特的生长环境以及无法人工培植的特性造成了"菌农野生无主、谁采谁有"的固有观念，滥采现象破坏了食用菌的可持续生产。以松茸为例，云南本来是世界上松茸最大产区之一，但由于采收不科学，云南松茸主产区的松茸数量正在以每年 5% 的速度递减。楚雄每年因采集童松茸而造成的损失在 3000 万元左右，其他野生食用菌也存在同样的问题。

（二）龙头企业带动不强，产品加工升值不够

云南现有从事食用菌生产加工贸易的企业 400 多家，其中从事食用菌出口贸易的有 40 家。但企业规模普遍偏小，加工能力不足，野生食用菌商品主要以初级原料为主，产品附加值低，企业增效不明显，并且缺乏大型龙头企业。2012 年底，云南 71 家食用菌企业和专业合作社共同组建了云菌科技集团，成为集科研、生产、加工、销售于一体的食用菌龙头企业，形成了一定的研发优势和规模优势。但由于集团成立时间短，能够在多大程度上发挥龙头作用，还有待观察。

（三）市场体系建设滞后，缺乏专业的市场交易

云南野生食用菌市场至今仍沿用传统的采购和销售方式，企业规模小，

区域分散，竞争手段单一。为了争取有限的区域市场，企业往往缺乏远见，采用低价策略争得一时利益，极度缺乏行业自律，造成恶性竞争的混乱局面。受此影响，牛肝菌、松茸等大宗出口产品的价格近年来大幅波动，难以逐步提高。

（四）出口形势不容乐观，国内市场开发不足

受国际金融危机影响，欧盟经济持续低迷，食用菌出口也受到一定影响。加之国家出口退税政策的取消、人民币升值导致的出口成本增加等多重因素的影响，食用菌加工出口企业效益下滑，出口形势不容乐观。除此之外，云南食用菌曾经多次发生由于质量不达标而造成出口受阻的情况，在一定程度上加大了国际市场风险。同时，在国内，由于食用菌相较于一般的人工菌类食品，价格普遍偏高，而消费者对于食用菌的高营养价值认识不足，使得食用菌在国内的销路并不好。

（五）营销方式落后，品牌意识差

根据著名的营销专家、云南大学教授胡其辉先生的观点，云南企业是"一流的产品，二流的包装，三流的营销"，对此笔者深表赞同。

云南很多企业都缺乏长远规划，进入食用菌市场也只是由于短期利益驱使，营销意识淡薄、营销方式落后。

云南的食用菌美味可口在国外都享有盛誉。但由于企业品牌意识差，品牌的建立本身也具有难度和技巧，加之企业只是贩卖原材料，品牌建立难度更大。而有些企业缺乏长期规划，在食用菌市场上赚一笔就转向其他行业，连企业名称都一换再换，就更不用说品牌了。此外，企业既需要品牌食用菌交易市场，也需要品牌。树立起交易市场的品牌后可以吸引各地企业进场交易，形成规模化生产加工及深加工，实现规模和效益。目前，云南野生菌产业不论是企业还是交易市场，在营销方面有很大的上升空间。

二、云南食用菌产业高质量发展路径

（一）健全资源保护和开发的法律法规，根据食用菌繁殖规律适时采集

目前，许多发达国家对野生食用菌资源的保护已形成法规，对野生食用菌有序采撷有严格的管理办法和有效的监管措施。我们应该借鉴这些国家对

野生食用菌资源保护的成功经验，在特色珍稀和主要野生食用菌天然集中区域，建立珍惜食用菌繁育区和保护区，设立保护标志。完善野生食用菌资源保护的法规和地方条例，将法规和条例的执行落实到政府各职能部门，并制定实施细则，有效惩治违法违规行为。

近年来，食用菌的高额利润，导致严重的乱采乱挖、过度采集现象。对此，需要政府加大力度进行食用菌的繁殖规律等科学知识的普及，让更多菌农从思想上认识到食用菌可持续发展是利国利民利己的，从而主动学习和掌握相关采收知识，进行科学采收，保证野生食用菌的数量和质量。

（二）加大企业技术创新力度，提升精深加工能力

食用菌精深加工产品的开发具有广阔的市场空间和发展潜力。云南食用菌企业应根据市场需求，依靠科技进步，加大食用菌精深产品开发力度，延长产业链，提高其附加值。具体而言，要以昆明为中心，聚集产业技术研发力量，开展野生食用菌精深加工技术研发，加快产业成果转化，通过技术创新，提升云南野生食用菌精深加工能力；合理调整产业结构，转变传统经营方式，探索产品多样化的途径。

（三）加强市场体系建设，增强行业自律能力

针对云南食用菌市场分散、管理低效的局面，要加强食用菌的市场体系建设，积极培育市场流通主体，优化交易市场布局。通过建设食用菌专业交易市场，完善交易信息系统，创新交易方式，积极推行拍卖制、远程交易、电子商务交易、集中配售、连锁经营等新型交易方式，形成集现场贸易、信息服务、物流配送、仓储管理、电子交易于一体的现代化市场服务体系。比如，要争取在国内外农产品期货市场建立野生食用菌的交易品种，抵御市场风险和外汇风险。

（四）打造"云菌"品牌，积极开拓国内外市场

近几年来，云南食用菌产业的发展历程表明云南食用菌的前景非常广阔。无论是国内市场还是国际市场，对绿色生态农产品的需求都是日趋扩大的。云南要从各个方面扩大对野生食用菌的宣传，使食用菌这健康食品在全国流行开来，形成一种饮食文化。要积极应用新闻媒体的宣传，进一步提高云南野生食用菌的知名度和影响力，树立良好的云菌品牌形象。

（五）与旅游、文化相结合，多方面促进食用菌消费

作为一种林下产品，食用菌可以与云南生态旅游、休闲旅游结合起来，在野生食用菌主产区着力打造"吃生态""吃健康""吃文化"的品牌，充分利用农家乐、登山拾菌等方式，把食用菌美食文化与云南别具特色的民族文化和生态文化结合起来，以餐桌经济带动区域经济的发展。这必将促进云南食用菌产业发展与民族文化建设、休闲旅游业建设、生态建设的有机结合。

（六）进行营销创新，打造品牌

打造品牌能使产品在同类产品市场中替代程度降低，使产品具有相对市场垄断优势，也使产品具有较高的市场渗透能力。打造品牌必须进行营销创新，从而提升云南企业的营销水平。如今的市场已经进入买方市场，21世纪的营销必须以创造顾客价值为核心，令顾客满意。就云南来说，既要对企业进行营销，也要对食用菌交易市场进行营销，而电子商务是值得尝试的选择之一。

电子商务使贸易运行方式和环境发生变化，具有较强的广告宣传效果。因此，企业应该利用网络技术迅速地对目标市场进行调查、客户信息数据综合分析、产品开发定位、经营流程改进、销售策略制定、售后服务、反馈改进产品和服务等各种活动，并加强电子商务人才的培养、吸纳，实现真正意义上的电子商务营销，打造企业品牌。

三、阅读资料

（一）食用菌特色小镇的打造——以楚雄南华县为例

南华县属楚雄彝族自治州，所处的楚南经济带是长江经济带的源头和重要组成部分，也是滇中城市经济圈向西开放的门户与战略枢纽和云南面向南亚东南亚辐射中心的重要特色产业基地。国家和云南省"十三五"发展规划中，包括以食用菌深加工在内的新型食品工业已被列入工作重点，中国食用菌产业将步入以"高精尖"深加工为导向，规模化、品牌化、集约化为特征的产业化发展关键阶段。南华县迎来了产业升级的重要机遇，食用菌特色小镇应运而生，项目位于南华县东部，临近铁路、国道、高速公路，昆楚快速

铁路通车后将被纳入昆明市一小时交通圈。

云南是世界著名食用菌主产地和交易区，南华县则是云南食用菌的重要产地和交易地。境内已知野生食用菌多达 290 余种，拥有"世界四大名菌"和"中国十大名菌"的称号，其中松露和松茸分别占云南省产量的 50%、55% 以上，松露、松茸、牛肝菌质优量大、远销海内外，拥有"中国食用菌美食县""中国食用菌之乡"和"食用菌王国"等美誉。因此，项目地的原材料资源十分充足。国际松露产品龙头企业——乐旁集团的入驻也为南华县的食用菌加工业进一步发展提供了契机，乐旁集团先进的产品研发技术、成熟的销售渠道和完善的生产整合能力，将从松露深加工出发，带领南华县食用菌加工业向规模化、高端化发展。同时，南华县水质良好、农林资源丰富，地处客流总量可观的昆大丽国际黄金旅游线，对外交通十分便利，为旅游产业的发展奠定了优良的基础。

南华县产业结构单一，除农牧业外无其他支撑城镇发展的支柱产业。受研发技术落后、加工工艺粗放、品牌营销薄弱等因素的制约，南华县食用菌的市场价值远远低于欧美国家的优质食用菌，在日趋激烈的食用菌和整个食品加工业竞争中不占据优势，因此，项目担起了产业升级的使命。由于项目场地内民居陈旧、分布零散，内部无成形的道路系统，受高压线影响地块零碎，配套设施落后，导致整体条件不利于集约化开发。因此，合理的项目场地规划和精准的产业发展路径是本项目需要破解的关键难题。项目要结合食用菌产业现状提出升级思路、要充分挖掘食用菌文化形成特色品牌，要充分考虑场地现状形成合理的空间布局。

（二）食用菌品牌体系建设——以玉溪市为例

玉溪为达到以品牌拓展新发展空间，带动品质、效益升级，提升"云菌"玉系（即玉溪市食用菌）品牌的知名度和影响力的目的，在《规划》中提出了四个方面的措施。

1. 建设"云菌"玉系品牌体系

以野生食用菌为特色，通过创建企业品牌和产品品牌，筛选符合标准的品牌，推广"云菌"玉系标识使用和质量技术标准认证使用，提高消费者对"云菌"玉系产品的信赖度。

2. 建设食用菌有机认证与可追溯体系

组织开展食用菌生产企业有机产品认证知识培训，发挥好示范带动作用。依托省级质量安全追溯相关体系，构建从田间地头到生产、流通、消费的玉溪市食用菌质量安全追溯体系。

3. 培育食用菌地理标志产品

培育食用菌地理标志产品，带动形成一批有影响力、有特色的企业和产品品牌，助推市内品牌体系构建。

4 菌文化挖掘及宣传建设

发掘玉溪乃至云南的菌文化积淀，挖掘食用菌与健康有关的宣传故事，讲好"云菌"玉系品牌的产品故事。

（三）野生食用菌种植促进乡村振兴的发展——以丽江永胜县为例

丽江市永胜县是云南重点林区县，也是云南食用菌发展重点县。全县有林业用地 579.7 万亩，野生食用菌生长分布区约 300 万亩，年产量约 7000 吨。为有效利用好这一优势资源，2021 年，永胜县将食用菌作为"一县一业"重点产业发展，2022 年发展以羊肚菌、天麻等为主的林下食用菌仿生种植 7634 亩，以鸡枞菌、松露为主的林下食用菌保育促繁 22000 亩，仿生种植预计平均亩产值可达 2.5 万元，展露出可喜的发展前景，夯实了乡村振兴产业支撑基础。2021 年，为示范带动全县林下食用菌产业发展，永胜县选择县城附近的长坪山林区打造林下食用菌示范基地。目前，该基地投入县财政整合资金 1400 多万元，完成了基地水利基础设施建设，引进丽江中源公司进驻园区开发。在林下羊肚菌试种成功的基础上，2022 年种植 1079 亩。目前，所种羊肚菌长势喜人，预计亩产量可达 200~300 千克，亩产值可达 2 万 ~3 万元。示范样板建设初获成功，为做大做强全县林下食用菌产业奠定坚实基础。随着种植规模的逐渐扩大，种植效益已初步显现，人工食用菌种植已成为农民增收的一个重要渠道。

第九章

中药材产业

近年来，国家高度重视中药材产业发展，先后出台了《中医药发展战略规划纲要（2016-2030年）》和《"健康中国2030"规划纲要》等一系列重要文件，把中医药发展纳入国家发展战略。中药材产业是云南高原特色现代农业、生物医药和大健康产业的重要组成部分。"十三五"期间，中药材在中医药事业和健康服务业发展中的基础地位更加突出，利好政策不断加力，中药材产业取得了长足的发展。2017年，《中医药法》正式颁布实施，2019年《中共中央国务院关于促进中医药传承创新发展的意见》发布，中药材产业迎来了振兴发展的大好机遇，充分体现了党和政府对广大人民群众安全有效用中药的高度重视。多年来，中药材产业围绕"有序、安全、有效"的发展目标，涌现出一系列的成果，极大推动了产业的发展进程。不仅成为脱贫攻坚的重要抓手，也正在乡村振兴道路上发挥突出作用。

第一节　中药材产业发展历程

云南是一个多民族省份，也是全国中药资源最丰富的地区，在各族群众长期防病治病的实践中，形成了以中医药为主，傣、彝、藏、苗、壮、白等其他民族民间医药并存，多元一体的中医药体系，成为云南民族文化的重要组成部分及宝贵资源。而这些宝贵的资源使得云南成为名副其实的中医药"大"省。

"十三五"以来，云南在中医药综合改革、中医医疗机构建设、中医药人才培养、中医药科研和医疗能力建设、对外交流合作和中医药文化建设方面做了大量工作，用实际行动切实把祖先留下的宝贵财富传承好、发展好、利用好，努力让云南这个中医药"大"省加速跑向"强"省。

中医药为人类健康做出了重要贡献。党的十八大以来，党中央始终重视中医药事业发展。云南省委、省政府高度重视中药材产业发展，把中药材作为打造世界一流"绿色食品品牌"的重点产业来推动。

中药材是中医药事业传承和发展的物质基础，云南道地药材品质优良，素有"药材宝库"的美誉。近年来，云南中药材产业发展取得了一定成效，但中药材高产低质、农残及重金属超标、产量失衡、连作障碍严重和土地资源短缺等问题突出，制约了中药材产业的持续健康发展。

充分利用云南广阔的林下空间资源，依托院士专家团队研发的林下中药材生产新技术，大力发展林下中药材，让中药材回归山野林中，推行中药材生态种植、仿野生种植，能有效提高中药材品质、保护耕地、促进林木生长，拓展绿水青山向金山银山转化路径，对推动中医药高质量发展、保障人民健康、巩固拓展脱贫攻坚成果、助推乡村振兴等，均具有十分重要的意义。

云南森林资源丰富，林下空间广阔，生态环境良好，具有发展林下中药材的优越条件。据2020年森林资源监测报告，全省人工商品林（有林地）面积8000余万亩，历年退耕还林面积1600余万亩，可用于发展林下中药材。特别是大面积的核桃、澳洲坚果、油茶等经济林，应积极发展林下中药材，以药养林、以药促林。

为科学、规范发展林下中药材产业，依据《中共中央 国务院关于促进中医药传承创新发展的意见》（2019年10月20日）、《国务院关于印发中医药发展战略规划纲要（2016-2030年）的通知》（国发〔2016〕15号）、《国务院办公厅印发关于加快中医药特色发展若干政策措施的通知》（国办发〔2021〕3号）、国家发展改革委等十部门《关于科学利用林地资源促进木本粮油和林下经济高质量发展的意见》（发改农经〔2020〕1753号）和《中共云南省委云南省人民政府关于促进中医药传承创新发展的实施意见》（2020年10月19日）等文件精神，云南省林业和草原局组织编制了《云南省"十四五"林下中药材产业规划》，提出"十四五"期间林下中药材产业发展的总体思路、发展品种与总体布局、重点任务、林地监管与生态监测评估、实施保障等。该规划是规范和引导全省林下中药材产业发展的指导性文件。

第二节　中药材产业发展概况

一、发展优势

（一）天然资源优势

云南位于中国西南边陲，中医药资源丰富、民族医药多，且有兰茂医学等，素有"药材之乡"的美誉。云南具有两个特点：一是多样性，二是原生态。云南有森林、沼泽、灌木丛以及荒漠等各种生态系统类型，这些陆生生态系统几乎包括了地球上的所有生态系统类型。就植物而言，数千米的垂直分布范围内就囊括了在地平线上从赤道到极地的大部分植物类型。由于云南拥有复杂的自然地理条件，多种药材都得到了有利的生长环境。

我国的中药资源种类约有 12807 种，其中药用植物有 11146 种，占全部种类的 87%；云南境内共有天然药物资源 659 种，占全国总数的 51.4%，其中药用植物 6157 种，是全球生物多样性最丰富、最集中的地区之一。云南出产的药材多达 1000 余种，占全国药材品种的 70%，是我国著名的药材之乡，其中，灯盏花、三七、石斛、天麻、虫草、当归等品种，在国内外均享有盛誉。灯盏花在云南分布较广，占全国总量的 95%，文山的三七是云南特有的中草药资源，产量占全国总产量的 86%，石斛产量占全国总产量的 60%以上，中成药中的"云南白药"誉满全球。2020 年，全省中药材产业农业总产值达 352 亿元，占全国比重达 11.63%，全省 3000 多个中药材业合作组织的农户户均收入 3 万元，全省 88 个贫困县中药材覆盖面积突破 600 万亩。全省现已建立了以文山三七、昭通天麻、楚雄道地药材、西双版纳南药、滇西北高山药材为主的五大中药材种植基地，形成了品明高新区、玉溪高新区、楚雄经开区、文山三七产业园等一批特色"云药产业集群"。云南现有 60 个"云药之乡"、65 个定制药园、30 余种道地药材、30 余种药食同源的中药材物质、50 余种可用于保健食品的中药材。

各国对中草药的需求日益增长，打开了云南中草药的国际市场。在《本草纲目》之前，已有明代医药家兰茂所著的《滇南本草》，兰茂医学推动了中医药学在云南等地的发展，云南也以其地理优势和物资条件逐步为推动中医药的国际化进程做出贡献。2001年，美国FDA出台的《天然植物药品研究指南》（草案）和欧洲公布的《传统药物产品法令》（草案）为中草药进入美国和欧洲市场提供了准入标准，为中草药走向国际提供了机遇。云南中医学院也保持着和西班牙以及法国的合作，并以远程教育的方式将中医药相关课程传递至拉丁美洲，也为东南亚培养了很多留学生。在地理位置上，云南与大湄公河流域国家接壤，很多医学流派、文化都是相通的，这使医药学的交流具有了优势。如今，中医药已成为中国与世界各国开展人文交流的重要内容，传播到183个国家及地区，中医药的国际市场不断扩大，促进了东西方文明交流与合作。云南出产的药材达1000余种，占全国药材品种的7%，是我国著名的药材之乡，其中灯盏花、三七、石斛、天麻、虫草、当归等品种，在国内外均享有盛誉。灯盏花在云南分布较广，占全国总量的95%，文山的三七是云南特有的中草药资源，产量占全国总产量的86%，石斛产量占全国总产量的60%以上，中成药中的"云南白药"誉满全球。

（二）药材种类优势

根据气候特点和地理纬度，把云南省的道地药材划分成6个片区：

1. 滇西北和滇东北为主的寒温带和中温带

主要野生药材资源有冬虫夏草、川贝母、云黄连、胡黄连、大黄、天麻、黄精、珠子参、玉竹、猪苓、重楼、山珠、半夏、天南星、羌活、茯苓、天门冬、三分三等。

2. 滇西北和滇东北高原为主的南温带

主要野生药材资源有天麻、雪上一枝蒿、半夏、鱼腥草、茯苓、龙胆草、淫羊藿、重楼、玉竹、何首乌、川楝子、金荞麦、杜仲、黄柏、厚朴等。

3. 滇西中山、滇中高原盆地、滇东北为主的北亚热带

主要野生药材资源有贝母、珠子参、雪茶、雪莲花、天麻、山药、红花、川芎、猪苓、重楼、茯苓、大理藜芦、金荞麦、续断、木瓜、乌梅、天南星、防风、龙胆草、黄芩、滇丹参、草乌、半夏等。

4. 滇东南岩溶山原为主的中亚热带

主要野生药材资源有石斛、金银花、灯盏花、龙胆草、滇丹参、仙茅、吴芋、马钱子、青叶胆、大黄藤、通关藤、马槟榔、何首乌、半夏等。

5. 滇西南中山宽谷为主的南亚热带

主要野生药材资源有石斛、诃子、龙胆草、天门冬、砂仁、胡椒、萝芙木、雷丸、仙茅、荜茇、千张纸、苏木、金银花、蔓荆子、郁金、女贞子、何首乌、鸡血藤、大黄藤等品种。

6. 滇南边缘中低山为主的北热带

以元江、元谋、宾川等地河谷为代表的干热地区，主要野生药材资源有吴芋、诃子、蔓荆子、红花、川楝子、姜黄、芦荟、补骨脂、佛手、乳香、没药、香橼、苏木等品种。以景洪、勐腊、河口、孟定等地为代表的湿热地区，主要野生药材资源有砂仁、草豆蔻、木蝴蝶、苏木、肉桂、郁金、莪术、姜黄、儿茶、荜茇、槟榔、石斛、龙血树、千年健、胡椒等南药。

目前，云南认定和支持建设"云药之乡"60个，建成滇东南三七、滇东北天麻、滇西北高山药材、滇中民族道地药材五大药材种植基地，加快区域产业结构调整，带动群众增收致富。构建了三七、灯盏花、石斛、天麻4个中药材大品种省级产业技术创新战略联盟，以中药材种植养殖核心关键共性技术的解决为突破口，形成一批在全国具有影响力的产品，其中，文山三七、昭通天麻、红河灯盏花、龙陵紫皮石斛、广南铁皮石斛、福贡云黄连6个品种获准实施国家地理标志产品保护。

二、发展规模

（一）种植面积

第三次资源普查数据显示，自2016年以来，云南中药材种植面积稳居全国第一，是全国道地药材主要产区之一。其中，2018年全国中药材种植面积为5120万亩（3.41×10^6公顷），云南省达794万亩（5.29×10^5公顷），在全国占比达15.51%，较2017年的747万亩（4.98×10^5公顷）增加了47万亩（3.1×10^4公顷），较2016年的665万亩（4.43×10^5公顷）增加了129万亩（8.6×10^4公顷），2年增幅达19.4%。重点推进中药材绿色、有机、GAP

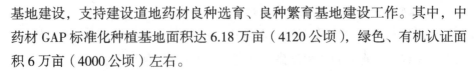

基地建设，支持建设道地药材良种选育、良种繁育基地建设工作。其中，中药材 GAP 标准化种植基地面积达 6.18 万亩（4120 公顷），绿色、有机认证面积 6 万亩（4000 公顷）左右。

（二）种植区域

云南发展中药材种植，采取的主要举措包括强化区域布局，适度规模发展；突出重点品种，提升产业效益；培育新型主体，提升产业水平。云南以产业链为主线，以昆明、曲靖、玉溪、楚雄、红河、文山等产业园区为依托，在滇中、滇南、滇东南、滇西北、滇东北等适宜种植区，发展道地优势大宗药材；在保山、红河、文山、普洱、西双版纳、德宏、临沧等地，发展南药种植。云南还在中药材种植、养殖主产区布局 30 个重点县市区，配套建设标准化、规模化、集约化基地。

（三）种植规模

2018 年，全省中药材种植面积达 794 万亩（含药食两用药材），产量 104 万吨，中药材标准化种植基地面积超过 120 万亩，其中，建设中药材良种繁育基地 103 个、规范化种植（养殖）科技示范园 144 个，200 亩以上规范化药材种植基地 600 个。目前，三七、重楼、砂仁等 16 个中药材品种种植面积突破 10 万亩，三七、滇龙胆、重楼、砂仁、草果、灯盏花、茯苓、木香 8 个品种种植面积和产量占全国种植面积和产量的 50% 以上，其中，三七、灯盏花产量均占全国总量的 90% 以上，全国现有 35 大类、43 个剂型、5000 多个品种的中成药，其中使用云南中药材的就达 3500 多种。

三、产业地位

云南是"药物宝库"，药用生物资源有 6559 种，中药资源种类总数和药用植物总数分别占全国的 51.4% 和 55.4%，全国大宗药材品种 40 种，云南有 10 种，占比 25%。《2022 年云南省中药材种植养殖行业协会产业发展报告》显示，2021 年，全省中药材产量 127 吨，实现综合产值 1621 亿元，创历史新高。近年来，云南实施道地中药材提升工程，围绕"十大云药"品牌，开展中药材良种选育、优良品种扩繁推广和品种栽培技术研究及应用，加快培育中药材"一县一业"示范县和特色县。2021 年，中药材产量超过 5 万吨的州市有曲靖市、文山州、红河州、大理州、普洱市、楚雄州、玉溪市、昭通市 8 个，其中，文山州产值 67.58 亿元，曲靖市 61.92 亿元，中药材产业已经成为促进农业农村经济发展和农户增收致富的重要支撑产业。

在中药材种业领域，云南建立了省级药用植物滇西北中药材种质资源圃、南药种质资源圃、三七种质资源圃等多个种质资源圃，收集不同中药材种质材料上万余份，有效提升了中药材种质资源保护和高效利用。选育登记 11 种云药品种 100 余个，审定中药材良种 5 个，建成中药材良种繁育基地 103 个。在绿色化有机化建设方面，近年来，通过云南农业主管部门持续高位推动"三品一标"工作，有效引导云南中药材生产朝向规范化、绿色化、有机化方向发展。2021 年，全省共建设中药材标准化基地 165.5 万亩。全省有 5 家企业 5 个产品获得绿色食品认证；127 家企业获得 150 张有机产品认证证书，获证产品 320 个，有机基地面积 16.91 万亩。林下中药材有机种植研究取得突破，全省林下中药材种植面积 350 万亩，探索出一条由传统种植向林下种植换道加速的绿色发展道路。在品牌建设方面，云南提出"十大云药"品牌打造工程，2020 年以来，初步推选出三七、滇重楼、滇龙胆、砂仁、云茯苓、云木香、云当归、铁皮石斛、天麻、灯盏花"十大云药"品种，在种植规模、产量、农业产值方面持续发力，成为云南中药材特色优势品种的典型代表，引领云南中药材产业发展。

经过 9 年的探索发展，云南中药材追溯体系已走在全国前列。2021 年，云南中药材追溯信息公共服务平台有 139 家企业入驻，品种 30 个，涉及中药材有效追溯面积达 50 万余亩。云南 38 家追溯企业获得"中药追溯""云药追溯"双标联用授权证书。"来源可查、去向可追、责任可究"的中药材流通追溯体系为云南药材在国内外市场建立消费信任提供了保障。

第三节　中药材产业发展特色

一、种植端"一稳两增"，特色品种优势明显

"一稳"，2021 年，种植面积 901.6 万亩，较上年持平略增。

"两增"，2021年，产量127.25万吨，较上年增长10.82%；综合产值达1621.02亿元，较上年增长35.66%。中药材种植区域覆盖全省16个州市，各县市区均有不同品种、不同规模种植。其中以三七、天麻、滇重楼为主的十大云药品种种植区域相对集中。

全省中药材种植品种有三七、天麻、滇重楼、灯盏花、石斛、云木香、云当归、白及、滇黄精、云茯苓等50余个，养殖品种主要有美洲大蠊、水蛭。种植规模上，草果、生姜、砂仁等16个品种种植面积已超10万亩；生姜、红豆杉、草果等10个品种年产量已超2万吨；生姜、重楼、三七等12个品种农业产值超10亿元。如图9-1所示。

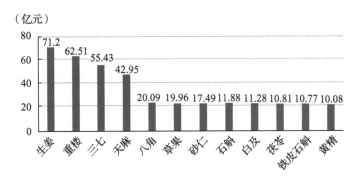

图9-1　2021年年产值超10亿元的中药材品种

二、市场经营主体日渐壮大

2021年，全省共有中药材生产企业1404户，其中中型规模企业以上273户，主营业务收入569.5亿元；年销售收入超亿元的企业有44户，其中超100亿元企业1户，10亿~100亿元企业2户，5亿~10亿元企业5户，3亿~5亿元企业10户，1亿~3亿元企业26户。

三、绿色有机发展成效明显

2021年，全省有5家企业5个产品获得绿色食品认证；127家企业获得150张有机产品认证证书，获证产品320个，有机基地面积16.91万亩。中药材GAP基地认证数20个，GAP认证基地规模1.79万亩，GAP认证基地产品产量（干品）2470 吨。216 个中药材基地获得省、州（市）、县（区、市）级"绿色食品品牌"产业基地认定，其中省级基地 24 个。全省已评选出 103 个"定制药园"，总种植面积约 47 万亩，其中，认定品种种植面积约 30 万亩，总产值约 34 亿元，认定品种总产值约 20 亿元。

四、加工增值效益显著

2021 年，全省有 387 家企业从事中药材加工，全年药材加工产量 48.51 万吨，其中，中药材 38.6 万吨，中药饮片 4.58 万吨，中成药 3.82 万吨，提取物 1.51 万吨。全省全年加工产值达 1068.95 亿元，加工产值与农业产值之比为 2.4∶1，成效显著，有力促进全产业链发展。

五、科技创新支撑有力

2021 年，昭通市彝良县与中国医学科学院药用植物研究所、中科院昆明植物所、云南大学等科研院校合作，建立专家工作站、天麻种质基因库、天麻研发中心、天麻"两菌"厂等，筛选培育本地天麻"两菌"菌株 12 株，申报国家发明专利 2 项；相关科研机构开展了仙茅、红芽大戟等珍稀濒危药用植物的种子种苗繁育技术研究，获得草果、红根野蚕豆、天门冬等种苗组培繁育技术发明专利 10 余项。139 家中药材生产企业上线"云药量追溯平台"，30 个中药材品种实现追溯。

经商务部门授权，云南省中药材种植养殖行业协会对 38 家优秀追溯企业进行"中药追溯"和"云药追溯"追溯产品标识"双标授权"，发放追溯证书 47 个。云南省农业科学院药用植物研究所分两批次将草果、滇重楼、天麻等药用植物种子送上太空，进行航天育种实验。云南省农业科学院药用植物研究所、云南农业大学等单位开展了白及、滇重楼、滇黄精、云木香、石斛、贝母、砂仁、草乌、薏仁、半夏、紫金龙、板蓝根、刺五加、金线莲、岩白菜等 17 种药用植物的品种选育工作，选育登记新品种 18 个、认定良种 20 个。同时，颁布了省级地方标准 17 个，地市级地方标准 11 个，团体标准 23 个（省中药材种植养殖协会首次颁布）。

六、品牌培育与市场拓展成效凸显

全省中药材区域公共品牌建设成效明显，现有龙陵紫皮石斛、玉龙滇重楼、马厂当归 3 个农业农村部登记的农产品地理标志产品，昭通天麻、维西当归、文山三七等 17 个获得地理标志证明商标，广南铁皮石斛、芒市石斛、福贡云黄连等 6 个获得地理标志保护产品，地标产品数量居全国前列。以"10 大名品"评选为契机，中药材企业品牌效应日益凸显，自 2018 年以来，连续 4 年累计评选出 25 家"10 大名药材"企业，"七丹"牌三七、"豹七"牌三七、"腾药"牌美洲大蠊、"万绿"牌芦荟粉、"品斛堂"牌石斛、"滇及"牌白及、"龙津"牌灯盏花、"央坷"牌藏红花、"高山生物"牌铁皮石斛等一批云南知名药材品牌逐步立足省内、走向全国。

市场拓展方面：2021 年，全省中药材系列产品销售量 39.89 万吨，其中中药材 30.99 万吨，中药饮片 4.07 万吨，中成药 3.48 万吨，提取物 1.35 万吨。全省中药材系列产品出口 4765.60 吨，较 2020 年增长 83.68%，出口额 2808.70 万美元，较 2020 年增加 56.07%。

2021 年，全省中药材种植实现农业产值 445.07 亿元，中药材产业从业农民人数 133.72 万人，人均创造产值 3.33 万元。例如，彝良县围绕天麻产业共培育发展生产经营主体 22 家，组建天麻产业协会 4 家、天麻种植专业合作社 54 家，联结农户 9000 余户，建立稳固利益机制，年产鲜天麻 1.3 万吨，产值 9 亿余元，麻农人均增收 6000 元以上，有效推动了天麻产业的发展，有力促进了农户增收。文山州以三七为主的中药材种植、加工、销售市场解决长期用工近 2.1 万人，临时用工近 1600 万人次，为群众增收近 20 亿元。

第四节 中药材产业高质量发展路径

一、云南中药材产业发展面临的突出问题

（一）种源繁杂、良种少

目前，云南大部分药材尚未开展科学育种，野生种、栽培种和地方类

型、生态类型、化学类型相互混杂，导致中药材产品的品种不纯、性状和有效成分含量不稳定。10 大云药品种虽然确定，但为正式对外，以名品、优势品种引导中药材种植向道地品种集中，提供更好的优质中药材资源方面还存在欠缺。

（二）标准化规模化生产程度低、产地初加工不足

全省标准化基地 165.47 万亩，仅占总面积 901.6 万亩的 18.35%；获得绿色食品认证的中药材基地面积仅有 1400 亩，获得有机产品认证的基地面积 16.91 万亩，占比更低。全省种植面积全国领先，但规模化和标准化种植生产的基地十分有限，药材种子、土壤、农药及药材采收、加工、储藏等全过程的质量管理措施难以有效实施，导致药材质量参差不齐，难以达到统一标准。各品类中药材的产地初加工、趁鲜加工率较低，一定程度影响了中药材原料的质量，如三七等产地初加工率相对较高的也仅达 30% 左右。同时，从事中药材加工企业数 387 家，仅占全省中药材企业总量的 27.56%。

（三）品牌培育建设力度不够

作为中药材品种供给量占全国 50% 以上的大省，企业品牌意识相对薄弱，品牌宣传推广意识不强，推广方式单一，知名区域品牌、产业品牌、企业品牌等集群形成缓慢。虽然通过"绿色食品品牌"打造，形成"十大名药材""绿色食品品牌"省级产业基地等企业品牌及文山三七、昭通天麻等产业性公共品牌，但品牌影响和市场竞争效应不明显。

二、"十四五"中药材产业主要趋势

（一）道地药材发展提速，优质中药材需求持续增强

中医药在健康养生和防病治病领域发挥着不可替代的作用，道地药材是我国传统优质药材的代表，发展日益受到重视。

一是随着"健康中国"战略的深入实施，人民健康需求发生改变，中药材质量和安全性成为关注的焦点，2021 年国务院印发《关于加快中医药特色发展的若干政策措施》，提出"实施道地中药材提升工程"，是继《全国道地药材生产基地建设规划（2018-2025 年）》后又一有利政策，将使道地药材质量更优。

二是我国 2021 年底进入深度老龄化社会，比预测时间提前 4 年，对老年人慢性病防控和健康促进方面的关注度会逐步提升，将使道地药材需求更旺。

（二）市场供求错位日趋严重，供给侧结构性改革势在必行

中药材生产的供给侧存在着发展不平衡不充分的问题，供过于求和供需错位现象日趋严重，粮食价格的低迷和乡村振兴的发展，促使中药材种植面积呈现井喷式增长，而中药材供需缺乏权威统一的信息发布渠道和制度，供需脱节导致跟风种植现象严重。坚持高质量发展是我国经济工作的根本要求，重规模、求速度的中药材产业旧模式已不适应目前的发展形势，重质量、求效益的新方向是必然选择。中药材产业高质量发展应该以需求为导向进行供给侧结构性改革，真正实现中药材产业的"有序、安全、有效"。在助推乡村振兴的道路上，中药材产业的供给侧结构性改革势在必行。

（三）生态种植成核心生产方式，接续助力乡村振兴

在"不向农田抢地，不与草虫为敌，不惧山高林密，不负山青水绿"的中药生态农业"四不宣言"的指导下，越来越多的中药材企业开展生态种植模式的研究与实践，在欠发达地区应用林下种植、拟境栽培、野生抚育等生态种植模式，在乡村振兴中发挥积极作用，更是"两山"理论的生动实践。2020 年，《国务院办公厅关于防止耕地"非粮化"稳定粮食生产的意见》发布后，在森林、草原、宜林荒山荒地荒滩、退耕还林地等区域开展林草中药材生态种植成为中药材生产的首选模式。同时，陕西、云南、甘肃、福建等地陆续出台深化落实《中共中央国务院关于促进中医药传承创新发展的意见》的举措，明确提出推进中药材生态种植的具体目标。国家中医药管理局在各省设立"道地药材生态种植及质量保障"项目，全国农业技术推广服务中心也要求各省组织实施中药材生态种植技术集成与示范推广。可以预见，生态种植作为中药材的核心生产方式，在乡村振兴中大放异彩。

（四）推进生产布局，因地制宜发展道地药材生产

《全国道地药材生产基地建设规划（2018–2025 年）》的细化和落实正在进行，因此各地中药材生产和布局仍然存在一定的盲目性。建议进一步加快道地药材生产布局。

首先，依据《全国道地药材生产基地建设规划（2018–2025 年）》和《道

地药材标准汇编》等著作，因地制宜选择品种，制定出台切实可行的产业优惠和保护政策，避免盲目引种和扩充产区，引导非道地产区逐步退出道地药材生产。同时，利用第四次全国中药资源普查成果，建立中药动态监测网络和种质资源保护体系，划定野生道地药材资源保护红线区域，进行保护和资源恢复，实现资源的永续利用。

其次，建议把中药材生产统计纳入国家常规统计制度。以中药材主产区为主要区域，以大宗、常用、道地药材为主要对象，建立全国中药材生产统计平台，服务宏观决策和生产规划。

再次，加大对种植基地的支持力度，加强示范引导和宣传力度，优先支持中药企业自建基地、专业合作社等有稳定销路的道地药材生产基地，实现在原有基地基础上提质增效，避免人为盲目扩大生产。针对当前部分传统知名道地药材受经济效益影响出现萎缩的情况，开展适度恢复。

最后，决策导致的总产量和价格大幅度波动，推动建立以优质优价为导向的价格形成机制。

（五）保障种植用药安全，加快推进专用农药登记工作

在登记中药材农药种类上，应以高效、低毒、环境友好为标准，简化审批程序，加快登记进程，解决中药材生产无药可用的问题。

一是加强特色小宗作物用农药登记方式的中药材农药登记管理，进一步加强用药情况调研，形成有害生物目录，完善和细化中药材药效试验群组名录；结合生产区划研究遵循道地性要求，编制中药材用药登记药效试验区域指南；完善中药材残留试验群组分类，选择常用中药材中残留量高的作为代表。

二是农药管理部门可以适当简化中药材农药产品审批过程，对于已在其他农作物上使用的低毒农药产品，如需扩大到中药材上使用，登记主体只需要提供田间药效试验报告、针对中药材的安全性报告，以及在药用部分的残留报告等资料，审查通过即可获产品登记。

三是地方政府可根据地方特点，设立专项资金，组织中药材用农药产品筛选，筛选一批对本地中药材病虫草害防控有效、对中药材本身安全的农药产品以备登记。

（六）加强应用示范，促进中药材流通追溯体系建设

随着全国中药材和饮片质量监管力度的不断加大，中药材原料生产环节的地位不断上升，中药企业和第三方服务平台正不断增加对中药材生产环节的投入，推动了中药材流通追溯体系的建设进程。要实现全产业链的可追溯，加强种植源头的质量管理，实现追溯体系向种植端前移是建设全产业链追溯体系的关键。中药产业具有"链条长、范围广、问题多"的特征性质，实质上是一个药品市场嵌套一个资源市场（类似于农林产品市场），这种产业形态非常独特，因此，建议：

一是加强应用示范，兼顾种养、加工、收购、储存、运输、销售等追溯信息的同时，更要关注中药材的药品属性。影响中药材质量的关键要素，如基原准确性、是否使用禁限用农药、是否抢青采收等，也是追溯至关重要的环节。

二是政府推动追溯的同时，生产和经营者更应该承担起中药材质量把控的主体责任，尽快连入全国中药材供应保障平台等已有的一体化追溯系统，降低企业系统研发成本，提供各环节的追溯信息，加强风险防范意识。

三、加快推进云南中药材产业发展的对策建议

（一）强化政策支持

强化财政政策和资金支持，加大对中药材产业发展的扶持力度。建议加大公共财政专项资金投入，支持中药材产业快速发展，重点支持良种繁育、标准化种植（养殖）基地建设、质量标准体系建设、精深加工、市场开拓和品牌培育等环节。同时，建立省级相关部门协调工作机制，发挥好产业工作专班和专家组作用，紧盯重要工作、重点任务、重大项目的实施，推动产业快速发展。

（二）加大企业扶持

龙头企业是产业发展的核心，要通过内培外引相结合，快速做大产业发展的龙头。

一是加大本地现有龙头企业扶持。引导社会资源和关联企业向龙头企业聚集，提高龙头企业核心竞争力，鼓励重点龙头企业通过兼并重组等多种方

式做大做强。

二是积极引进行业领军企业。主动对接长三角、珠三角、粤港澳大湾区、成渝地区、京津冀等重点区域积极开展精准招商对接，引进一批附加值高、带动力强的重大项目，引进行业龙头企业和高科技企业等，打通产地与市场通道，发展一批基础较好的相关配套企业。

（三）加强品牌培育与宣传

实施"云药"品牌打造工程。支持挖掘云南中药（民族药）文化资源，传承和弘扬云南优秀传统医药文化，创建文化底蕴深厚的"云药"整体品牌形象。支持中药材特色品种、大品种、药食两用品种原产地、主产区、集散地申请地理标志保护，打造知名区域品牌和民族药材品牌。持续加强"10大名药材"品牌培育，抓好名品名企宣传，持续提升"云药"品牌形象。支持各地开展以"药材"为主题的各种旅游节、文化节等活动，支持各地在国内重点城市、机场、高铁站等重点区域投放广告，加大宣传，支持龙头企业积极参加各类展销推介、评选活动。

四、阅读资料

（一）云南玉龙：科技助力中药材产业高质量发展

近日，丽江·玉龙绿色中药材产业发展推进会在玉龙县党校园区举行。中国中医科学院首席研究员叶祖光、云南农业大学副校长杨生超、甘肃农业大学教授栗孟飞等省内外嘉宾相聚玉龙，共同为推动玉龙县中药材产业绿色发展献计献策，助力乡村振兴。

玉龙县地处金沙江流域，跨横断山脉和滇西北高原，生态环境优越，立体气候明显，拥有独具特色、丰富多样的中药材资源，素有"药材王国"美誉。境内有264科2010种中药材，占《中药大辞典》入典药物的34.9%，先后被云南省科技厅、云南省食品药品监督管理局认定为第一批"云南省云药之乡"，被中国林业产业联合会授予"中国林药之乡"，是名副其实的中国中药源头县之一，也是云南"一县一业"中药材特色县和最早获得"云药之乡"认定县之一。

近年来，在丽江市委、市政府的坚强领导下，玉龙县委、县政府立足资源优势，面向市场，突出道地特色，以农民增收为目标，积极探索实践政府引导、企业主导、群众参与的"多元化"中药材产业绿色发展模式，用玉龙效率和玉龙速度全力保障中药材产业的持续、健康发展。

在玉龙县鲁甸乡拉美荣中药材种植基地，秦艽、木香、当归、滇重楼、珠子参等中药材一片连着一片，长势良好。数据显示，玉龙县鲁甸、巨甸、九河、石头、塔城、太安、黎明等10多个乡镇都有种植中药材。2022年，全县有中药材种植农户29606户、药农91725人，中药材种植面积达15.65万亩，综合产值突破27.3亿元，中药材产业真正成为玉龙县群众增收致富的生态支柱产业，为促进农民增收致富、巩固拓展脱贫攻坚成果和玉龙乡村振兴提供了强有力的产业支撑，走出了一条高原特色产业发展之路。

"秦艽、木香、滇重楼已经成为我们玉龙的三大道地药材，在市场上有一定的品牌影响力。"玉龙县山芸药业有限责任公司董事长和振全介绍，公司以创建智慧农业、订单农业的特色发展模式，通过统一推广、统一管理、统一采收、统一加工、统一销售模式与农户建立利益联结机制发展中药材种植，已建有多元化产品标准化种植基地30000亩，可实现年中药材产量5000吨，年加工中药材8000吨规模，其切片加工的秦艽、木香等道地中药材，深受国内外药企欢迎。

"这里95%以上的村民都参与了中药材种植，氛围非常好。走在这片土地上能感受到每个细胞里都浸透着中药的味道，这是对每个做药人最大的安慰。"站在玉龙县鲁甸乡拉美荣中药材基地的当归地里，云南农业大学副校长杨生超说，玉龙县是云南中药材种植历史最悠久、最具特色的地方，也是全省中药材产业高地。从云当归、云木香、秦艽到川贝母、滇重楼、附子、冰球子等50余种中药材种植历史来看，鲁甸乡的中药材品种稳定且极具特色，非常适合发展中药材种业，建设中药材种业基地。

甘肃农业大学教授栗孟飞在参观完鲁甸、太安当归种植基地后也表示，玉龙的中药材种质资源非常丰富，就当归而言玉龙县的种质种源有得天独厚的优势。玉龙县与甘肃当归主种植区的海拔相近，如果玉龙在当归育种方面取得良好的发展，能实现南育北种，那么对全国当归产业来说都是一个利好消息。

"群众参与度高，不管是滇重楼还是珠子参等名贵中药材的种植规模都值得肯定。"贝泰妮研究院执行院长王飞飞参观完玉龙县鲁甸乡中药材种植基地后说"很震撼！"作为贝泰妮公司和云南特色植物提取实验室负责人，王飞飞特别希望能与玉龙县的中药材种植户合作，根据市场需求去打造特色种植基地，为玉龙中药材绿色产业发展贡献一份力量。

就在丽江·玉龙绿色中药材产业发展推进会召开当天，云南省玉龙纳西族自治县中药材产业科技特派团启动仪式也同步举行。

云南省玉龙纳西族自治县中药材产业科技特派团团长、云南农业大学教授梁艳丽介绍，特派团由云南农业大学主持，丽江市农业科学研究所、玉龙县科技局成果转化中心、玉龙县鲁甸山芸药业有限责任公司等参加，将从云当归、云木香、秦艽等现有骨干品种的良种选育、规范化种植技术升级；构建川贝母等特色资源品种驯化栽培及规范化种植技术体系；构建省、市、县、乡联动的产业技术服务体系方面开展工作，提升骨干品种产区竞争力，带动产区中药材产业健康可持续发展。

杨生超表示，希望通过科技特派团这种方式，切实帮助政府、企业、农户解决一些实际问题。同时通过品种选育、创建种业基地，提升骨干品种竞争力，进一步培育龙头企业，最终提升玉龙县中药材产业产区的核心竞争力，促进玉龙县中药材绿色产业高质量发展。

（二）产值超 10 亿元：云南禄劝蹚出中药材发展之路

近年来，云南禄劝通过"探索、夯基、先试、搭桥、推广"，走出一条中药材回归山野林间"绿色通道"，中药材产业已经成为禄劝县巩固拓展脱贫攻坚成果同乡村振兴有效衔接的支柱产业。

1. 探索：取经林下中药材种植技术

随着禄劝中药材产业发展瓶颈的出现，以及国家防止耕地"非粮化"战略的实施，禄劝积极研究中药材产业转型及发展出路。通过专题研讨及充分论证，禄劝县委、县政府将目光转移到经济林上。禄劝有林地496.9万亩，森林覆盖率达到61.6%，做好林下经济文章，被视为中药材产业发展新出路。

基于此，禄劝派出农技团队带领相关经营主体到安徽、贵州、陕西等林下中药材发展较好的地方，对种植品种、菌种培育、穴盘育苗、病害防治等进行系统学习，带回了林下中药材产业发展的新技术。

2. 夯基：壮大林下中药材农技推广队伍

禄劝县组建了中药材产业发展办公室。该办公室为禄劝县农业农村局下属副科级单位，配置技术推广人员5人（其中高级农艺师3人），主要负责中药材产业发展规划及技术推广服务。招募6名特聘农技员，长期开展中药材种植技术推广。

另外，禄劝县还力邀世界重楼分类专家、中科院研究员李恒（2023年1月12日已故），中南大学分子药物与治疗研究所所长徐明教授，在禄劝设立工作站；力邀云南省民族民间医药研究会常务理事兼秘书长关祥祖，在禄劝设立云南新兴职业学院新校区，开展中医药人才培训、中药材研发，为禄劝林下中药材产业发展提供技术支持。

3. 先试：建立林下中药材试验示范基地

为推进林下中药材种植技术落地，禄劝中药材产业发展办公室联系并邀请业内人士到禄劝考察，最终从安徽聘请重楼、天麻种植专家到禄劝开展长期指导，分别建立100亩林下重楼及林下天麻试验示范基地。

随着林下重楼及林下天麻试种成功，禄劝决定大面积进行推广，邀请业内专家召开禄劝林下天麻产业发展座谈会，大范围组织农技人员及相关经营主体参加林下中药材产业大会，学习林下中药材种植技术。

禄劝县邀请"中国南天麻之父"周铉（2023年1月15日已故），指导开展萌发菌、蜜环菌等天麻菌种培育，开展乌天麻种植。目前，禄劝已在轿子山周边建成万亩乌天麻示范种植基地，成为全县天麻种植技术示范推广及科普教育基地。

4. 搭桥：助力林下中药材科研成果转化

中药材的产业化发展，离不开科技支撑。为此，禄劝县分别与云南农业大学、西南林业大学、中科院昆明植物研究所等科研院所签订战略合作协议，在搭建林下中药材产业研发推广平台，开展行业关键共性技术攻关研发，促进科技成果转化，提升林下中药材产业化技术水平等方面开展长期战略合作。

禄劝县积极推进云南农业大学林下西洋参种植技术研究成果在禄劝落地，依托4家经营主体，建成300多亩林下西洋参种植示范基地，利用西洋参原生境与低纬度高山华山松林温光等生态因子相耦合和生物多样性控制病虫害的原理，在"三防两不准"（"三防"即防鼠、防盗、防火，"两不准"即不准使用化学肥料、不准使用化学农药）的管理制度下适量施用海藻提取物，开展林下有机西洋参种植试验示范。

5. 推广：大力培养林下中药材种植技术能人

随着林下中药材种植面积的扩大与种植技术的成熟，禄劝大力培养林下中药材种植技术人才。

2021年，禄劝县开设林下中药材种植高素质农民培训班，通过课堂教学、实地操作、考察学习等方式，培训林下中药材种植高素质农民320人次。还与云南新兴职业技术学院合作，组织开展林下中药材种植培训，培养本土林下中药材种植技术推广人才120人。

另外，禄劝县还在17个乡镇（街道）挂牌"农民夜校"，将林下中药材种植技术纳入"农民夜校"培训目录，林下中药材种植技术"叩响"千家万户的大门。

6. 成效：林下中药材种植实现"两高一低"

通过不断的摸索，如今，禄劝县种植林下中药材3.2万亩，实现综合产值10.45亿元，加工产值达2.38亿元。培育中药材种植、加工、销售企业136家，培育中药材种植、加工、销售专业合作社449家，培育家庭农场228家，培育滇黄精、滇龙胆5000亩以上连片种植基地2家。

禄劝林下中药材种植实现"两高一低"：高品质，即回归自然环境，不使用农药化肥，从生产过程保障药材质量，如轿子山林下天麻的天麻素高于全国其他产区，天麻素含量达0.39%，高于药典规定的0.25%的1.23倍；高效益，如轿子山林下天麻每平方米产量达到15.8公斤，高于其他产区，林下西洋参平均亩产60公斤，亩产值10余万元；低成本，与大棚种植相比，减少搭棚及农药化肥投入，降低综合成本50%左右。

通过中药材种植技术的推广，禄劝中药材品牌更加响亮，轿子山林下乌天麻获得有机产品认证，建成4个"绿色食品品牌"产业基地，多个品牌中药材连续多年被评为云南省昆明市绿色食品品牌"十大名中药材"，禄劝林下中药材种植技术标准体系正在逐步构建。

第十章

乡村旅游业

近年来，云南大力发展乡村旅游，积极推动乡村旅游融入脱贫攻坚、乡村振兴、区域协调发展等国家战略，充分发挥乡村旅游资源优势，培育了一批看得见山水、记得住乡愁、留得住乡情的乡村旅游目的地，打造了一批富有民族特色、体现文化内涵、彰显历史底蕴的乡村旅游精品线路，带动了一大批贫困群众建设和发展乡村旅游、共享乡村旅游成果，实现了增收致富，为全省脱贫攻坚、乡村振兴事业做出了积极贡献。

第一节 乡村旅游产业发展历程

（一）起步阶段（1980~1999 年）

20 世纪 80 年代，在国家对旅游业地位不断提升的推动下，云南开始探索旅游发展之路，乡村旅游在省会城市、旅游资源丰富的地区开始起步。例如，昆明石林旅游区旁边的五棵树村、大理蝴蝶泉边的周城、西双版纳的曼景兰村、德宏瑞丽的大等喊村等，村民依托旅游景区，自发地开展领略民族风情、体验农家生活、品尝民族风味、提供乡村民居旅馆、销售民族工艺品等品目繁多的乡村旅游活动，既丰富了周边旅游景区的旅游活动内容，又促进了景区周边农民的脱贫致富。20 世纪 90 年代，旅游业逐渐成为云南的支柱产业。1992 年，云南省政府在西双版纳傣族自治州举办了旅游发展大会，明确了云南旅游业的重点发展方向是边境旅游、民族文化旅游和乡村旅游。1994 年，云南省政府又在滇西北的现场办公会上提出，依托自然景观、民族文化、村寨特色，加快发展以体验自然风光、领略民族风情、感受乡村民俗为内容的观光旅游。1995 年，云南决定将旅游业培育为全省支柱产业，随后在 1997 年召开的全省五大旅游区规划会议上，明确把乡村旅游作为重要旅游产品积极进行开发和发展。在政府的积极倡导和推动下，云南省乡村旅游发展迅速。20 世纪 90 年代末，各地涌现了一大批具有一定规模的乡村旅游点，如昆明西山团结乡、西双版纳橄榄坝、丽江束河古镇、香格里拉"藏民家访"等。

（二）产品多元阶段（2000~2010 年）

迈入 21 世纪，随着可支配收入的增长和生活质量的改善，人们开始追求美好生活，且更注重精神上的追求。而旅游可以让人们对"诗和远方"的憧憬和向往变为现实，所以应需求而生，旅游产品种类开始多样化，旅游活动的内容和形式也在不断更新，这些都为乡村旅游的爆发式发展带来了可能。云南按照"以旅助农"的发展思路，率先在全国提出建设旅游特色小镇和旅游特色村的重大计划。2000 年，云南省政府召开了全省乡村旅游发展大会，提出要"发挥少数民族地区的旅游资源优势，大力发展乡村旅游，带动少数民族贫困地区脱贫致富，推动农业产业结构调整，促进农村经济社会发展"。2008 年，印发的《云南省加快乡村旅游发展指导意见》首次提到要开展乡村观光、休闲、度假和体验性旅游活动，乡村旅游成为社会主义新农村建设的重要组成部分，是加快城乡经济统筹发展、实现产业联动和以城带乡的重要途径。

（三）快速发展阶段（2011 年至今）

《云南省旅游产业"十二五"发展规划》将"开发一批城乡休闲旅游产品，推进环城游憩度假带、乡村旅游度假带旅游产品建设"作为优化旅游产品结构的主要任务。《云南省旅游产业"十三五"发展规划》也明确了要实施乡村旅游扶贫工程，重点建设一批旅游特色村，提升乡村旅游质量和水平。"十四五"时期，云南围绕"一环、两带、六中心"的发展布局，重点规划一批"云南最美乡愁旅游地""中国最美乡愁旅游带"和具有云南地域特色的乡村旅游精品线路。此阶段《关于加快乡村旅游扶贫开发的意见》《关于发展乡村旅游助推乡村振兴三年行动计划（2022-2024 年）》《云南省旅游民宿等级评定和复核实施方案》相继出台。当前，乡村旅游的发展模式已经从农旅融合过渡到农文旅融合，发展目标从脱贫攻坚过渡到乡村振兴，一批田园综合体、中国美丽休闲乡村、全国重点旅游村等品牌产品涌现。

第二节 乡村旅游产业发展概况

一、发展优势

（一）资源优势

云南是中国资源最富集的省份之一，资源总量居中国各省区市第六位，人均资源拥有量是全国平均水平的两倍。云南省是中国最重要的生物资源宝库。云南拥有全国 63% 的高等植物、70% 的中药材、59% 的脊椎动物等物种资源，生物资源是云南最具特色、最具优势的资源，是中国发展生物产业的一个"富矿"。

云南是中国重要的能源基地。境内有金沙江、澜沧江、怒江、红河、珠江和伊洛瓦底江六大著名水系流经，大河流 600 多条，拥有约 1 亿千瓦的水能资源，居全国第 2 位，可开发装机容量 9570 万千瓦，居全国首位。风能、太阳能、生物质能等一批新型能源也具有创造产业全国领先优势、赶上国际产业发展步伐的良好条件。

云南是最具吸引力的旅游目的地。云南北有雄伟壮丽的雪山冰川，南有广袤的热带雨林和珍稀动植物，西有蜿蜒奔腾的"三江并流"奇观，东有壮观的喀斯特岩溶地貌；"植物王国""动物王国""花卉王国"及 25 个少数民族所带来的集自然景观和人文景观于一体的独特旅游资源，古老悠久的人类遗址、恐龙化石及近代历史纪念物，使云南成为驰名中外的旅游胜地。

云南有最具持续发展潜力的生态环境。云南通过深入推进"七彩云南保护行动"和"森林云南"建设，开展生物多样性保护行动，建成自然保护区159 处；完成营造林 6685 万亩，森林覆盖率超过 54%；积极创建普洱国家绿色经济试验示范区，持续推动低碳省试点工作，生态环境进一步改善、生态承载能力得到进一步加强。未来，云南将逐步走向"生态云南""森林云南"和"宜居云南"的和谐状态。

（二）区位优势

云南是亚洲的地理中心，省会昆明是亚洲5小时航空圈的中心，是南北方向国际大通道和东西方向第三条亚欧大陆桥的交汇点，东与贵州、广西为邻，北与四川、西藏相望，西与缅甸接壤，南与老挝、越南毗连，和东盟、南亚7个国家相邻，紧靠"两湾"（东南方向的北部湾、西南方向的孟加拉湾），具有"东连黔桂通沿海，北经川渝进中原，南下越老达泰柬，西接缅甸连印巴"的独特区位。

云南地处中国西南边陲，东部与贵州省、广西壮族自治区为邻，北部与四川省相连。西北部紧依西藏自治区，西部与缅甸接壤，南部和老挝、越南毗邻。地处东亚、东南亚和南亚结合部的云南，将在构建第三大陆桥中发挥重要的枢纽作用。

（三）民族文化优势

云南少数民族众多，具有极大的民族优势：

一是云南少数民族民居建筑各具特色，丰富多样。建筑被称为"凝固的艺术"，如丽江古城、沙溪古镇、大理古城、建水古城、官渡古镇，这些吸引着四方游客，推动当地经济发展。

二是民族节日也丰富多彩，有的民族有许多节日，有的节日则是多民族所共有。这就充分体现出云南的文化多样性。

利用民族文化，既能发展文化，增强文化软实力，又能利用文化拉动当地民族素质的提高和当地经济的发展。

（四）气候优势

云南气候基本属于亚热带高原季风型，立体气候特点显著，类型众多、年温差小、日温差大、干湿季节分明、气温随地势高低垂直变化异常明显。滇西北属寒带型气候，长冬无夏，春秋较短；滇东、滇中属温带型气候，四季如春，遇雨成冬；滇南、滇西南属低热河谷区，有一部分在北回归线以南，进入热带范围，长夏无冬，一雨成秋。在一个省区内，同时具有寒、温、热（包括亚热带）三带气候，一般海拔高度每上升100米，温度平均递降0.6℃~0.7℃，有"一山分四季，十里不同天"之说，景象别具特色。

（五）交通区位优势

近年来，云南一直致力于建设中国连接南亚、东南亚的国际大通道，与周边国家的互联互通得到大力推进，国际大通道建设已初具雏形。目前，以航空为先导、以铁路和公路为骨干、以水运和管道运输为补充、以区域综合枢纽为联结，互通互联、高效便捷的现代化综合交通运输体系正在快速形成。其中，滇藏、成昆、内昆、贵昆、南昆、云桂、渝昆、沪昆 8 条铁路入滇，中越、中老、中缅、中缅印 4 条铁路出境，连接东南亚、南亚，辐射内陆腹地的"八入滇四出境"铁路网络正加快形成。全省公路通车里程达 23 万千米，高速公路营运里程达 3200 千米，2015 年达 4000 千米。目前，拥有 20 多条出境公路，已建成昆明到河口、昆明到磨憨、昆明到瑞丽、昆明到腾冲等以昆明为核心的"七出省四出境"高速路网。中越、中老泰、中缅和中印 4 条国际大通道云南境内段全部实现高等级化。云南境内河流纵横，主要有金沙江、澜沧江、红河、南盘江、怒江 5 条干流及其支流 63 条，长 14200 千米，其中可开发利用的航道有 8000 多千米。"两出省三出境"的航运网络可直通泰国、越南、缅甸三国，抵达我国华中、华东和华南地区，并连接港澳。目前，内河航运里程达 3109 千米，2015 年通航里程达 4000 千米。

二、发展规模

"十四五"期间，云南将继续推动乡村旅游高质量发展，助力乡村振兴。2021 年，我国人均 GDP 达 80976 元，按年平均汇率折算达 12551 美元，是 1978 年改革开放初期人均 156 美元的 80 倍，超过世界人均 GDP 水平。在中国经济快速增长的同时，广大农村地区依旧相对落后，农业发展慢、农村面貌差、农民不富裕的"三农"问题始终存在。2004 年以来，中央连续 19 年发布以"三农"为主题的中央一号文件，强调了"三农问题在中国特色社会主义现代化时期"重中之重的地位。2017 年，党的十九大报告首次提出乡村振兴战略，党的十九届五中全会将脱贫攻坚成果巩固，乡村振兴战略全面推进纳入"十四五"时期经济社会发展主要目标，提出"实现巩固拓展脱贫攻坚成果同乡村振兴有效衔接"的要求。

2023 年，云南旅游业迎来高速发展。云南作为中国南方的一个省，以其独特的地理环境和文化传统而闻名。2023 年，随着政府推动旅游业发展的力度加大，云南的旅游业迎来更大发展，为游客们提供更好的旅游体验；2023 年，云南旅游业的总收入超过 1000 亿元，达到历史新高。云南旅游业发达也将带动当地餐饮、住宿、交通等相关行业的繁荣，促进当地经济的发展。

三、产业地位

2016~2019 年，云南乡村旅游共接待旅游者 9.24 亿人次，占全省旅游接待人次的 39.3%；乡村旅游收入 7301.4 亿元，占全省旅游收入的 23.7%；全省累计直接从业者 56.17 万人、间接就业者 192 万人，综合带动 75 万贫困人口增收脱贫。"十四五"期间，云南将继续推动乡村旅游高质量发展，助力乡村振兴。

目前，乡村旅游点状发展、以点带面、精准扶贫、整体联动的特征不断凸显，已成为全省旅游产业的重要组成部分。"十四五"期间，云南将聚焦行业和产业发展引导，重点从构建品牌体系、夯实发展基础、强化安全管理、完善利益联结机制、拓宽投融资渠道、健全营销体系、规范民宿发展、加快人才队伍建设等方面发力，高质量发展乡村旅游。

根据工作要求，云南将把乡村旅游作为重要内容纳入"十四五"文化和旅游发展规划，州（市）、县（市、区）两级将加快谋划编制乡村旅游专项规划，构建分层级的规划体系。同时，依托特色资源，推动观光、休闲、康养、体育、研学等乡村多业态融合发展，加快旅游名镇、旅游名村、特色民宿客栈、旅游农庄、星级民宿等品牌创建。

云南省将加快谋划和建立重大乡村旅游项目库和跟踪推进制度，围绕优化乡村旅游发展环境，推进道路升级改造、"最美乡村"建设、农村"厕所革命"、垃圾和污水规范化处理、公共服务设施建设。将乡村旅游安全纳入社会治理体系，定期对食品生产、餐饮服务等开展监督检查，确保交通、食品、消防、旅游安全。

为让村民更好地分享旅游发展红利，云南将按照互利共赢、因地制宜、精准施策的原则，引导村集体和村民入股乡村旅游合作社、旅游企业，鼓励企业实行保底分红；培育家庭农场、合作示范社、农业企业等新型农业经营主体，推广共享农庄、共享民宿等经营模式以及"公司＋农户""农民＋合作社"等乡村旅游发展模式。同时，创新投入机制，鼓励国有投资平台采用直接投资、联合开发等方式参与乡村基础设施建设和运营，引导民间投资通过政府和社会资本合作、公建民营等方式参与乡村旅游开发。

同时，将进一步规范乡村旅游民宿发展。一方面，优化审批流程，在有条件的地区增加乡村旅游民宿服务事项，实行"一窗受理"，集成服务；另一方面，开展旅游民宿示范点建设，在各县（市、区）每年培育 1~2 个农家乐（民宿）示范点。

第三节　乡村旅游产业发展特色

（一）产品特色化，市场规模逐年扩大

通过多年的培育发展，云南乡村旅游产品日益成熟，许多乡村旅游景点和线路备受游客青睐。田园生态村、民族特色村寨、城郊休闲村、非遗村、历史文化名村等形成云南省乡村旅游特色产品体系。"十三五"期间，云南乡村旅游累计接待游客 11.65 亿人次，占全省接待游客的 38.47%（见图 10-1）；实现乡村旅游总收入 8600 亿元，占全省旅游总收入的 22.87%。2021 年，虽受疫情影响，云南乡村旅游接待游客仍有 3.22 亿人次，比上年增长 31.43%；实现乡村旅游收入 1793.98 亿元，比上年增长 28.86%，乡村旅游接待游客及收入分别恢复至 2019 年的 86.01% 和 75.63%，恢复水平高于全省旅游平均水平。可见，乡村旅游已成为"云南人游云南""本地人游本地"的重要组成部分，在推动旅游市场复苏中发挥了显著作用。总体来看，云南乡村旅游市场规模逐年扩大。

（二）乡村旅游发展模式多样化

云南坚持典型引路、示范带动，及时总结成功经验、发布典型案例，引导乡村旅游适应大众多元需求，突出资源、区位、产业基础等差异，走特色化、品牌化发展道路。在各地积极探索实践的基础上，云南形成了以澄江

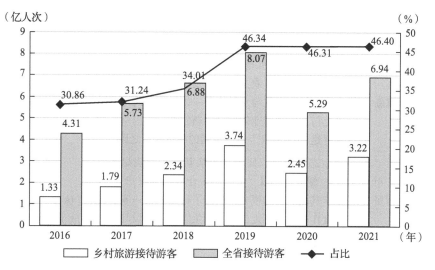

图 10-1 2016~2021 年云南乡村旅游接待游客与全省接待游客

市小湾村为代表的乡村民宿带动型、以维西县启别村为代表的民俗文化依托型、以丘北县仙人洞村为代表的景区辐射型、以元阳县阿者科村为代表的生态资源依托型、以宜良县河湾村为代表的田园观光休闲型、以泸水市三河村为代表的旅游扶贫成长型 6 种乡村旅游发展模式,为全国发展乡村旅游、促进农民增收、实现乡村振兴贡献出"云南经验",打造了一批可圈可点、可学习借鉴的典型案例,如表 10-1 所示。

表 10-1 云南乡村旅游入选国家级示范案例

案例地	典型做法	入选案例集
大理沙溪镇	通过特色小镇创建、七个传统村落连片示范等项目,形成"以寺登为中心、坝区村落为辐射、以山区村落为补充"的"一镇带七村"的全域旅游格局,走出了一条旅游产业融合城镇化建设、农业观光、休闲度假的新路子	《世界旅游联盟——旅游助力乡村振兴案例》
丽江市玉龙县白沙镇玉湖村	以构建"小康玉湖、生态玉湖、魅力玉湖、和谐玉湖"为目标实施"生态立村、旅游富村、文化兴村"三大战略,创新发展机制,盘活旅游业,并以旅游业反哺农业,实现了乡村产业振兴	《世界旅游联盟——旅游助力乡村振兴案例》

续表

案例地	典型做法	入选案例集
大理州宾川县乔甸镇新庄村	"传承红色文化,弘扬长征精神",运用"党支部 + 红色旅游 + 农户"农文旅融合发展模式,打造成现代农业、红色文化与乡村旅游一体化发展的产业融合示范村,实现产业的融合创新发展,走出一条党建带群建、"农旅文"融合发展的脱贫致富之路	《体验脱贫成就·助力乡村振兴全国乡村旅游扶贫示范案例选编》
德宏州芒市芒市镇回贤村	实施生态再修复,回贤古寨焕新颜。围绕绿水青山、古寨文化,以"党组织 + 合作社 + 农户"(建档立卡贫困户)的模式,成立了德宏州第一家乡村旅游合作社,率先走出了一条生态文明建设与乡村文化旅游的新路子	
德宏州盈江县太平镇石梯村	打造观鸟天堂,促进旅游发展。在发展生态"观鸟"旅游的同时,坚持把保护生物多样性贯穿始终,做好"生态 +"文章,鼓励发展"林木 + 林旅 + 林下"绿色立体循环经济,打造"生态致富"典型	
怒江州泸水市鲁掌镇三河村	以生态保护为前提,以政企合作为路径,以专业协会为牵引,以村民参与为核心,以专业培训为推力,大力发展观鸟生态旅游,积极践行"两山"理论,促进旅游可持续发展	

(三)乡村旅游品牌优势凸显

云南不断强化乡村旅游品牌意识,由点到面,从地区到国家,构建了相对健全的乡村旅游品牌体系,在全国位居前列。

一是国家级品牌,云南共有全国乡村旅游重点镇(乡)3 个、全国乡村旅游重点村 43 个,全国排名第 6,西南地区排名第 2,仅次于贵州。

二是省级品牌,云南共有省级旅游名镇 101 个、旅游名村 214 个、少数民族特色村寨 498 个。

三是景区品牌,云南共有乡村地域内 A 级旅游景区 310 个。

四是线路品牌,云南共有 10 条线路入选全国乡村旅游精品线路。

五是乡村民宿,作为全国最大民宿集群之一,云南民宿产业迅猛发展,因融入少数民族特色和自然生态而别具一格、与众不同,成了各地游客争相打卡体验的胜地，2021年民宿数量已扩展至2万余家。

（四）三产创新融合，推动供给侧改革

一、二、三产业融合发展锻造乡村旅游新业态，有效推动供给侧结构性改革。通过三产创新融合的探索，"旅游+"已扩展至休闲、田园、生态、科普、研学、户外、体育、康养、非遗等领域，当前云南乡村旅游产品体系逐步完善，产品结构逐渐优化，服务水平不断提升，形成多种融合业态。

一是"旅游+农业"。云南依托乡村自然资源、农业资源，以观光休闲、科普、采摘等旅游形式为载体，打造深度体验活动，初步形成乡村旅游与农业互为支撑、良性互动的局面，如昆明宜良麦地冲的彩色水稻、临沧凤庆"滇红第一村"等。

二是"旅游+体育"。云南结合运动休闲特色小镇建设、户外运动基地打造，鼓励创建休闲健身区、功能区，探索发展乡村健身休闲产业，建设运动休闲特色乡村，打造乡村旅游体育赛事品牌。如昆明十峰登山体育旅游线路、澜沧县糯扎渡大江野钓邀请赛等8个项目已于2021年入选全国体育旅游精品赛事。

三是"旅游+康养"。云南围绕打造世界一流"健康生活目的地品牌"，以生态养生、森林康养、温泉度假为重点，加快建设兼具观光、休闲、康疗、养生等复合型功能的康养旅游新产品，如昆明安宁温泉文化小镇，楚雄大姚三台乡的"十里核桃谷"核桃森林康养基地等。

四是"旅游+非遗"。云南以国家级、省级少数民族非遗项目传承保护为抓手，走出一条传承、保护、开发、可持续的乡村文旅融合发展之路，如文山州组织"探访非遗云游古村"直播活动，楚雄永仁通过举办"赛装节"打响彝乡、彝绣品牌。

（五）政策保障，走出一条云南特色发展道路

云南坚持新发展理念，高度重视乡村旅游发展政策支持，通过系列举措逐步建立了一套相对完善的扶持乡村旅游发展的政策保障体系。

首先，持续抓好国家政策的贯彻落实是政策创新的基础。结合《乡村振兴促进法》《关于促进乡村旅游可持续发展的指导意见》《促进乡村旅游发展提质升级行动方案（2018-2020年）》《中共中央国务院关于全面推进乡村振

兴加快农业农村现代化的意见》等政策文件，云南省相继印发了《关于全面推进乡村振兴加快农业农村现代化的实施意见》《关于贯彻新发展理念推动旅游高质量发展的意见》《关于推动脱贫地区特色产业可持续发展的实施意见》等，并印发《关于开展"干部规划家乡行动"的通知》，鼓励公职干部为家乡发展尽心出力。

其次，全省上下有机衔接与融会贯通是政策创新的保障。临沧、玉溪等州市探索建立相应支持政策措施，出台了《临沧市大力发展乡村旅游的意见》《临沧市乡村旅游示范村建设实施方案》《临沧市金融支持乡村振兴乡村旅游实施方案》《玉溪市加快乡村旅游发展行动方案》等一批指导性政策文件，推动乡村旅游发展的基础设施建设、税费优惠、用地保障、金融支持、人才培养、市场治理等体制机制不断得到完善。

第四节　乡村旅游产业高质量发展路径

一、云南乡村旅游发展面临的主要问题

（一）顶层设计缺乏区域联动性，特色产品供给不足

一方面，一些地区在乡村旅游发展的顶层设计上缺乏统筹规划思维。发展乡村旅游业多属自发性行为，导致发展战略、发展布局及目标不够清晰，村与村之间、乡镇与乡镇之间各自为政，缺乏联动。乡村旅游专项规划或策划滞后于市场与产品，缺少针对性政策措施，乡村旅游产业布局、项目建设、产品开发的科学性、系统性不足。

另一方面，乡村性、"乡土味儿"在产品开发过程中逐渐丧失。有的古村落、民族村寨交由公司统一开发，当地村民全部外迁，过度商业化、现代化让游客无法感受到当地淳朴的民风民俗。同时，部分地区发展乡村旅游存在重复建设、散乱建设、同质建设、大水漫灌式建设的现象，盲目跟风，缺乏富有地域特点、民族特色和文化内涵的高品质、个性化产品。

（二）品牌吸引力不足，品牌体系创建及管理有待加强

一是品牌数量多，但不知名。随着国家级、省级名村名镇的遴选与挂

牌，云南乡村旅游品牌数量不断增多、规模不断壮大、类型不断拓展，但能吸引国内外游客的乡村景点却寥寥无几，乡村旅游发展与品牌建设不能形成有效互动，知名品牌较少。

二是品牌管理意识欠缺。现有乡村旅游品牌中，存在"重挂牌、缺监管"的现象，动态评估机制缺位，其旅游服务功能在逐渐消失，发展质效不足；部分品牌村寨创新意识弱，配套设施老化，服务质量不高。

三是品牌营销效果不佳。部分地区依然沿用传统营销方式，甚至等待政府统筹包装推介，新媒体利用率不高，既弱化了知名度，也限制了乡村旅游的品牌建设。

（三）基础设施与公共服务有待完善

基础设施不配套是困扰城市与乡村旅游发展的关键因素。很多乡村依然存在交通通达性差、人居环境不达标的情况，旅游厕所、游客服务中心、停车场、住宿卫生条件等都会影响游客的体验感。在疫情防控常态化背景下，跨省游、长途游转变为短途游、周边游，"微度假"成为当前广大游客首选的旅游模式。"久在樊笼里，复得返自然"，乡村旅游与当前的旅游市场需求高度契合，所以，在团队游产品中，乡村旅游线路产品崭露头角，这对乡村接待能力提出了更高的要求和考验。另外，当前乡村服务的专业化程度、智慧化水平也无法达到开展乡村研学、科普、露营等新产品、新业态的标准。

（四）自身造血功能不足

一是部分地区发展乡村旅游单纯依靠政府的资金支持，或是盲目开发、租赁土地、变卖资源，以经济效益为首要目标，严重破坏乡村生态环境，未考虑发展的可持续性。

二是产业定位不准确，没有将当地特色优势产业与旅游融合。同时，产业主体培育不够，大型现代乡村旅游企业和龙头企业较少，无法实现"村连村、片连片"的产业集聚效应。

三是由于城市"虹吸效应"，农村中青年人才流失严重，缺乏致富领路人，部分乡村旅游目的地严重缺乏"有文化、懂技术、会经营"的村民，无法适应乡村旅游发展的要求。

二、云南乡村旅游高质量发展路径

（一）科学统筹规划，促进区域联动发展

宏观层面，在"十四五"规划和《发展乡村旅游助推乡村振兴三年行动计划（2022–2024年）》的指导下，云南各市（州）因地制宜编制乡村旅游发展专项规划，县（市、区）、乡（镇）编制具体项目规划，构建与国土空间规划相衔接的全省乡村旅游规划体系，指导全省乡村旅游持续健康发展。

中观层面，围绕"十四五"时期"一环、两带、六中心"的旅游发展布局，从环线、旅游带入手统筹乡村旅游规划，推动大滇西旅游环线、沿边跨境文化旅游带、澜沧江流域文化旅游带、沿金沙江生态旅游带、茶马古道旅游经济带及省内城市周边、交通沿线发展乡村旅游。

微观层面，围绕乡宿、乡游、乡食、乡购、乡娱等产品内容，推出一批具有云南地域特色的乡村旅游精品线路，打造一批山美、水美、田园美、村庄美、庭院美的乡村振兴旅游示范村。

（二）推动产业深度融合，培育乡村旅游新业态

盘活升级乡村农文旅资源，重点提升传统产品文化内涵、附加值和体验度。活化利用历史文化名村名镇、农业文化遗产、革命遗址遗迹、不可移动文物、历史建筑等文化遗产，开发内涵丰富、体验感强、地域特色明显的乡村旅游产品；支持非遗传承人、乡村手工艺者、艺术家进行特色旅游商品设计与生产，依托"一部手机游云南"平台推出一批以"金木土石布"为代表的云南手工艺品和高原特色农产品。

延伸融合产业链，全方位推动乡村生产、生态、生活共融。充分发挥各地资源环境、特色产业、民族文化、农耕文化等优势，推进旅游与生态环境、文化产业、特色农业、农耕文化、创意产业等深度融合。大力发展生态观光、文化体验、休闲农业、康体养生、科普研学、自驾露营等新业态产品，提升产业附加值。探索乡村旅居，打造城市人的"第二故乡"，高品质塑造具备康养、度假功能的生态民居、民宿空间。

（三）挖掘"乡土文化"多元内涵，构建乡村旅游IP体系

一是保持乡土本色，留住乡愁记忆。乡村旅游中游客所追寻的那一缕

"乡愁"就是"乡土文化"，要认真落实"乡村记忆工程"，保持原汁原味的乡村符号，注重地方传统民俗文化的传承与展示，可在有条件的乡村建设村史博物馆、乡村生活博物馆等，丰富展现文化记忆脉络的时间、人物、文化、环境及空间等记忆素材库，活化民俗文风、历史人物、民间信仰等资源，留住怀旧"乡情、乡愁"，唤醒乡村记忆、传承乡村文化、讲好乡村故事。

二是找准IP定位，展现乡村独特魅力。乡村旅游开发要注意特色化和差异性，突出乡村的原生性，对乡村原有的风土人情、资源特色、地方美食等进行挖掘、提炼和升华，既可以提高辨识度和游客黏性，避免"千村一面"的短视，又能创造IP衍生价值。

（四）实施品质提升工程，打造主客共享空间

一是完备的基础设施和公共服务是提升乡村旅游品质的关键。全省各地应不断完善游客服务中心、旅游厕所、停车场、标识标牌、观景平台、景点导览、步道等乡村旅游配套设施。发掘乡村历史、农耕文化、非遗、民俗、石刻碑帖家谱等资源，依托各地乡村文化站室、非遗工坊、非遗传习场所，联合各级文物保护单位，建设形式多样的村史馆、展示室、陈列馆、乡村旅游书店，不断完善乡村公共文化设施。持续推动现有旅游民宿巩固提升，推动新建一批半山酒店、旅游民宿，带动乡村旅游住宿设施高品质发展。

二是生态环境是乡村旅游高质量发展的资源和环境基础。坚持绿色发展理念，以绿水青山为形，以乡韵乡愁为魂，科学判断乡村环境承载力及资源可持续利用的阈值，坚守乡村风貌、村庄肌理不被破坏的底线，创设自然生态完好、传统习俗淳朴的乡村环境。

（五）提升智慧化水平，推进乡村旅游数字化转型

一是整合信息资源，搭建智慧服务平台。要将乡村旅游重点村、重点镇、最美乡愁旅游地等逐步纳入信息监测范围，在全省范围内开展乡村旅游经济运行监测工作，为科学研判乡村旅游发展态势提供数据支撑；依托"一部手机游云南"，整合汇聚乡村旅游监测数据、信息资源，搭建智慧服务平台，形成集乡村旅游品牌推广、线路介绍、线上云游、产品展示、线上购

物、市场管理、投诉处置等功能于一体的综合性公共服务中心。

二是布局智慧旅游基础设施，提升服务便捷度。各地应结合数字乡村建设，推动乡村旅游数字信息基础设施建设，在乡村旅游景点率先普及 5G 网络，充分利用大数据、AR/VR 等新一代信息化技术，不断丰富乡村旅游线上场景，鼓励有条件的乡村与周边景区资源打通业务和数据智慧化联动，促进景区和乡村的智慧化引流互补。

（六）转变营销理念，拓宽乡村旅游宣传推广渠道

建立云南乡村旅游宣传推广联盟。开辟乡村旅游宣传专题、专栏、纪录片，推出乡村旅游公益广告，创新开展"云南人游云南""云南春光好"等主题宣传推广活动，充分利用中国美丽乡村休闲旅游行推介、亚洲微电影节等宣传活动机遇，有重点、有计划地开展乡村旅游形象宣传和联合促销，不断提高乡村旅游点的知名度和吸引力，拓展省内外客源市场。

建立新媒体矩阵，完善合作机制。加快谋划文旅融媒体中心建设和全省新媒体矩阵建设，利用微博、哔哩哔哩、小红书、微信、抖音等新媒体平台资源，整合大 V 资源，用市场化的机制、专业化的人才策划包装乡村旅游网红。同时，支持电商平台开设乡村旅游频道，开展在线宣传推广和产品销售等，打造多元化的旅游营销方式。

（七）完善利益联结机制，创新投融资模式

探索科学、多元利益联结机制。推动有条件的村镇实施"资源变资产、资金变股金、农民变股东"改革，鼓励返乡人员、乡村"能人"、产业带头人进行乡村旅游经营；支持国有企业发挥龙头引领作用，推广"合作社 + 村集体 + 乡镇企业 + 合作企业"的旅游反哺农业项目运营模式；继续探索"党支部 + 合作社 + 农户""党支部 + 公司 + 农户""公司 + 合作社 + 农户""村集体 + 合作社 + 农户""专业合作社 + 农户"等利益联结机制，鼓励农户通过从事旅游经营、参与旅游接待服务、开发旅游文化商品、出售农副土特产品及资产等多种方式参与旅游活动。

多管齐下，创新乡村旅游项目投融资模式。一是用好政策扶持机制，充分利用国家、省市各种配套优惠政策和各种资金渠道，打好政策组合拳。二是完善金融配套机制，开发乡村旅游金融产品，提供乡村旅游金融信贷服

务，形成乡村旅游重点项目、重点企业融资需求清单，对在重点帮扶县开展乡村旅游的农户给予"富民贷"支持。

（八）引育专业人才，强化乡村旅游智力支撑

人才引进方面，配套人才政策吸引有经验的规划策划、运营管理、文创、技术类人才投入乡村旅游行业；鼓励和引导大学生、返乡农民工、专业技术人才、青年创业团队等从事乡村旅游创新创业；组织农民参加相关技能培训，到乡村旅游发展好的乡村参观学习，做足准备从事乡村旅游食宿服务、管理运营、市场营销等工作。

人才培育方面，推进落实云南《关于加快推进乡村人才振兴的实施意见》《云南省"十四五"文化和旅游人才发展规划》，选派重点村镇负责人、企业带头人参加全国乡村旅游人才培训；继续实施《云南省万名文旅人才专项培养计划》，通过举办全省乡村旅游培训班、专题研讨班、送教上门、干部跨部门挂职或顶岗学习等方式开展培训；采取各级文化馆、国有文艺院团与乡村文化站室、乡村文艺队结对帮扶形式，提高基层文化单位和从业人员的文化服务水平。

智库建设方面，与省内外各类高等院校、研究机构、旅游企业等合作，成立乡村旅游智库工作站，从规划制定、项目策划、宣传推广等方面为乡村旅游提供智力支持。

三、阅读资料

（一）用云南旅游资源优势赋能乡村振兴 [①]

党的二十大描绘了以中国式现代化全面推进中华民族伟大复兴的宏伟蓝图，全面建设社会主义现代化国家，最艰巨、最繁重的任务仍然在农村。结合实践，乡村旅游通过优化产业结构、保护旅游地生态环境、传承乡村民俗文化、留住乡土人才等方式，成为全面推进乡村振兴和乡村现代化建设的有力支撑。云南要进一步挖掘旅游资源，破解发展过程中的难题，实现乡村旅游高质量发展，巩固拓展脱贫攻坚成果和全面推进乡村振兴。

---

① 《云南日报》。

1. 云南乡村旅游资源"天赋异禀"

乡村旅游是云南旅游产业的重要组成部分，具有很大的发展潜力。云南是一座活的乡村民族文化博物馆，26个世居民族的民族文化留有不同社会发展阶段的特征，对旅游者具有非常独特的吸引力。云南是一个生态多样的农作物展览馆，丰富多样的山地和丘陵、纬度和海拔造就了生物多样性的宝库。云南是文化多元和谐的淳朴乡风体验地，作为全国民族团结进步的典范，始终坚持民族团结进步示范区的发展战略，形成了多元、和谐、淳朴的民风，各民族文化"各美其美，美美与共"。乡村旅游作为云南旅游的重要组成部分，需要对其资源进行深入挖掘，通过融合发展，完善产业链，真正使其成为全面推进乡村振兴战略的有效方式。

2. 云南乡村旅游对乡村振兴的支撑作用尚不充分

一是发展区域集中在城郊和大型景区附近。有很多乡村资源禀赋较好，但因远离城市且不在大型景区附近，故而没有发展起来，如怒江的老母登村等。脱贫攻坚战取得决定性胜利后，交通等基础设施得到有效改善，许多乡村已经具备发展文旅产业的客观条件。

二是村民直接参与的范围小且参与程度低。许多乡村自身不具备大规模投资开发的能力，需要引入外来资本或团队进行资源开发和产品打造。这容易给乡村旅游发展带来内生动力不足、产业收益外溢等问题。

三是农文旅融合发展不充分。当前，由于农文旅融合发展不充分，云南乡村旅游存在产品相对单一且同质化严重等问题，导致旅游产业赋能农业发展作用较小，品牌建设不足，乡村的多元功能未能充分彰显等现象。

四是资源潜力尚未完全释放。面对新增建设用地数量逐年下降的客观因素，部分农村宅基地和房屋闲置没有得到有效利用，土地也没有做到集约高效利用，种种因素导致云南乡村的诸多旅游资源潜力尚未得到完全释放。

3. 以高质量农文旅融合发展助力乡村振兴

首先，高质量发展是全面推进社会主义现代化建设的首要任务。乡村旅游的提质发展是系统工程，在进入全面推进乡村振兴战略的重要阶段，要充分挖掘云南省的乡村资源，通过农业、旅游、文化等多种资源的组合，以农文旅融合发展推进乡村振兴。

其次，要贯彻"绿水青山就是金山银山"的重要理念。坚持以民为本的发展理念，在发展乡村旅游的过程中，要以满足人民群众对美好生活的向往为基本要求；持之以恒建设绿美乡村，结合不同乡村的环境区位和资源特色，依据"因地制宜，精准施策"的原则推进乡村建设；建立公平有效的生态补偿机制，改变生态资源无偿或者低成本使用的状态，引导各类主体积极投身于生态文明建设和生态经济发展之中。

再次，要推进农文旅融合，实现差异化发展。通过构建完善的产业链，利用当地的自然、文化及人力资源提供标准化的旅游产品和规范化的旅游服务；不断进行产品创新和服务更新，对传统的农家乐等产品业态进行升级，打造乡村露营、农业博览园、艺术小镇等；打造良好的商业生态系统，政府、本村村民、外来企业、旅游者是乡村旅游的利益相关主体，共同构成了乡村旅游地的商业生态系统，要不断挖掘和呈现乡村的多功能价值，满足旅游者需求。

最后，要以村民为主体，完善村民参与的利益联结机制。完善相关制度和模式建设，积极推行"党建＋龙头企业＋合作社＋农户"的合作模式，通过合作社将分散的农户组织和联合起来，参与到乡村旅游的各个环节之中；加强人才培养，以打造专业化、知识化、市场化和组织化的新型农民队伍为目标，吸引"人才下乡""人才返乡"，提高产业发展效率；积极培育乡村新型经营主体。以合作社、家庭农场等为抓手，将村民组织起来，引入到现代农业发展轨道上来，形成多主体、多业态共生的发展格局。

（二）云南：乡村旅游新业态点亮假日生活

赏美景、住民宿、轻徒步、泡温泉、品鲜果……2023年中秋、国庆假期，云南广大乡村通过挖掘资源优势、增加活动策划，不断丰富旅游业态，吸引游客常来常往。活力四射的村庄、多元化业态的景区、丰富的旅游体验，点亮游客的假日生活。

10月2日的金沙江畔，稻谷飘香，昭通市永善县永兴街道明子村沉浸在丰收的喜悦中。明子村有远观溪洛渡水电站、俯瞰金沙江沿岸美景和眺望永善县城全景的区位优势，吸引了八方游客到此观光度假。

"在这里远眺，景色太壮观了！"来自昭通市昭阳区的陈先生说，国庆假期出游感受到了国家发展新气象，倍感自豪。他和家人来明子村游玩好几次了，这里可以在环田步道拍照，呼吸新鲜空气，还有适合孩子玩的"丛林穿越"游乐设施，体验感极佳，"再过两个月，我们又可以来摘草莓了"。

明子村光照充足、气候温润，出产的草莓、李子、枇杷、蜜桃、葡萄等水果口感独特。近年来，该村引进企业，建设合作社，带动群众开发"水果王国"产业园，成功培育优质特色水果 3261 亩，品种达 100 余种。村里打造的农旅休闲娱乐带，植入民宿、农家乐、烧烤长廊、彩虹滑道等业态，使曾经的荒山坡变成了四季飘香的旅游地。相关负责人介绍，全村每年农旅融合收入达 3000 余万元，人均可增收 9000 元以上，30 余户群众实现了"下地是农民，回家便当老板"的角色转变。

这个黄金周，位于高黎贡山西麓的腾冲市界头镇中坪村，吸引了大批游客到中坪大瀑布轻徒步，在森林、溪水等自然景观中实现旅游康养。云南光民国际旅行社有限公司在此打造精品旅游项目，提前为游客规划好路线，让游客亲近自然、深度解锁"有一种叫云南的生活"。游客可以在高黎贡山下的大片田野漫步，在森林中轻徒步，在溪水边的"荒野厨房"体验简单烹饪带来的原生态美味，还可以泡天然温泉解乏，享受悠然惬意。一位来自北京的游客告诉记者："5 千米的轻徒步，孩子也能轻松完成。当地村民是我们这次行程的向导，像朋友一样招待我们，服务很贴心。"

云南光民国际旅行社有限公司总经理张光明介绍，公司与当地村委会签订了合作协议，在乡政府备案，由村委会提供资源并成立合作社，公司规划设计、统一运作项目，现已收入 40 万元左右。"当地村民参与其中，从事线路维护员、护林员、向导等工作。之前，村民们从没想过这里会吸引这么多游客。如今，我们的合作让大家真真切切地感受到了绿水青山就是金山银山。"张光明说。

这个假期，来中坪村的游客停留的时间较以往更长，越来越多的旅游产品落地，让游客的玩场增多了。"随着旅游配套服务设施的完善和经营的规范化，乡村旅游的服务品质将进一步提升。"对于未来发展，张光明充满信心。

（三）"乡愁旅游"助力云南省乡村振兴①

2013年12月，习近平总书记在中央城镇化工作会议上提出，"让居民望得见山、看得见水、记得住乡愁"。这不仅是我国城镇化的重要指导原则，也是我国乡村旅游业发展的方向。2015年1月，习近平总书记在云南调研时强调，新农村建设一定要走符合农村实际的路子，遵循乡村自身发展规律，充分体现农村特点，注意乡土味道，保留乡村风貌，留得住青山绿水，记得住乡愁。2022年5月，云南省人民政府发布《云南省"十四五"文化和旅游发展规划》，"乡愁"作为关键词列入文旅业发展规划。云南省依托独具特色的自然、人文等综合资源优势，以绿水青山为形，以乡愁乡韵为魂，打造"中国最美乡愁旅游带"。2022年7月，中国国际旅游交易会在昆明召开，云南作为东道主，以"乡愁云南"为主题，确立目的地品牌形象，再次让人领略"七彩云南世界花园"之魅力，感受"诗的远方梦的故乡"之向往。"乡愁云南"以视觉文化的方式，满足人们对诗意田园生活的向往。与此同时，盘活乡村旅游资源、建设美丽乡村，带动乡村一、二、三产业深度融合发展，多途径促进村民增收，也有助于全面乡村振兴。

1. "乡愁云南"的现实基础

云南本身具有丰富的乡愁景观资源。乡愁是人类普遍具有的思乡情感，源自主体"人"对曾经生活场景的情感唤起。"乡愁旅游"是一种基于"怀旧情愫"延伸的旅游形式，乡愁可以作为一种景观形态呈现，融入旅游者的感知。古朴的建筑、温馨的乡情、质朴的村民、淳朴的乡风等，形成各具特色的"地方感"。当旅游者置身其中，多感官情境化体验乡愁意象，在与"地方感"的情感互动中，一山一水、一草一木、一墙一瓦均提升情感主体与旅游场所之间的依恋感与归属感。可以说，"乡愁旅游"满足了旅游者内心深处的文化依恋和精神需求，给予人幸福感和归属感。云南不仅拥有好山、好水、好空气的自然环境优势，还有大量的历史文化名村、传统村落、少数民族特色村寨、特色景观旅游名村等历史文化资源优势。如大理湾桥镇古生村、红河哈尼族民俗村、腾冲和顺古镇等，云南省丰富的乡愁旅游景

---

① 中国社会科学网。

观资源为旅游者的乡愁情感提供了丰富的载体。据统计,自 2012 年启动中国传统村落申报以来,截至目前,云南共有 708 个村落列入中国传统村落名单,总数位居全国第二位,占全国的 10.4%。丰富的乡愁景观资源,吸引着全国各地的旅游者前来探寻,为旅游者安放乡愁、消解乡愁提供着具有浓厚文化氛围的场所。

云南将进一步打造最美乡愁旅游带,提升乡村自然景观、人文景观的审美和观赏价值。乡愁的情愫不仅局限于物力层面,更多地侧重于心理层面,可能是旅游者的故乡、曾经生活过的地方,抑或是心灵／精神栖息的某一时刻。其中,自然景物多为山水景物,人文景物以古村落、老城景物为主体。中国人的乡愁情怀离不开乡村意象,空间上隐喻着明显的地方感依恋。未来五年,云南将以大理古生村中国最美乡愁旅游带、红河州建水—石屏滇南最美乡愁之旅为示范带动,推动罗平、腾冲、邵阳、新平、祥云、牟定等有优势的县、市、区积极建设打造 10 条"中国最美乡愁旅游带",重点规划 100个"云南最美乡愁旅游地"、50 条具有云南地域特色的乡村旅游精品路线。构建以农耕文化为魂、山水田园为韵、生态农业为基、古朴村落为形的最美乡愁旅游带。依托乡村景观营造独特的乡愁文化,将旅游者对乡愁的需求纳入旅行的过程,充分满足游客对某一地方、过往岁月或历史文化传统的眷恋情感,突出"一村一品""一村一韵""一村一景"特色,打造各具特色的现代版"富春山居图",以满足不同的乡愁主体、乡愁对象、乡愁情感。

2. 赓续中华优秀传统文化,提升"乡愁云南"的生命力

"乡愁旅游"是赓续中华优秀传统文化的有效途径。2018 年 9 月,中共中央、国务院印发《乡村振兴战略规划(2018–2022 年)》,明确指出:"中华文明根植于农耕文化,乡村是中华文明的基本载体。"中华民族在历史长河中创造了光辉灿烂的农耕文化,农耕文化蕴含着中华民族自强不息、热爱生活、艰苦奋斗、勤劳朴实等一系列典型的传统美德。乡村作为农业社会鲜活的博物馆,保留着大量农业传统要素,将研学教育、亲子体验等融入"旅游 +",帮助青少年在真实的农耕场景中,能分五谷、知二十四节气等。与此同时,在增进农耕知识的同时,进一步深刻感受几千年农耕文化蕴藏的中国智慧,知晓农民种植五谷杂粮蔬菜瓜果的不易,领悟"汗滴禾下土、粒粒皆

辛苦"的真实含义，自觉培养爱惜粮食和节约粮食的传统美德。"乡愁旅游"不仅是弘扬和践行社会主义核心价值观的需要，也是增强青少年对中国、中华文化、中华民族精神认同的契机。通过这种极富教育意义的旅游方式，培育青少年从小热爱祖国、热爱人民、热爱劳动、热爱家乡的家国情怀，丰富和赓续中华优秀传统文化。

"乡愁旅游"是丰富旅游者精神家园的理想场所。"乡愁"是一个文化元素，乡村是"乡愁"涵养的主体区，乡村的自然、人文、风情等传统质朴的文化投射到人们内心产生"乡愁"这一怀旧情愫。经过改革开放40多年的积淀，人们的物质文化得以不断丰富，找寻"乡愁"成为旅游者的旅游动机之一。可以说，乡愁旅游是一种典型的情感旅游。乡村地区是都市人内心"陶渊明式"的精神家园，是现代人缓解社会压力和寻找心灵栖息地的首选。"乡愁"，说到底是一种家园情怀，承载着对家乡的思念、对记忆的寻找、对"根文化"的心灵寄托。乡村是由客观的物质环境（如自然风景）与主观的人文环境（如风俗习惯等）共同组成的有机系统。"乡村旅游"带领旅游者回归田园，感受大自然馈赠的天然美景，接受自然的洗礼，调节身心平衡，重新连接人与自然和谐相处的模式，净化人的心境。

位于云南腾冲市腾越镇以西的和顺古镇是古代川、滇、缅、印南方陆上"丝绸之路"的必经之地。和顺古镇是云南著名的侨乡古镇，有海内外华侨3万多人，主要来自缅甸、泰国、新加坡、美国、加拿大等13个国家和地区。600多年来，和顺人自觉赓续中华优秀传统文化，用智慧奇迹般地保存了古建筑和文物，至今，和顺古镇的村落风貌、民居建筑、民间工艺，依旧浸润和保留着中式传统建筑的精髓；1000多座传统民居，挂牌保护的古民居116户，鲜活地展现着"四合院""三坊一照壁""四合五天井"等传统建筑风格；小河绕村而过。旅游者置身于这样如诗如画"活着"的古镇中，可以领略粉墙黛瓦的中式建筑风格，感受小桥流水人家的美景，以典型的"地方感"消解乡愁。除此之外，和顺曾是马帮重镇、古西南"丝绸之路"的必经之地。和顺人以诚实守信、吃苦耐劳的中华传统美德勤劳致富的同时不忘建设自己家乡。和顺古镇是"诗书礼仪之乡"，自古有着崇文尚教的优良传统，明清两朝出过400多名举人、秀才，现拥有国内最庞大的乡村图书馆，家家户户有文房四宝。和顺古镇丰富的文化底蕴、优美的田园风光、优良的传统美德丰富着现代人的精神家园。2021 年，和顺古镇累计接待游客 395 万人次，实现旅游总收入 5.67 亿元，旅游收入占居民人均收入的 70%。

3. 新时代"乡愁旅游"助力云南乡村全面振兴

（1）盘活乡愁资源，高质量发展"乡愁旅游"。乡村的旅游资源十分丰富和独特，在全面推进乡村振兴和农民增收致富中起着重要作用。乡村构筑着人与土地相伴、乡愁有所安放、初心得以回归的质朴空间。乡村独有的茅舍村寨竹篱、小桥流水人家、青砖绿瓦、鸟语花香、鸡犬相闻等，对乡愁旅游者而言具有天然的吸引力。承载着诗意与温情的乡村，既是人们心中的世外桃源和田园牧歌，也是人们赖以生存的心灵寓所和精神依托。总而言之，乡村"远离尘嚣""回归自然"的真切体验为旅游者提供了旅游服务。我国已迈向高质量发展新阶段，在保护好和传承好"乡愁"元素的同时，云南的"乡愁旅游"业也要走高质量发展之路。这也是顺应我国经济高质量发展、经济社会发展规律的必然要求。

首先，保护好历史文化遗迹。历史文化是中华民族精神文化的根脉所在，不仅要防止为了经济发展大量开发"伪文化旅游"，也要防止古楼古寨、老街老巷被推倒重建。保护好"乡愁"元素的经济价值、人文价值和社会价值。

其次，完善乡村旅游基础设施，更好满足旅游者不断增长的旅游消费需要。人们对美好生活的需要内容日益丰富，"乡愁旅游"不仅要满足旅游者"到此一游"的需求，更要满足旅游者的餐饮、住宿、交通、信息、购物、休闲等多方面的需求，服务质量、旅游地的环境卫生等配套设施应进一步提升，结合产业发展和民生改善，政府进一步加大交通、通信等基础设施的建设力度，完善旅游景点与乡、县、市主干道连接路建设，深入推进乡村"厕所、污水、垃圾"三大革命，保持村容整洁，以更好的旅游品质满足旅游者的消费需求。

（2）助力农业转型升级，推进乡村"三产融合"。2015 年"中央一号文件"正式提出"三产融合"，其关键和核心是"融合"。"乡愁"作为重要的文化资源，通过"乡愁旅游"的开发，把主题形象、产品供给与产业发展有机结合，以乡村为活动场所，融合乡村自然资源和人文资源，把农耕文化与休闲度假有机结合，形成一种全新的旅游业态，发挥地域资源优势，激活着新时代乡愁经济，促进农村一、二、三产业同步升级、同步增值、同步受益。乡村的粮食生产、禽畜养殖、蔬菜瓜果种植等，集中体现了传统农业生产功能。在全球经济服务化的背景下，乡村正以其独特的自然环境、田园风光、民俗风情等特色资源，向旅游者提供休闲娱乐、观光度假等综合性的旅游服务，促进乡村传统农业生产功能丰富至综合性旅游服务功能。"乡愁旅游"以乡村为根基，发展特色种养业、农产品初级与精深加工业、农业生产性服务业，激发农村产业活力，壮大集体经济，带动农民就业增收和致富。

首先，基于第一产业融合发展二、三产业，丰富"乡愁旅游"。依托云南省具有的高原特色的优质大米、咖啡、茶叶、花卉、核桃、花椒、滇皂荚、中药材、水果、蔬菜、菌类、竹类等农特产品，开发以"云品"为重点的乡村旅游商品。在发展旅游的同时，带动乡村农特产品的生产和销售，进而拉动相关产业的发展，形成产业集群化，并带动当地劳动力就业。与此同时，发展颇具地方特色的传统美食，打造"舌尖上的云南"餐饮品牌，实现"味蕾唤醒乡愁"。

其次，以第二产业为主导融合一、三产业发展，实现农产品加工向特色手工艺品、文化传承（手艺及工匠等）的发展，如建水紫陶、镇远黑陶、剑川木雕、大理扎染、腾冲玉雕、民间竹编等制作技艺，进一步通过产业融合，提升传统手工艺品的经济价值，在赓续中华优秀传统文化的同时，朝市场化、产业化发展。

最后，以第三产业为主导，融合发展一产和二产，运用旅游聚集的人气优势，打造景观吸引核，促进人流量带动消费，形成购买力和服务支持。利用云南高原特色梯田、茶园、果园、花海、稻田养殖等，加快建设一批综合性休闲农业园、观光采摘园、垂钓园、咖啡园、休闲农庄、乡村民宿、森林人家等休闲农业和乡村旅游重点项目，建设打造以观光农业、创意农业、体验农业、定制农业等为重点的休闲农业和乡村旅游区，开发农业观景、农事体验、果园采摘、花卉观赏、休闲垂钓等休闲农业新业态新产品。

（3）多种渠道促进就业，带动村民增加收入。"乡愁旅游"激活着云南的旅游消费，带动乡村种植业、养殖业等传统农业的发展，促进农副产品、手工艺品、旅游纪念品等的开发、生产、商贸、物流等相关产业的协同发展，形成旅游兴百业旺，实现农产品种植业、加工业和销售服务业的融合发展，直接助力乡村全面振兴。产业融合发展，增加就业岗位，带动乡村群众在当地就业，增加收入。同时，与"乡愁旅游"相关的餐饮、住宿、电商直播等又带动乡村群众灵活就业，多渠道增加收入。2012~2021年，云南乡村旅游接待游客从 0.56 亿人次增加至 3.22 亿人次。十年来，云南乡村旅游总收入从 263.80 亿元增加到 1793.98 亿元，年均增长 23.74%，直接从业者 56.17 万人、间接就业者 192 万人，综合带动 75 万贫困人口增收致富。

第十一章

手工艺产业

云南少数民族传统手工艺种类繁多，类别丰富。云南一直以异彩纷呈的民族文化及众多的历史遗迹闻名海内外，这块土地上分布了 25 个世居少数民族，是中国世居民族最多的省份。云南少数民族群众在改造大自然的过程中，就地取材，因材施艺，充分利用云南当地丰富的自然资源，创造了品类繁多、丰富多彩、形态万千的传统手工艺类非遗项目。这些民族传统手工艺，是民族独特创造力和民族精神的体现，是有着民族文化基因的非物质文化遗产，也是各民族具有代表性的文化符号。

第一节　手工艺产业发展历程

民族民间工艺是一个比较综合广义的概念，它具有两层含义：一是指艺术文化内容及形式，即运用自然界中不同的材料、图案、色彩等元素创作的能够凸显地域民族文化、反映人们生活习俗及精神生活的物品的过程，当然，也包含了这些元素以及文化；二是艺术品本身，即创造出来的具体的产物（器物）。云南少数民族民间工艺是指云南少数民族在生活生产中所形成的具有他们各自民族特点的文化传统，艺术形式的工艺体现，这些工艺是云南少数民族的物质基础以及精神文化的结晶，更是云南各个少数民族发展和生存的重要条件。

作为一种艺术，云南少数民族民间工艺是基于人们的物质生活的，云南25 个少数民族的生活习俗、方式以及生活水平不尽相同，各个少数民族也有自己独特的信仰，这些都导致了民间工艺艺术种类的繁多及其艺术水平的参差不齐。同时，我们总说艺术来源于生活，很多工艺品出现最初可能都是以满足生活需要为目的的，它是人们为生活而设计的一些必需品。并且就云南的少数民族来说，他们大多生活在山区，由于受教育程度的限制，他们可能根本不了解什么是艺术，只是单纯地制作一些生活用具，在满足实用功能以及特殊信仰的条件下，以他们的眼光来确定这些生活用具的外形以及简单的装饰。然而，他们的创作思想、创作方法却奠定了现在的艺术设计的基础。如云南楚雄彝族的漆器设计，漆器的图案多为大自然中元素的抽象化，把自然中的植物以及动物等抽象大几何形态用于漆器上，同时，造型及色彩的运用也遵循一定的规律。彝族漆器的创作方法就与现代艺术设计极为相似，这也就是一些少数民族民间工艺的艺术价值。

作为一种手工艺，云南少数民族民间工艺具有非常高的工艺价值。云南少数民族民间工艺多为生活用品，并且是各家自给自足的一些器物，以自己使用为目的进行创作的，所以，基本是纯手工创作，这些手工艺的价值是现代技术无法取代的。首先，手工艺是各个民族传统文化的重要组成部分，它反映了一个民族的经济、文化等发展状况，并且具有原创性以及不可复制性的特征。每一项手工艺、每一件工艺品都是独特的，它们蕴含了创作者的真情实感，需要创作者匠心独具方能实现与现代技术做成的产品不同，手工艺品不能大量原模原样批量生产，而必须经过人们的双手进行创作，每一个步骤、每一个细节都包含着创作者的灵魂。其次，一些云南少数民族民间工艺也有很高的科技含量。并不是一定要运用现代化的机械化生产加工才具有科技含量，云南少数民族民间传统手工艺既是一种工艺品制作方式，同时也是重要的技术手段，是一定的时期内地域先进生产力的代表。比如，云南大理州鹤庆县新华村的银器饰品的镶嵌工艺就具有很高的科技含量，在银器的加工以及今天银器饰品制作中都具有很高的参考价值。

作为一种文化，云南少数民族民间工艺是各个民族生活的反映，具有很高的文化研究价值，也是研究少数民族文化的一个载体。云南少数民族民间工艺不论从造型、图案，还是色彩方面分析，都是各个民族审美意识的一个再现。在云南 25 个少数民族中，由于居住环境、信仰以及民族人员本身特质的不同，从而形成了各式各样的风俗习惯、审美观念以及文化特征。基于文化背景的不同，各个少数民族所创造的工艺品也不尽相同，但他们都体现了所在民族的文化。比如，楚雄彝族漆器中色彩的运用——楚雄彝族漆器色彩主要是黑、红、黄三种颜色，这是彝族所有工艺品中常用的三种颜色，"黑"贵"白"贱是彝族等级制度的再现，红色则是彝族火把节火焰的象征，黄色是彝族人民心中光明的象征，这些都体现了彝族的传统文化。再如，傣族筒裙会根据年龄与婚配的不同而有不同的穿戴方式，这也是民族文化的体现，所以，民族民间工艺被称为一种特殊的具象，民族工艺是整个民族历史、民族发展的体现。

为了便于各地普查和保护工作的开展，根据云南实际情况，本书根据相关资料把云南民族民间传统工艺细分为以下几大类：

（1）金属工艺：这是以金属为材料的制作工艺，它包含青铜器、金、银、铜、铁、锡等工艺的制作。在云南金属工艺品中典型的有斑铜、乌铜走银、铜炊具、铜灯具、铜马具、铜乐器、铜铁刀具、铜酒器和各少数民族的金银首饰等。

（2）编结工艺：含有草编、竹编、篾编等。草编主要是用稻草或其他草来编的各种生活用品，如草帽、草席、草鞋、草包、草编菱角等。竹编主要是用各种竹子编成的生产生活用品，如竹筐、竹箩、竹桌、竹椅、竹凳等。

（3）陶瓷泥捏工艺：含土陶、瓷器、泥捏器等。指以泥土为原料的制作工艺，如傣族的土陶、藏族的黑陶、建水县的紫砂陶、华宁县的白陶、永胜县和易门县的瓷器以及各少数民族的泥俑、泥玩具与彝族的吹鸡、阿乌等。

（4）漆器工艺：用漆涂在各种器物表面的器具。漆器具有色泽明亮，光彩夺目，防腐、耐酸、耐碱等特性，具有实用价值与审美价值。云南的漆器主要有：彝族、藏族的漆酒具、漆餐具、漆酥油筒、漆马鞍；傣族、景颇族的漆槟榔盒、漆斋盒、漆酒具等。

（5）木作工艺：含家具、门、窗、建筑等。如白族的木格子窗、木门以及木供桌等。

（6）造纸工艺：含竹纸、绵纸等。主要指以稻草、竹子、构树皮等为原料加工的造纸工艺，云南以傣族、纳西族、藏族、壮族为主。主要用于抄写经书和祭祀活动。

（7）印染工艺：含扎染、蜡染、无花纯染（又称"普染"）。主要是以植物为主要原料的印染工艺。云南以白族的扎染和苗族的蜡染为代表，其余还有瑶族、哈尼族、壮族等民族的植物印染。

（8）纺织工艺：含麻、棉、火草纺织；毛织和擀毡；各民族织锦等。云南许多民族都有纺纱织布的习惯，主要有棉、麻、火草等纺织，以傣族、壮族的棉纺，苗族的麻纺，彝族、怒族、普米族的火草纺为主；傣族、佤族、壮族、景颇族、独龙族的织锦等也较有特点。

（9）刺绣工艺：含各种刺绣工艺品。即用各色线等在纺织品上通过挑、绣、缝、结等技术造出图形的技艺，民间俗称"撒花"。云南刺绣制品较多，有少数民族的刺绣衣裙、绣花鞋、绣花鞋垫以及刺绣装饰品等。

（10）服饰工艺：包括各民族的服装、身上饰物、挂包、背被及其他。

（11）酿造、榨汁工艺：含酿酒、榨糖、榨油等工艺。

（12）彩扎工艺：顾名思义就是用竹片、篾条、金属丝等扎成衬架，在上面裱糊纸、布，然后施以色彩饰物等做成的种种造型物件。如丧事中用的各种纸马；节日庆典中的狮子、龙、亭台楼阁、鸟、兽、虫鱼灯笼；扇子、风筝、伞、玩具等。

通过两年多对民族民间传统文化的普查，国家于 2005 年 10 月对非物质文化遗产名录进行了评审，共评出 518 项，其中传统手工艺就有 89 项。云南占 6 项，即：

（1）西双版纳傣族慢轮制陶技艺（云南省西双版纳傣族自治州）；

（2）大理白族扎染技艺（云南省大理市）；

（3）苗族芦笙制作技艺（云南省昭通市）；

（4）阿昌族户撒刀锻制技艺（云南省陇川县）；

（5）纳西族造纸技艺（云南省香格里拉县）；

（6）傣族手工造纸技艺（云南省临沧市）。

云南第一批非物质文化遗产保护名目的评审则于 2006 年 1 月进行，通过评委们的认真评审，147 项被列入云南省第一批非物质文化遗产保护名录，其中民族民间工艺有 12 项，即：

（1）傣族传统制陶技艺（西双版纳、红河县、新平县、孟连县、潞西市）；

（2）白族扎染技艺（大理市）；

（3）苗族芦笙制作技艺（大关县）；

（4）阿昌刀制作技艺（陇川县）；

（5）纳西族东巴造纸技艺（香格里拉县）；

（6）苗族服饰制作技艺（昌宁县）；

（7）傣族手工造纸技艺（临沧市、孟连县）；

（8）拉祜族葫芦笙制作技艺（澜沧县）；

（9）汉族乌铜走银制作技艺（石屏县、晋宁县）；

（10）斑铜制作技艺（昆明市、会泽县）；

（11）南华月琴制作技艺（南华县）；

（12）皮影制作技艺（腾冲县）。

2007年底国家又公示了第二批国家级非物质文化遗产名录推荐项目名单，云南又有8项传统工艺进入名录推荐名单，即：

（1）云南石林县彝族（撒尼）刺绣；

（2）建水县建水紫陶烧制技艺；

（3）云南迪庆州藏族黑陶烧制技艺；

（4）云南省曲靖市的斑铜制作技艺；

（5）云南省西双版纳州傣族织锦技艺；

（6）云南省宁洱县、勐海县普洱茶制作技艺；

（7）云南省西双版纳州贝叶经制作工艺；

（8）大理白族民居彩绘。

第二节　手工艺产业发展概况

一、发展思路

云南一直较为重视民间传统工艺的发展，最近几年，全省着力构建"金木土石布"五位一体的传统手工艺产业发展体系，"五位"分别指金银铜铁类、木竹藤草类、土陶泥塑类、石雕石器类以及刺绣织染类传统手工。如今，这种发展体系已经初具雏形，传统工艺产业正朝着科学化、规范化的方向发展。

（一）贯彻落实有关文件精神，全力扶持少数民族传统手工艺

云南相关部门坚决贯彻落实中央及省委、省政府关于民族传统手工艺保护与发展相关文件精神的要求，全力支持少数民族传统手工艺的保护与发展。云南省民委、文化厅等部门严格按照《国务院关于加强文化遗产保护的通知》（国发〔2005〕42号）等文件的精神和要求，安排专项资金，保障民族传统手工艺等相关文化遗产保护经费的投入运用。此外，云南还出台了一系列政策，扶持民族传统手工艺的发展，如2017年5月出台了《关于支持返乡下乡人员创业创新促进农村一、二、三产业融合发展的实施意见》、2018年8月出台了《云南省传统工艺振兴计划》等。这些政策把传统手工艺作为重点支持对象，力图通过对少数民族传统手工艺品、绿色有机农产品等特色商品的挖掘、打造和宣传促销，拓展创业空间，切实增加生产者收入。

（二）组织参与行业展会，开展业内技能竞赛

多年来，云南一直重视展会营销，并积极组织、参与各类型展会。例如，2016年，云南举办的较有影响力、与少数民族传统手工艺品相关的行业展会有"昆明国际民族民间工艺品博览会""2016中国·华宁窑古陶艺术展""创意云南2016文化产业博览会""云南文博会""中国—南亚博览会"，剑川县"第五届白族文化节"，德宏"少数民族手工艺品、服饰及特色产品展销会"等。另外，云南非遗管理部门也积极举办传统手工艺展览会，比如，除每年6月的第二个星期六在昆明举办全国非物质文化遗产展览会外，还在澄江县、江川区、弥勒市成功举办全省非物质文化遗产展览等。同时，云南手工艺还受到加拿大、瑞士、新加坡、中国澳门等国家和地区的邀请，跨国或地区进行展览，2016年，云南民族手工艺品亮相了"米兰展销会"。同时，云南相关部门还积极组织各项传统手工艺的技能评比或竞赛，以评比、比赛的方式促进发展，这类比赛如文博会主办的"针尖上的云南刺绣大赛""云南十大刺绣名村"评比活动、大理州南涧县举办的"南涧和乐传统竹篾工艺品设计大赛"、云南省教育厅组织的"中等职业学校技能大赛""大中专院校师生旅游手工艺品和工艺设计大赛"等。

（三）构筑产业发展体系，树立知名地域品牌

如上所言，早在 2014 年，云南便出台了《民族民间工艺品产业发展规划》（以下简称《规划》）。《规划》强调了工艺品产业在云南经济发展中的重要地位，并对全省的传统工艺产业布局进行了宏观引导。《规划》的颁布在云南手工艺发展史上具有里程碑式的意义，它标志着云南手工艺从此进入了规范化、系统化的发展道路。在这样的文化政策扶持和推动下，云南近些年来民族手工艺发展速度迅猛，手工艺村落如剑川狮河村（木雕）、鹤庆新华村（银器）、陇川腊撒村（户撒刀）等声名鹊起，一些民族手工艺品企业如丽江涵蜜金民族服装有限公司、西双版纳泰象陶文化传播有限公司等规模日益壮大。值得强调的是，工艺品的品牌此时已传播开来，如石林阿着底民族刺绣、喜洲白族扎染、剑川木雕、傣族手工慢轮制陶、藏族土陶这些"地域品牌"焕发着迷人的光彩，常被大众津津乐道。此外，行业内一些企业品牌也不断涌现，如"寸银匠""标祥九龙"银器品牌，"美伊""憨夯""咪依噜""阿着底"刺绣企业品牌，"根深艺圆""兴艺"白族木雕企业品牌，"卡萨藏刀"刀具企业品牌等。与此同时，一些个人产品品牌也逐渐被人们熟知，如阿七独支玛的摩梭手工针织品、项老赛的户撒刀、寸四平的"寸四"银器、玉儿甩的傣族织锦、邵梅罕的剪纸等，其中，阿七独支玛、项老赛及寸四平还申请了产品商标。

（四）有效发展"互联网+"新型销售模式，探索多样化销售渠道

近些年，电子商务已逐渐成为了商品销售必不可少的渠道，在这种时代趋势下，云南出台了《关于促进电子商务及跨境电子商务发展的实施意见》等政策文件，大力促进电子商务、跨境电子商务以及农村电子商务的发展。就民族传统手工艺来看，云南全力借助电子商务平台，布局电商领域，尽可能地扩大市场销售量、拓宽销售渠道。

据笔者调查，傣族织锦、傣族土陶、阿昌族户撒刀具、白族银器、白族铜器、白族扎染、摩挲织锦、剑川木雕、彝族刺绣、傣族剪纸及纳西族东巴纸业目前纷纷"上线"，开辟了线上市场，诸多少数民族传统手工传承人也纷纷"触电"，年轻的白族银器传承人寸光伟、白族扎染传承人段树坤等借助网络进行线上销售，年纪稍长的工艺大师如项老赛、阿七独支玛、寸发

标、玉儿甩等搭上了电子商务这趟时尚"列车"。

此外，云南一些商家凭借着诚实守信的经营态度、过硬的产品质量和良好的口碑，先后在网上建立起了有一定知名度的商家品牌，如新华白族银器的"李小白工作室"、丽江东巴工艺品的"丽江东巴特色店"、户撒刀具的"户撒名匠"等，这些品牌商家网上销售量可观，收益不菲。

（五）借助非遗发展平台，合理利用传统手工艺文化资源

当下，我国正大力推动非物质文化遗产传承、保护工程。在云南，那些保护基础条件较好、能持续开展传承活动且效益显著的机构或单位往往会被命名为"保护传承基地"。截至 2018 年 12 月，全省先后命名了三批共 28 家省级非物质文化遗产保护传承基地，像剑川兴艺木雕家具厂等手工艺企业均"榜上有名"。被命名的机构或单位正发挥着保护、传承、展示、研究、交流的引领和示范作用。

此外，云南还不断尝试通过"旅游 + 非遗"方式提升民族传统手工艺的市场价值，使得当地的少数民族传统手工艺在边保护边创新中与旅游市场有机结合。一方面，云南各少数民族为了适应市场变化大胆创新，开发出了一系列的旅游手工纪念品，如傣族织锦、摩梭手工制品，陆续开发了香包、手机套、抱枕等新型产品。

另一方面，云南积极引导手工艺项目集中、民族传统文化浓郁、民居建筑特色鲜明、交通条件较好的民族村寨开发传统手工艺旅游资源，如景洪市曼掌村、澜沧县老达保寨等，以文旅融合方式建设文化农庄，并以此带动民族传统手工艺的发展。

二、发展现状与问题

2017 年，全国民间工艺产品主要业务收入超过 10472 亿元，而云南只有 380 亿元左右，只占到全国水平的 3.6%，远远落后于其他省份，充分体现出了云南省手工艺产业发展速度较慢、经济效益较低的致命弱点。

近些年，为促进少数民族传统手工艺快速发展，云南设立专项扶持资金。以 2016 年为例，云南省财政就安排民族宗教专项资金 31678 万元，用于支持文化抢救与精品工程，其中文化抢救与精品工程项目资金 2400 万元。

此外，一些地方政府也积极给予手工艺生产企业以资金帮扶，如 2015~2017 年，大理剑川县民宗局协同县财政局共下拨资金 215 万元扶持了 6 家剑川木雕龙头企业，具体为：剑川浉河金达木器木雕有限公司民宗民贸企业扶持项目 50 万元（2015 年）、剑川浉河木雕有限公司民宗民贸企业扶持项目 30 万元（2015 年）、剑川宏盛古建筑工程有限责任公司民宗民贸企业扶持项目 40 万元（2015 年）、剑川县甸南镇发达村民族文化扶持项目 10 万元（2015 年）、剑川县兴艺古典木雕家具厂民族文化扶持项目 65 万元（2016 年）、剑川宏盛古建筑工程有限责任公司民族文化扶持项目 20 万元（2017 年）。

近年来，云南高度重视少数民族传统手工艺的保护与发展，其发展总体情况良好，成绩突出。但不可否认的是，目前依然存在着一些突出的问题，主要表现在以下几个方面：

（一）民族传统手工艺发展不平衡

云南少数民族传统工艺产业化能力和水平非均衡性发展特点显明，具体情况如下：

（1）各民族传统手工艺之间发展不平衡。由于历史、地理等因素制约，各民族传统手工艺发展状况差距较大，如大理白族凭借优越的地理位置、悠久的历史文化，找准了合适的民族传统手工艺产业发展模式，无论是白族扎染、剑川木雕还是新华银器等均取得了不俗的成绩，相比于其他少数民族传统手工艺来说，它们的市场占有量较为可观。但同时，像傣族的手工艺如土陶、织锦，彝族的手工艺刺绣、扎染等与之相比，情况就没有这样乐观了。

（2）行业之间收益不均衡。从发展现状来说，云南省民族传统手工艺行业可以分为"发展较好""发展一般""发展堪忧"三类。一部分民族传统手工艺发展迅速，传承、开发都逐步实现了传统工艺的现代化转型，并逐步向着产业化、规模化的方向迈进，在国内外也具有了一定的知名度和市场份额，如鹤庆白族银器、剑川白族木雕、周城扎染等，这些属于发展较好的行业。而一部分的传统手工艺发展较为缓慢，应对市场能力较弱，如鹤庆白族铜器、傣族织锦、彝族刺绣、傣族编织则属于发展一般的行业。还有一部分生命力不强、发展困难的手工艺，如纳西族东巴纸业、摩梭手工织品、傣族贝叶经等则属于发展堪忧的行业。

（3）同一行业内部的发展同样差距明显，鹤庆县秀邑村的铜器加工业便是典型的例子。据鹤庆县文产办统计，2016年，该村有铜器经营户176户，350余人从事铜器生产加工，年收入达1192万元，像村中的铜器生产者陈泽光的年收入多达200万元以上，但大多数生产家庭的年收入不足3万元，铜器手工艺从业人群的收入差距较大。

（二）行业领军人才缺乏，从业人员整体文化水平不高

云南现有工艺美术人才结构并不合理，主要体现为专业人才匮乏，领军人才稀少。2012年，云南省工艺美术协会曾对手工艺从业群体进行过抽样调查，调查发现60万从业人员中受教育水平在初中以下的竟占到了70%，大专及以上学历仅占5%。民族传统手工艺方面，情况更加让人担忧。新华村网上销售银器的商家现在也已不少，但村中精通网页制作、网店经营的人才非常稀缺。如今，网络竞争日趋激烈，如果没有相关人才配置，新华银器的电商销售将会面临困境。云南省工艺美术师杨焕培也曾说过："与东阳木雕相比，剑川从业者学历整体偏低，这便导致了创意人才、管理人才的严重不足。"可见，人才缺乏成为制约云南民族传统手工艺发展最直接的因素。

（三）知识产权保护意识不强

目前，云南有较强知识产权的手艺人并不多，仅有新华银器的寸发标、寸四平，户撒刀的项老赛，摩梭手工织品的阿七独支玛等人申请了产品商标权，其中寸发标的"九龙"系列银器产品还申请了国家专利，而绝大多数的艺人们对知识产权概念不清楚，更不用说利用知识产权法律进行保护。稍有知识产权意识的手艺人对知识产权的理解仅仅局限在著作权上，而对商标专用权、专利权等近乎一无所知。由于知识产权保护力度薄弱，目前云南省很多民族手工艺都遭到不同程度的"仿冒"，如创意产品迅速被模仿、作品被他人署名。这类事件已屡见不鲜。然而，生产者们面对这些违法产权行为却无可奈何。

（四）民族传统手工艺产品文化附加值不高，缺乏精品

产品的文化附加值，指由文化因素附着在产品之上而创造的价值。民族传统手工艺品作为商品，具有使用价值和文化价值，而消费者购买商品的本质就是"购买文化、消费文化、享受文化"。云南民族手工艺品的文化附加

值较低，主要表现为：

（1）绝大多数产品缺乏创意和文化。设计粗糙、内涵欠缺、质量低劣成为民族传统手工艺品的通病，像东巴纸业就明显存在着这类缺陷，产品单一、工艺粗陋成为它进一步发展的桎梏。

（2）同类工艺品差异化程度较低，各民族之间同类的手工艺品独特性表现不足，产品文化混淆，同质化情况较为严重。

（五）手工艺市场紊乱，产品鱼目混珠

目前，云南工艺品市场出现了许多令人担忧的现象，一些伪劣、仿冒产品充斥市场，鱼目混珠、滥竽充数的行为大行其道。举例来说，江浙一带生产的刀具在户撒乡肆意充当"户撒刀"，新华村的银器出现了不少的"外来品"，傣族手工慢轮制陶与机械化陶器"傻傻分不清"，东巴纸品到处被"冒充"，摩梭手工织品生产者身份多种多样。手工艺品市场的这些乱象正在把少数民族传统手工逼上绝境。很多商家为了眼前短暂的利益，做坏了市道，互相压价，产品良莠不齐，外来品混入其中，给新华银器发展带来了隐患。这些仿冒、伪造产品的出现扰乱了市场，加剧了恶性竞争，更让人担忧的是，它损害了手工艺生产者的切身利益，影响了手工艺者的从业信心，为云南民族手工艺行业注入了诸多不安的因素。

三、产业地位

在20世纪末21世纪初，云南省委、省政府把建设民族文化大省列为云南战略发展的三大目标之一，2000年5月26日，云南省人大在云南省第九届人民代表大会常务委员会第十六次会议上通过了《云南省民族民间传统文化保护条例》（以下简称《条例》），这是在全国省区中，率先制定并颁布的《条例》。《条例》所保护的民族民间传统文化第二条（七）就把民间工艺单列出来，即把民族民间传统工艺制作技术和工艺美术珍品作为保护项目。

云南省文化厅在贯彻《条例》之初，就把在全省范围内对民族民间传统文化进行普查提上议事日程，并围绕普查工作开展了一系列准备，制定了《云南省民族传统文化普查工作方案》，包括云南省民族传统文化保护区、云南省民族民间传统文化之乡、云南省民族民间传统传承人、云南省民族民间传统文化濒危项目的管理办法（试行）、调查提纲、申报审批表等。民族民间工艺和民间艺人都是普查的对象和重点。要具备：具有历史悠久、世代相传、技艺精湛，并有较高艺术性、观赏性的传统工艺；要有鲜明的民族风格和地方特色，享有较高的社会声誉；工艺品在当地有普遍的群众基础和有一批相对稳定的骨干；传统工艺品有较高的开发利用价值。

2003年，文化部启动了"中国民族民间文化保护工程"，云南作为试点省份，云南文化厅下发了《云南省民族民间文化保护工程综合试点方案》和《云南省民族民间文化分类名目纲要》（以下简称《名目纲要》），展开了全面的普查工作，传统工艺和民间艺人的普查也在其中之列。在《名目纲要》中对民族民间传统工艺做了具体的界定，即民族民间传统工艺是各民族为满足物质和精神需要，在不同的历史条件下，采用各种物质材料和技术手段进行人工造物所用工艺技能的总称，是各民族文化的重要组成部分。

第三节　手工艺产业发展特色

红土高原、动植物王国、有色金属王国、民族文化大省……三迤大地云南蕴含着丰富的自然资源和民族文化资源，形成了独特的"金木土石布"民族民间工艺品特色文化产业，这些资源既传承了民族文化的血脉，也为三迤乡亲们开辟了脱贫致富的新天地。

（一）巧手绣出美丽世界

云南许多少数民族都有刺绣，彝绣、壮绣、苗绣、白绣等民族刺绣在三迤大地争相绽放。文山壮族苗族自治州西畴县兴街乡鸟衣非遗传承人陆光激说："我家的鸟衣制作技术祖传四代。2018年，文山州州庆，政府向我定制了300套鸟衣，全部由手工制作。"走进陆光激的工作室，在色彩斑斓的壮族、苗族等民族的服装中，一套套青靛色、袖如翅膀、后衣裙如鸟尾的鸟衣格外引人注目。鸟衣是壮族崇拜"太阳鸟"的传统文化遗存，每逢节庆喜事，当地人都会穿上鸟衣。这些民族服装多数工序是由附近村寨的20多个绣娘在家里完成的，绣娘们靠缝制袖片月收入上千元。

民族刺绣是云南布文化特色产业的重要组成部分，近两年云南布文化特色产业年增加值约 6 亿元，从业人员近 3 万人，已成为云南民族贫困地区农村妇女脱贫致富的重要产业。

"咪依噜彝绣产品走得了秀场，也进得了市场。"楚雄彝族自治州大姚县彝族刺绣非遗传承人罗珺自豪地说。她创立的咪依噜民族服饰制品有限公司，采取"公司＋合作社＋农户"的运营模式，年销售收入 1600 多万元，拥有绣娘 1000 余人，并对 2000 多名绣娘进行技能培训，解决了当地农村留守妇女的就业问题。许多专职绣娘年收入近三四万元，成为当地的致富带头人。

"我们连续 3 年参加意大利米兰国际手工艺品展，每次带去的民族布包都销售一空，很受当地欢迎。上个月出去参展，销售额超 5 万欧元，这让我更加信心满满。"昆明憨夯民间工艺品公司总经理任立华说。

"从小到大见多了洋娃娃，却很少见中国布娃娃。我想我一定要做出中国的民族布娃娃。"20 多年前，这种信念支撑着任立华成立了一间小小的工作坊，如今，该公司制作的 56 个民族造型的布娃娃已经更新四代，憨态可掬的中国布娃娃远销海内外。近几年，她又将中华民族元素和西方时尚元素相结合，开发了民族布包等布艺工艺品，销售至欧洲、中东、美洲等地区的 20 多个国家。年销售收入 3000 多万元的憨夯公司进入云南文化产业 30 强。

在文山钰幅戎民族刺绣公司宽敞的新厂房里，数十台"电脑绣娘"正在自动刺绣，一个个鲜艳的民族花边图案在巨大的布料上栩栩如生地展现出来。目前该公司的刺绣纺织品已有上万个品种，大半产品出口到越南、老挝、泰国和美国，2017 年销售收入达 1300 万元。在云南，刺绣布艺工艺品已经成为文化产业走出去的代表和文化贸易的重要增长点，成为文化产品出口创汇的重要来源。

（二）金属工艺的品质坚守

云南有悠久的有色金属开采加工历史和精湛的加工工艺，斑铜、斑锡、乌铜走银、刀具等金属工艺品在三迤大地熠熠生辉。

在中国工艺美术界，云南独特的金属纯手工工艺乌铜走银曾与北京景泰蓝齐名，并称"天下铜艺双绝"。著名学者袁嘉谷在《异龙湖歌》中有"器精称乌铜"的诗句，称颂的就是乌铜走银工艺品。近 300 年历史的乌铜走银制作技艺被列入第三批国家级非遗名录。

在滇池东岸昆明官渡古镇的乌铜走银传习馆，展览着各种古色古香的乌铜走银工艺品，馆内还有相关制作工艺流程的展示。65岁的乌铜走银制作技艺传承人金永才告诉记者，为了让这一绝技发扬光大，2010年他创办了乌铜走银传习馆，打破传统的传承方式，面向社会公开招收学员传授乌铜走银制作工艺。他创立的乌铜走银文化产业公司2017年营业额已达1600万元，产品销往中国香港、中国澳门、日本、日内瓦等地。

起源于明末清初的云南斑铜工艺也是国家级非物质文化遗产，云南斑铜是我国独具特色、有较高艺术水平的传统手工艺品，因表面显现出各种不规则的瑰丽花纹，色彩金红交错，故取名为"斑铜"。"斑铜是云南的一张名片，做斑铜是一种工艺传承，也是一种文化传承，所以我们一直坚持做精品，不能做滥。"昆明市斑铜厂总经理杨斌锋对记者说。该厂制作的斑铜作品孔雀瓶、大犀牛等被中国工艺美术馆收藏，斑铜作品孔雀瓶曾被作为国礼赠送给外国领导人。

《大不列颠百科全书》称云南个旧为"锡都"，是世界最大的锡生产、加工基地。个旧锡、银金属工艺品传承久远，现已建成非物质文化遗产锡器制作传习馆两个，红河·个旧锡文化创意产业园成为云南省首批文化创意产业园区。

（三）红土烧出紫陶青花

云南是红土高原，肥沃的红色土壤孕育出建水紫陶、华宁陶、玉溪青花、迪庆尼西黑陶、傣族慢轮陶等陶瓷泥塑工艺品，争奇斗艳。

世人皆知江西景德镇青花瓷，却很少知道明代云南玉溪也产青花，只因清末技艺失传，玉溪青花长期隐匿于民间，只有红塔山下的国家级文物玉溪窑址，默默地证实着玉溪青花的存在。直至2013年，玉溪青花瓷烧制技艺才被重新发掘出来，并被列入省级非遗名录。

长期研究玉溪青花的云南大学教授吴白雨说："玉溪窑青花所代表的原生的、质朴的、内在的审美格调，是当今国际陶瓷艺术界追求的核心价值。"目前玉溪市红塔华宁陶至今已传承600多年，是明代景德镇以外青花瓷的重要窑场——玉溪窑的重要组成部分、西南地区彩釉陶的重要代表。近几年来玉溪市华宁县重点扶持陶瓷产业，在华宁陶发源地碗窑村建设了华宁陶文化展示中心等。全县目前有制陶企业、工商户 51 户，从业人员 1700 多人，陶产业的年产值实现 5 亿多元。2016 年，碗窑村成功申报为国家级传统村落。

红河州建水县被称为"中国名陶之乡"，建水紫陶被誉为"中国四大名陶"之一，建水紫陶传统制作工艺是国家级非物质文化遗产。2016 年，建水紫陶文化产业园贡献文化产业增加值达 8.36 亿元，在全省同类型文化产业园区中排名第一。

（四）南方嘉木生机勃发

植物王国云岭大地，木竹藤草工艺品产业雨后春笋般发展起来。

"我要让沉睡千年的南方嘉木，重新焕发出勃勃生机。"腾冲艺缘艺术品公司董事长陈兴说。走进该公司厂区，只见一个个巨型根雕作品，"八百罗汉"栩栩如生，"万里长城"气势恢宏。该公司的根雕产品销往全国各地以及东亚和东南亚地区，月产值 1000 多万元。

在大理白族自治州，许多农村民居的门窗都有剑川木雕。因为拥有国家级非遗剑川木雕，剑川县被文化和旅游部命名为中国民间文化艺术之乡。如今剑川木雕艺人们共同成立了木雕协会，实现规模化、产业化生产。剑川县正在打造集历史文化、休闲旅游等于一体的木雕文化产业园。

毗邻缅甸的德宏傣族景颇族自治州，一度成为东南亚、南亚红木资源集散地和名贵木材"中转站"，形成了以仿古家具、木雕、根雕为代表，集原料采购、加工生产、销售服务于一体的完整的红木文化产业体系。

闻名遐迩的歌曲《有一个美丽的地方》，其优美的旋律来自葫芦丝演奏。如今德宏葫芦丝完成了从文化艺术到特色文化产业的蜕变，正形成集加工生产、演奏培训、音像制品制作于一体的葫芦丝特色文化产业体系。其中，梁河县葫芦丝成为中国唯一一种民族器乐地理标志产品，同时被授予国家地理标志证明商标。

（五）玉石生辉耀云岭

滇西边疆地区并不冷清，因有珠宝奇石而兴盛。2018 年初，第五届世界围棋名人争霸赛在云南保山举行，连笑、李世石等中、日、韩围棋高手聚集保山青花海畔的永子棋院一决高下。为何世界围棋比赛在滇西边城举办？

正是因为保山是围棋之乡。保山围棋制作有 1200 多年的历史，保山"永子"是古往今来的棋中圣品。由于"永子"是以保山特有的南红玛瑙、黄龙玉、翡翠和琥珀等天然原料，采用保密配方和绝技熔炼而成，工艺独特、品质优秀，产量极为有限，历来是上乘贡品，堪称国宝。

滇西边境的瑞丽市和腾冲市近 10 多年来成为云南珠宝文化产业发展的前沿市场和全国重要的珠宝原料进口、翡翠成品交易地。瑞丽市获批准建设"全国翡翠文化产业知名品牌示范区"。古人以黄为尊，保山龙陵县独产黄龙玉，黄龙玉的出产加工成为龙陵县的一大产业支柱，龙陵黄龙玉文化产业园区作为全省首批 10 个重点文化园区之一，从业人员 25000 余人，产值近 9 亿元。

以中国翡翠第一城腾冲、中国琥珀之都腾冲、黄龙玉之乡龙陵、隆阳南红玛瑙为内容的保山四大珠宝品牌进一步在全国叫响，全市珠宝产业产值达 80 亿元。保山市文化产业逐渐成为国民经济支柱型产业。云南石产业不仅有珠宝玉石，还在金沙江、怒江、澜沧江流域形成了奇石文化产业，在永仁、会泽等地形成了砚台产业。石头在云南，处处成宝贝。

2014 年，云南在全国率先制定实施特色文化产业发展规划，提出了"金木土石布" 5 个门类的发展布局，促进了全省民族民间工艺品产业的快速发展。2016 年，云南以"金木土石布"为核心的民族民间工艺美术品产业实现增加值 117.92 亿元，占文化产业增加值的 26%；重点工艺美术品企业营业收入达 421.49 亿元，比上年增长 68.2%。"金木土石布"五位一体的云南民族民间工艺品产业发展体系，正在成为云南特色文化产业的闪亮名片。

第四节　手工艺产业高质量发展路径

一、加强产品宣传力度，唱响品牌

当下，商业环境日益复杂，传统工艺的生产者们生存、发展压力重重。面对激烈的竞争，能否处于不败之地，产品的宣传已经成为一个至关重要的因素，具体来说，应做到：

一要为民族传统手工艺搭建宣传平台，加大对本地域产品的宣传力度。应在现有的基础上充分利用各类节日、大型赛事活动或是举办展销会、博览会，大力推介本地特色手工艺品，扩大影响力，更好地提高产品的知名度。

二要深化产品品牌。"品牌"是产品发展的软实力，成功打造并树立自己的品牌是工作的重中之重。针对目前民族传统手工艺品牌建设存在极大提升空间的现状，云南手工艺品必须坚持走品牌发展路线，并突出自己独特的文化个性，这样才能更好地在市场竞争中站稳脚跟。同时，应该继续深化和加强"区域名＋产品名"的集群品牌之路，"集群品牌又可称为产业集群品牌"，通过"产业集群品牌之路能够提高其无形价值"。

三要扶持一些龙头企业，带动产业发展。在各种类行业中，要确立一批龙头企业，并给予政策、资金的倾斜，帮助其做大做强，同时要发挥这些龙头企业的引领作用，最终带动整个行业的全面发展。另外，要积极开展云南特色文化产业知名品牌、示范企业评选推介活动，鼓励发展良好的企业积极创建申报中国驰名商标、云南著名商标等。

二、增强政策针对性，加大对弱势工艺品生产的扶持力度

固然，云南各级政府已出台了不少文件助力手工业的发展，但某些方面还亟待加强，具体而言，包括：

第一，应该针对目前发展较为困难的民族传统手工艺行业设立专项发展基金，出台具体政策，加大对民族传统手工艺保护、传承和发展的投入力度。尤其对那些技艺成熟、具有明显代表性的手工艺要给予特殊的扶持，帮助其朝市场化方向发展。

第二，对那些生存较为困难的民族手工艺生产企业要给予贷款上的倾斜，并简化贷款流程，真正让政策落到实处。

第三，加强引导民族传统手工艺的保护和开发，积极培育规模较小的手工艺企业，扩大手工艺品与旅游市场结合的范围。

第四，组建专门的工作机构，可以成立由相关部门牵头，文化、财政、经贸、旅游等相关部门组成的民族传统手工艺工作机构，明确相关职责，加强对民族传统手工艺发展的指导及服务等工作。

三、树立产权保护意识，促进市场建设

民族传统手工艺是民族历史的积淀与凝结，是民族历史文化资源的重要组成部分，它反映着民族的生活情趣和审美追求，也反映着创造人独特的匠心，这些传统手工艺品知识产权应该受到尊重和保护。手工艺人必须树立明确的产权保护意识，如可以通过申请"外观设计专利"和"著作权"等来对自己的产品进行保护。在文化资本价值转化的实践逻辑中，清晰的产权至关重要。产品产权的规范不仅可以有效保护生产者的权益，防止不正当竞争行为的蔓延，还能够净化产品的外在环境，促进市场的有效运行。

四、建设高素质人才队伍，强化产、学、研结合

人才建设是保护发展民族传统手工艺的前提和关键。作为民族传统手工艺的生产者和文化的传承者，众多的传统手工艺人是云南民族手工艺发展的最大资源。在人才队伍的建设上，不仅要培养技艺的传承人，进一步提高他们的整体素质，还要培养相关的专业人才。

一是各级政府要认真实施文化人才工程，不断完善人才激励政策，充分调动手工艺人的积极性，努力造就一流的大师级人才，加快文化人才资源配置的市场化步伐。各行业要充分发挥好"大师"品牌与"大师"效应，充分调动行业内大师的积极性，以大师为核心打造发展团队。

二是各地相关部门要大力培养和引进市场营销、企业管理以及技术型的人才，特别是熟悉和掌握先进管理经验和电子商务相关技术的复合型人才。同时，要加大对手工艺从业者的技能培训力度，定期组织专业技术人员到外地进行学习、交流。

三是强化产学研结合。各高校、职业院校要定期深入手工艺品生产一线，了解它们的生产状况和技术需求，并主动在学生实习、专业设置、课程开发、订单培养、师资交流、实训基地建设等方面与生产方展开深入合作。

五、增强对手工艺品的研发力度，提高产品附加值

一是要创造和开发具有特色的产品，提高民族传统手工艺的吸引力。生

产者要尽自己最大的努力满足顾客对手工艺品的各种需求，要兼顾各个消费层次的人群对其的审美和消费要求。在产品开发的过程中，生产者应以市场为导向，强化自身的设计创新能力，提高产品的质量水平。

二是尽快实现市场转型。在日趋激烈的市场环境下，民族传统手工艺应该适时调整产品形态和经营方向，通过创新使自身实现融合时尚、科技的跨领域发展，如抗虫蛀的东巴纸可以用于制作古籍书本、傣族剪纸可以借用动漫技术与婚庆行业合作等。

三是要保持文化的独特性。创新的同时必须保证各民族传统手工艺品的独特性，民间艺术最显著的特征就在于它的地域性或民族性，在对传统工艺进行创新开发的同时保持民族独特性，使产品保留差异化、区别化。

四是要深化产品的文化内涵，提高文化附加值。文化属性是民族传统手工艺的重要特性，手工艺的文化价值升高，产品自然增值。云南民族传统手工艺生产要充分挖掘民族地域文化内涵，实现传统工艺和现代技术手段的有机结合，不断提升产品的文化附加值。

六、充分发挥协会或合作社的作用，加强行业自律

行业内的协会、合作社可以帮助会员抵御市场风险，增强竞争力，同时能够加强会员自律意识，协调内外部关系，促进行业有序发展。协会、合作社对民族手工艺来说起着极其重要的作用。

云南各级政府应鼓励、引导成立协会组织或合作社，同时要切实发挥协会或合作社的作用，不能让其形同虚设，成为可有可无的"摆设"，要真正实现"农户＋基地＋协会或合作社＋公司"的生产、销售、管理模式，并取得实际效果。

七、融入旅游建设大环境，以旅游带动手工艺发展

旅游的本质属性是文化活动，手工艺品是具备象征符号的文化产品，也是旅游发展的重要文化资本，而旅游则给当地文化资本提供了兑现的机会，可以促进手工艺品的销售，拓宽手工艺品的销售渠道。传统手工艺是民族文化的象征物和载体，在"地方文化中，手工制作也是最为重要的"。对于旅

游主体来说，这种地方文化或"他者"文化的符号式产品无疑具有强大的吸引力，是旅游活动中无法忽视的购买对象，民族传统手工艺应在旅游发展中寻找到新的"生命"契机。

虽然云南在"旅游＋传统手工艺"上尝试着多方位融合，但目前看，依旧存在着旅游中传统手工艺体验程度不足、手工艺的历史文化宣传不到位、手工艺在旅游开发中扮演的角色单一等诸多问题。另外，云南民族手工艺与旅游的结合存在着较大的提升空间。

云南是我国的旅游强省，也是旅游资源大省，自 2010 年以来，云南旅游接待人次和旅游总收入呈直线上涨趋势。

云南旅游业无论是游客接待量，还是旅游总收入都在稳步提升，可以说云南的旅游业步入了历史的黄金发展期。在如今全域旅游深化实施的背景下，云南旅游业作为战略性支柱产业，正经历着一次转型升级。为了搭上旅游这趟"便车"，充分发挥旅游业对传统手工艺的促进作用，云南一方面，应着力开发传统手工艺类旅游商品，优化其表现题材、材料、制作工艺、外形和包装等，与旅游市场尽可能实现无缝对接；另一方面，应该不断探索手工艺与旅游的深度融合，如可以推广当下较为流行的民族传统手工艺体验旅游、研学旅游，同时开发博物馆旅游等。

八、拓宽销售渠道，完善销售体系

销售渠道在很大程度上制约着产品的生存空间，有效的销售渠道能够在产品与消费者之间架起一座桥梁。云南民族传统手工艺在现有的销售方式基础上，应积极拓宽销售渠道，尽力完善销售网络。具体措施应包括：

一是鼓励跨境营销。云南独特的地理优势为跨境营销提供了得天独厚的条件，像鹤庆秀邑铜器、佤族服饰、阿昌族户撒刀等在邻近国家都有一定的销售群体。因此，政府应该积极鼓励跨境销售，并为此提供更多的机会。如应该借助南亚东南亚知名展会，搭建展示展销的平台和渠道，推动民族传统手工艺走向国际市场，提升云南民族传统手工艺品的国际影响力和竞争力，努力实现跨境销售的持续增长。

二是增大网络销售。当下，网络营销成了产品的重要销售手段。对于销售者而言，电子商务具有无可比拟的优势：省钱、省力、快速便捷。在今天，电商已触及人们生活的方方面面，电商与实体经济已密不可分，"传统行业拓展电子商务势在必行"。云南省相关政府部门也应该加强电子商务发展的规范引导，加大对民族传统手工艺网络销售的扶持力度，引进各类电子商务服务企业和人才，为电商提供资金贷款、业务咨询和技术支持，同时助力"发展跨境手工艺品的电子商务"。

三是借助微商这种新颖的销售模式。微商指销售者利用手机微信等网络社交工具进行商业活动的电商。近年来，微商迅速发展，已然成为影响电商产业中的一股强劲势力，微商现已逐步"成为了一种普遍的商业形态"，并受到了大众尤其是年轻人的青睐。云南民族传统手工艺应该积极利用这种新颖的销售模式，在原有的基础上拓宽销售渠道。

在如今的市场环境下，民族传统手工艺必须尽早建立起全方位、立体化的产品营销渠道体系，当然，这不仅需要各位手艺人的大胆尝试，也需要政府提供帮助。保护传承和振兴发展民族传统手工艺，既是文化事业，也是民心工程，既体现了一份民族情结，更表现了一种历史使命。当下，国家正着力推动传统工艺振兴计划，可以说，云南民族传统手工艺的发展正值最佳时机。在这种形势下，云南应该进一步提升民族传统手工艺的知名度、美誉度和影响力，让其成为云南发展的重要名片和经济增长点，努力推动文化资源优势转化为经济优势，实现民族文化传承与云南经济发展双促进、双提升。

九、阅读资料

（一）大理剑川县嘉林木雕非遗工坊

剑川县地处大理白族自治州，全县白族人口占比超过 90%，被誉为"白族文化聚宝盆"。传统白曲"雕得金龙腾空飞，刻出雄鸡报五更，凿成百鸟枝头唱，镂花引蜜蜂"就是对剑川木雕最形象生动的吟唱。剑川木雕以浮雕、镂空雕见长，在历史上主要用于建筑构造与装饰。作为我国木雕工艺的重要流派之一，2011 年，剑川木雕被国务院公布列入第三批国家级非物质文化遗产保护名录。2020 年，剑川嘉林木雕艺术有限公司依托国家级非遗代表性项目木雕（剑川木雕），设立剑川县嘉林木雕非遗工坊（以下简称"工坊"）。工坊建有院落两处，一处位于剑川县甸南镇回龙村，以"前店后厂"模式，生产、制作、销售木雕工艺品，另一处位于剑川木雕艺术小镇大师巷内，以白族传统民居"三坊一照壁"院落为载体，用于开展日常生产、制作、展示及培训等。

近年来，剑川木雕在传统木雕设计理念与现代生活理念相融合的基础上，适当将实用性、价值、观赏艺术等元素糅合，以独特风格与视角设计出既不失古典优雅，又不失现代气息的木雕作品，让非遗走进更多人的视野和生活，让更多的普通民众认知和感受身边的非遗之美，从而主动参与非遗传承和保护工作，有效促进非遗可持续发展。木雕产业已成为剑川县富民增收、助力乡村振兴的一项惠民产业。打造共富工坊，促进就业增收。工坊现有多名木雕手工艺雕刻及设计制作人员，不定期开展技能培训、剑川木雕培训和免费体验讲解活动，带动就业人数50人，提供30余个灵活就业岗位，带动脱贫人口和农村低收入人口10人就业，人均月增收1300元。

工坊通过开展剑川木雕基础培训及木雕技能提升培训，提升非遗工坊从业人员整体文化素养和技能水平，吸纳传承人参与教学、生产活动，培养新一代剑川木雕从业人员，提升非遗保护传承活力。工坊通过传统技艺研究、剑川木雕技能培训、作品设计创新、校企合作等形式开展非遗助力乡村振兴工作。截至2021年底，工坊共开展技能培训20余场次，工坊还对游客和当地群众免费提供剑川木雕知识普及与剑川木雕传统制作技艺学习体验，带动人民群众广泛参与非遗保护传承。

（二）广南银器：手工锤出百年品牌，匠心敲开现代大门

文山广南县世居着壮族、彝族、苗族、瑶族等少数民族，这些世居民族自古就有穿戴银饰、使用银器的习惯，将银饰当作吉祥物，以此象征纯洁、友谊和真诚。广南生产加工民族银饰品的历史悠久而丰富，远近闻名，新中国成立初期，这里有了文山州唯一一家少数民族饰品生产加工企业，即现在的广南县跃升民族银饰工艺有限公司。

历经两代人的传承，跃升公司沿袭着广南上千年传统的银饰加工工艺，壮族银器制作技艺被列入省级非物质文化遗产保护名录，公司所创造的"莲

湖"饰品远销海内外。然而，近几年少数民族饰品市场发展缓慢，他们开始围绕管理与技艺进行革新，将传统与现代结合，谋划打造民族银饰文化产业园，丰富产品和企业内涵。公司管理者在肩负技艺传承使命的同时，始终秉承着前辈的做人处世之道，踏实做事，"诚"字当先。

悠久的历史造就了广南神奇独特的地母文化、句町文化、土司文化、稻作文化、铜鼓文化等，广南世居的壮、彝、苗、瑶等少数民族对银饰自古有着独特的崇拜，银饰被当地少数民族看作驱魔避邪、逢凶化吉的神器和吉祥物，除在日常生活中佩戴一些日用饰品外，在各种庆典、节庆、婚嫁等节日里，人们更是不分男女老幼都要穿上满是银器点缀的节日盛装。民国《广南地志资料》记载"男女均银镯"，由此可见一斑。

壮族银饰工艺历史源远流长，有关资料记载，自唐宋以来，先进的生产技术和文化先后从江西、广西等地传入广南，使当地的生产和商贸得到发展，当地及附近地区的银矿被开采。壮族青年妇女以佩戴银饰为美，为适应少数民族的生活需求，民族银器生产和加工随之应运而生。"各地区壮族支系都有自己的铁匠、银匠、木匠……技艺都颇高明""富者耳坠银环""凡衣均镶有银纽扣和绣有花边图案"；结婚时"须送女子全套银制饰物"，《云南少数民族》一书中这样描述当时的情形，说明壮族银器品种多样，古时工艺就已具有相当水平。

资料记载，苗族银饰在明代就已经出现。与仅仅作为装饰品不同，苗族银饰文化所包含的，更多是本民族数千年的沧桑岁月及发展历程，镌刻着苗族核心的民族文化基因。史诗《苗族古歌》中，记录了苗族祖先宇宙观的形成过程，在古代苗族先民的世界中，金子和银子与人一样，是有生命和灵性的，随身佩戴银饰如同祖先的庇佑，是对坚毅刚强的民族精神的历史传承。银在苗族生活中占据着非常重要的地位。银饰是云南彝族颇具特色的手工艺品，彝族银饰独特的工艺方法和纹样装饰效果，都集中体现了民族的审美情趣。

广南具有地方独特风格的银饰生产加工始于1851年清朝咸丰年间，是云南最早专门制作民族首饰的地区之一。许多关于地母文化、句町文化的史料都有关于广南当地人以银饰制品作贡品的记载。各民族对银器品的大量需求，促进了广南银器技艺的发展，同时催生了极具地方特色和浓郁民族特征的精湛工艺。广南银饰传承了云南银饰制作的工艺精华，坚持"千锤百炼、万锤成片、精工生产、手工巧制"的手工制作工艺，百余年来从家庭作坊的民间银铺发展成为中华民族银饰制品的典范。

20世纪30年代末期，广南民族银器加工业已有较大发展，县城共有25户专门从事此业。当时，有的匠人技术高超，产品精良，从起初只是加工制造银饰，渐渐发展到制作银工艺品。抗战时期，广南银匠黄正中精心制作的"龙吐水"工艺品，以高山峻岭、虎跃龙腾、楼台亭阁、银河瀑布为题材，栩栩如生，成为广南的一道人文景观。新中国成立后，广南县五金厂专设银器生产车间，吸收匠人进行生产，但因技艺和人力有限，只能满足当地的一般需求。1981年，广南县民族银饰工艺厂成立，时任厂长的是有着40余年银饰制作经验的当地著名老艺人陆文贤。随着工艺厂成立，广南银器制作有了统一的管理和质量标准，生产技艺也由纯手工制作改为半机械半手工制作，产品由先前的50多种增加到了115种，除了生产壮族、苗族、瑶族日常饰品以外，还有各民族通用的牛尾项圈、挂链顶盘、银筷、银碗、银杯等生活用品。

陆文贤创新改革，使产品更具民族特色，制作工艺更加成熟，同时带动和培养了一大批优秀的银饰制作传承人。在满足当地少数民族日常生活需要的同时，工厂也逐步发掘出一批具有代表性的少数民族工艺产品，并影响到周边广西、贵州等少数民族聚居地的银器制作风格。由陆文贤带领制作的十二属相项链以其独特逼真的造型，在云南省首届民族优质产品会上被评为"优质产品"，深受海内外人士喜爱。此外，他们生产的银包烟筒除了在滇桂黔、越南等地畅销以外，更被联合国选中作为陈列品，至今展示在联合国总部大厅之内。

广南银饰虽然已形成了一定的生产规模，但受现代文化和经济的影响，年轻一代对民族传统服饰、银器的喜爱度降低，需求减少导致民族银器工艺传承人锐减，民族传统文化面临着失落的危机。2012年，工厂完成改制，由股份合作制企业改制为独资企业，成立广南县跃升民族银饰工艺有限公司，成为文山州唯一一家经中国人民银行允许，集专业研发、生产、加工、销售金、银、铜民族饰品、工艺品为一体的综合性企业。在陆文贤之子陆诚的带领下，跃升公司在保留自身特色优势的同时不断完善制作工艺，利用现代化生产手段，拂去历史尘埃，为传统民族文化寻找新的舞台，重新绽放光彩。

跃升公司目前拥有省级、州级和县级非物质文化遗产传承人共6名。总经理陆诚作为州级非物质文化遗产传承人，在26岁接父亲的班成为公司管理者之后，便一门心思扑在了广南少数民族传统银饰的传承和创新发展上。陆诚的父亲陆文贤2008年被列为云南省传统手工技艺省级非物质文化遗产传承人，他13岁就跟随广南一户加工经营民族银器的人家学艺，与银器制作打了一辈子交道。受父亲的影响，陆诚耳濡目染迷上了这门手艺，初中毕业就进入父亲任厂长的工艺厂当学徒。作为新一代匠人，陆诚技艺精湛，年轻有为，在父亲退休后于1998年被选举为厂长。他学习父辈勇于革新，重视非遗传承和人才培养，同时推崇民族与现代结合的工艺理念，并要求企业上下把产品质量放在生产经营工作的第一位，坚持做到质量合格、价格合理、童叟无欺。

陆诚说，跃升公司的宗旨是民族传承，继承技艺的同时更继承前辈的做人做事之道，老老实实做事，诚实守信做人。广南有银器加工的深厚文化底蕴和悠久的历史，还有先辈留下来的传统物质与精神，陆诚要做的，就是坚持把美好的一切传承下去。跃升公司对产品从原料到生产、烧制、成品检验等一系列环节的质量把控都非常严格。制作用的原料，全部是向银行采购的纯度达99.99%以上的国标一号白银；成品从成色到加工工艺都有专业师傅层层把关，每一件成品都要经过严格检验，不合格的就打回原形重做。跃升的学徒通常都要刻苦学艺3年左右，把手艺学扎实了才允许独立制作。

公司的经营理念，正如他们的引领者陆诚的名字一样，始终坚持"诚"字当先。陆诚说，公司宁愿少赚钱，也要保证产品品质和品牌的口碑，一旦销售了，哪怕是一件劣质产品，公司的诚信就没有了，诚信缺失对企业而言是极为致命的。正是因为坚守着这份原则和底线，跃升公司从最初组建工艺厂至今，没有出现一例因产品质量问题被消费者投诉的事情。目前，跃升公司年生产加工各类银工艺品8万~13万两，所生产的银饰工艺品、民族产品有9个系列：民族银饰品、戒指、耳环、手镯、项链、银壶、餐具、银鼓、银壁画等，共1300多个品种，紧紧抓住广南浓郁古朴的民族风情，创造一流的特色银饰品，工艺精湛、造型古朴典雅、构思新颖别致，浮雕疏密适当、形象逼真，富有立体感，深受消费者喜爱。公司还先后开发出具有地方民族文化内涵的仿古铜鼓、文山的三七花、老山兰、历史文化名城画、梅兰竹菊、清明上河图、富贵图、金玉满堂名画等20多种室内装饰画。公司的品牌产品不仅畅销国内各大中城市和少数民族地区，还远销东南亚国家和欧洲。自1985年以来，公司产品先后有30多种获"省优""部优"和"省金鸡奖"等荣誉，18种民族工艺品在全国"七五"星火计划科技博览会上获国家金奖。1990年，受北京第11届亚运会组委会的委托，为亚运会组委会加工26种共计826件银质纪念品，验收全部合格。其中仿古产品"金虎""金兽""武马银杯""摔跤盘""玻璃银杯"5种46件产品受到了贵宾高度赞扬。

广南民族银饰工艺之所以获得如此高的名望和人气，一方面取决于它独具一格的地方民族特色，另一方面与它精湛的制作工艺有关。尽管已经引进了现代生产加工技艺，但现代机器无法完全取代复杂精致的手工艺，银饰产品的多个制作环节仍然需要纯手工操作。除必须机械加工的部分外，像锤打、拉丝、图形雕刻等环节，都需要技艺娴熟精湛的工匠们以世代相传的传统手工操作完成。为了不断提高产品品质和更好地传承技艺，提升传统工艺水平，公司还选派专业技术骨干到云南文化产业学院和省外专业院校去学习深造，使每一件饰品都做工精细，神形俱现，烙下独特的民族文化印痕和传统又新颖的文化创意。

广南的银饰传统制作技艺在2009年8月被列入云南省第二批非物质文化遗产保护名录，这对于保护民族历史文化遗产，推进滇东南地区民族文化产业的繁荣发展，促进当地文化、经济建设具有举足轻重的作用。在保持少数民族传统工艺、稳住省内市场的同时，跃升公司引进现代工艺和设计理念，并积极拓展营销网络，拓展省外和国外市场。截至2018年10月，公司在广南和州府文山市已拥有3个直营店，在丘北、富宁和昆明等地也开设有分店，省内玉溪、曲靖等部分地区设有专柜，产品销往北京、上海、广州、深圳，以及加拿大、美国和日本等国家。同时，依托公司技术指导单位昆明贵金属研究所的业务信息网络平台，公司产品推向国外的展销和出口业务也快速提升。在生产规模上，公司现有各类生产专业设备上百台，已经形成模具设计及加工、银器加工、成品包装等流水线式作业。公司后续将引进更多所需新型机械设备，配合手工制作。革新升级的同时，公司也在积极推广宣传少数民族文化和传统工匠精神。在2018年云南文化产业博览会上，跃升公司非遗传承人带着项目向参会嘉宾展示广南形象、宣传广南特色资源、提升广南影响力。与此同时，中央电视台《匠心》栏目已锁定跃升公司产品及传承人为宣传内容，将以专题片的形式向全国播出，让更多人看到广南银饰及其背后世代相传的工匠精神。

为响应国家"大众创业、万众创新"的号召，跃升公司在陆诚的带领下于2017年创建了"跃升职工创新工作室"，旨在为公司高技能人才搭建一个锐意创新、展示才能的平台，不断提高高技能人才的自主创新能力。工作室成员以公司现有的非遗传承人为核心，负责培养相关技能和技术人员，尤其注重培养青年工人。工作室成立至今，已运用传统工艺和传统文化，结合现代流行元素，制作出了一批新颖时尚的银饰产品。

在当地政府支持下，公司于2019年在广南县民族职业中学新增开设一个民族银饰加工技艺传承班，发掘和培养新一代匠人。公司重点建造的创意产业园区目前也已竣工投入使用。这一面积逾1万平方米的广南民族银饰文化产业园位于昆明至坝美、普者黑至坝美旅游线路的必经之路上，地理位置优势明显。园区内新建了极具少数民族特色风格的办公楼、员工宿舍，同时设立了工艺展示区、产品展示区、非遗传承工作室、培训室，以及近4000平方米的银饰工艺品、旅游产品生产车间，将大大提高民族银饰工艺品和旅游产品规模化生产能力。

产业园建成之后，公司将继续围绕文化旅游商品服务开展生产，结合云桂高铁通车、广那高速建设等历史契机，大力对外推广云南非物质文化遗产项目，以及传统民族手工艺制作项目等旅游文化产业，争取让更多人参与到非遗传承和保护中，让更多人领略广南银饰独特的魅力。

参考文献

［1］陈锡文.从农村改革四十年看乡村振兴战略的提出［J］.行政管理改革，2018（4）：4–10.

［2］戴宾，杨建.特色产业的内涵及其特征［J］.农村经济，2003（8）：1–3.

［3］丁忠兵.青藏高原特色产业发展探析［J］.青海社会科学，2009（1）：63–66.

［4］代兴利等.乡村振兴背景下乡村产业发展路径研究［J］.安徽农学通报，2023，29（17）：170–174.

［5］朱启臻.乡村振兴背景下的乡村产业——产业兴旺的一种社会学解释［J］.中国农业大学学报（社会科学版），2018，35（3）：89–95.

［6］姚荣锦.西部地区发展特色优势产业的战略选择［J］.理论导刊，2014（7）：74–76.

［7］何龙斌.脱贫地区从产业扶贫到产业兴旺：现实难点与实现机制［J］.青海社会科学，2020（4）：67–72.

［8］章爱先，朱启臻.基于乡村价值的乡村振兴思考［J］.行政管理改革，2019（12）：52–59.

［9］李智勇.西北多民族村庄高原夏菜特色产业发展效应研究［D］.兰州大学博士学位论文，2023.

［10］刘华芹.民族地区乡村振兴研究现状与展望——基于CSSCI文献的分析［J］.湖北民族大学学报（哲学社会科学版），2021，39（3）：88–100.

［11］张丽君，田一聪，时保国.民族地区乡村振兴战略的理论回溯与研究展望——基于知识图谱的可视化分析［J］.中央民族大学学报（哲学社会科

学版），2019，46（2）：5-13.

［12］钟海燕，郑长德."十四五"时期民族地区经济社会发展思路研究［J］.西南民族大学学报（人文社会科学版），2020，41（1）：100-106.

［13］高元武.武陵山区农村产业融合发展的现实困境与提升路径——基于恩施土家族苗族自治州走马镇的调查［J］.湖北民族大学学报（哲学社会科学版），2020，38（3）：46-55.

［14］杨伟民.经济发展思路浮现［J］.西部大开发，2017（10）：15-16.

［15］林兆木.我国经济高质量发展的内涵和要义［J］.西部大开发，2018（Z1）：111-113.

［16］任保平.我国高质量发展的目标要求和重点［J］.红旗文稿，2018（24）：21-23.

［17］任保平，李禹墨.新时代背景下高质量发展新动能的培育［J］.黑龙江社会科学，2018（4）：31-36.

［18］王一鸣.对西部地区发展特色经济的几点认识［J］.西部发展评论，2001（1）.

［19］苏昌培主编.特色论［M］.北京：社会科学文献出版社，1993.

［20］张丽君，李澜.西部开发与特色经济规划［M］.沈阳：东北财经大学出版社，2002.

［21］刘冬梅等.区域特色产业和科技资源空间布局研究［M］.北京：科学技术文献出版社，2013.

［22］全国科技管理干部培训新闻记者丛书编委会.县市科技创新管理［M］.上海：上海科学技术出版社，2009.

［23］郭京福，毛海军.民族地区特色产业论［M］.北京：民族出版社，2006.

［24］沈和江.区域乡村旅游发展表现形态研究［M］.徐州：中国矿业大学出版社，2009.

［25］米志鹃，马贵民.绿色食品生产管理［M］.北京：中国环境科学出版社，2012.

［26］王芳.特色经济内涵解析［J］.甘肃社会科学，2004（2）：127-129.

［27］中共中央马克思、恩格斯、列宁、斯大林著作编译局.资本论（上）［M］.
北京：人民出版社，1975.

［28］中共中央马克思、恩格斯、列宁、斯大林著作编译局编.列宁选集（第1
卷）［M］.北京：人民出版社，1972.

［29］中共中央马克思、恩格斯、列宁、斯大林著作编译局编.列宁选集（第3
卷）［M］.北京：人民出版社，1972.

［30］［英］亚当·斯密.国民财富的性质和原因的研究（上）［M］.郭大力，王
亚南译.北京：商务印书馆，2011.

［31］［英］大卫·李嘉图.政治经济学及赋税原理［M］.郭大力，王亚南译.南
京：译林出版社，2014.

［32］［美］迈克尔·波特.国家竞争优势［M］.李明轩，邱如美译.北京：华夏
出版社，2002.

［33］杨利民.中国扎兰屯特色产业发展研究［D］.中央民族大学博士学位论文，
2013.

［34］张殿宫.吉林省乡村特色产业发展研究［D］.吉林大学博士学位论文，
2010.

［35］［英］马歇尔.经济学原理［M］.朱志泰，陈良璧译.北京：商务印书馆，
1994.

［36］陈爱东.构建西藏特色优势产业体系的财政支持研究［M］.北京：光明日
报出版社，2012.

［37］田秋生.高质量发展的理论内涵和实践要求［J］.山东大学学报（哲学社会
科学版），2018（6）：1-8.

［38］彭五堂，余斌.经济高质量发展问题的三级追问［J］.理论探索，2019（3）：
14-20.

［39］林兆木.经济高质量发展要义几重？［J］.中国生态文明，2018（1）：86.

［40］任保平，李培伟.数字经济培育我国经济高质量发展新动能的机制与路径
［J］.陕西师范大学学报（哲学社会科学版），2022，51（1）：121-132.

［41］冯俏彬.我国经济高质量发展的五大特征与五大途径［J］.中国党政干部论

坛，2018（1）：59–61.

［42］黄家雄，张星灿.云南咖啡的发展与回顾［J］.热带作物科技，1994（3）：
20–27.

［43］业光远，张霞.云南咖啡面对产业迷局［J］.生态经济，2004（5）：62–63.

［44］陆自芹，马凯.潞江坝咖啡产业化发展现状及对策［J］.云南农业科技，
2006（S）：58–59.

［45］胡晓云，李闯，魏春丽等.2021中国茶叶区域公用品牌价值评估报告［J］.
中国茶叶，2021（5）：32–51.

［46］范强.云南民族地区普洱茶产业发展的历史回顾［J］.边疆经济与文化，
2015（10）：7–9.

［47］李涛.茶与云南少数民族［J］.云南档案，2018（12）：24–26.

［48］张柏俊，张月.云南普洱茶文化的美学特质［J］.连云港师范高等专科学校
学报，2019（2）：12–14+44.

［49］佚名.普洱茶，中国茶叶发展史上的"另类存在"［J］.中国机关后勤，
2019（4）：59–60.

［50］何峻，陈良欣，王宁等.中医文献视角下的茶叶性味、功效和药方［J］.
中华中医药杂志，2021（9）：30–34.

［51］云南省食用菌产业2013年工作总结及2014年工作要点［EB/OL］.云南食
用菌产业信息网 http://www.yefa.net.cn.

［52］李金红."十一五"期间云南食用菌产业发展面临的问题及其对策［J］.现
代商业，2007（24）：7–9.

［53］桂明英，徐俊.云南食用菌资源开发利用现状及其对未来的展望［J］.中国
食用菌，1999，18（1）：4–5.

［54］刘培贵.保护和利用好食用菌资源［J］.致富天地，2013（9）：11–12.

［55］张群，杨晓方.云南野生食用菌出口现状、问题及对策［J］.技术与市场，
2004（5）：7–8.

［56］幸岭.云南乡村旅游发展现状研究［J］.经济问题探索，2008（5）：138–
141.

［57］张众.乡村旅游与乡村振兴战略关联性研究［J］.山东社会科学，2020（1）：134-138.

［58］徐忠勇.乡村振兴战略下乡村旅游发展对策探析［I］.农业经济，2020（9）：64-65.

［59］田里.李柏文.李雪松.云南乡村旅游发展研究［M］.北京.中国旅游出版社，2013.

［60］毛志睿.杨大禹.云南园林［M］.北京：中国建材工业出版社，2019.

［61］彭云峰.以"旅游＋"模式落实乡村振兴战略［J］.社会主义论坛，2019（6）：14-15.

［62］冯垒，马春花，周永利，李金生，闫静，张广辉.云南地区白及种子直播育苗技术［J］.现代农业科技，2021（5）：41-42.

［63］胡雪芹，文凤平.云南省旅游发展模式研究［J］.市场论坛，2014（5）：35-36.

［64］田里，李鹏，杨懿.中国旅游新业态发展研究［M］.北京：中国旅游出版社，2016.

［65］厉春雷.非物质文化遗产的价值审视：基于生存资源与文化资本的两个维度［J］.生产力研究，2012（1）：129-130.

［66］范芳钰.老有所乐，壮有所用，少有所学——景洪市勐养镇曼掌村变迁记［N］.民族时报，2017-12-08（A2）.

［67］肇博.论用文化增加旅游商品的附加值［J］.消费经济，2005（2）：34-36.

［68］邓启耀.中国传统刺绣工艺的多重文化遗产价值［J］.重庆三峡学院学报，2018（1）：39-49.

［69］赵广华，任登魁.产业集群品牌提升的机理与路径［M］.北京：科学出版社，2009.

［70］陈鬻，吴传清.区域产业集群品牌的地理标志管理模式选择［J］.武汉大学学报（哲学社会科学版），2012（3）：105-111.

［71］张晓萍，李伟.旅游人类学［M］.天津：南开大学出版社，2008.

［72］［美］戴维·思罗斯比. 经济学与文化［M］. 王志标，张峥嵘译. 北京：中国人民大学出版社，2015：49.

［73］陈庆德. 发展人类学导论［M］. 昆明：云南大学出版社，2007.

［74］柳宗悦. 工艺文化［M］. 徐艺乙译. 桂林：广西师范大学出版社，2006.

［75］柏贵喜，陈文苑. 南方少数民族传统手工艺资源及其基因图谱编制设想［J］. 中南民族大学学报（人文社会科学版），2017（5）：43-47.

［76］厉春雷. 非物质文化遗产的价值审视：基于生存资源与文化资本的两个维度［J］. 生产力研究，2012（1）：129-130.